교육의 역사와 철학 시리즈 ①

인본주의 교육사상

김창환 지음

Renaissance Humanism and Education

학지사

편집자의 말

　편집자는 학지사 김진환 사장의 깊은 이해와 지원으로 '교육의 역사와 철학' 총서 20권을 편집할 수 있었다. 이는 여러 가지로 의미 있는 일로, 김 사장께 진심으로 감사드린다.

　편집자의 말을 쓰면서 출판사 사장에게 감사부터 하는 경우는 거의 없다. 그러나 편집자는 이러한 없는 경우를 예외적으로 수용해 본다. 왜냐하면 오늘날처럼 순수한 학술서적의 출판이 어려워진 때도 별로 없기 때문이다. 출판을 기업으로 하는 사람은 필연적으로 이익을 창출하여 함께 데리고 있는 식구를 먹이고 사업도 키워야 한다. 그런데 학술서적의 출판은 최소한의 이익 창출을 보장하지 않고 있다. 이런 이유들로 인해 그 의미를 더 강조하고 싶다. 그러한 서적과 총서의 출판이 우리의 교육학계에 주는 의미가 얼마나 중차대한지를 강조하고, 이러한 출판이 동시에 출판사에도 좋은 일이 되리라고 전망해 본다. 김진환 사장은 고맙게도 우리의 그러한 주장을 그대로 받아들이셨다.

　우리나라에서 학술서적은 교재와 참고서 중심의 출판으로 이어져 왔다. 최근에 들어와서 개론의 틀을 벗어난 전문서적들이 활발하게 출판되고 있으나, 상황은 여전히 어렵다. 교육학계도 예외가 아니다. 그래서 깊고 전문적인 연구의 결과를 단행본으로 출판하기는 저명한 교수가 아니고는 참으로 어려웠다. 출판의 풍토가 이렇다 보니 참고서, 총서, 사전류 등이 개론적 서술의 성격을 띤 교재로 활용할 수 있도록 기획될 수밖에 없었다.

편집자는 '교육의 역사와 철학' 총서로 이러한 한계를 뛰어넘는 모험을 하였다. 일차적으로 모두 20권으로 기획된 총서는 글자 그대로 교육의 역사와 철학에서 기초가 되는 사상들을 정선하여, 이 분야에 깊은 조예를 쌓은 학자에게 역사적이고 조직적인 서술을 부탁하였다. 예를 들면, 『인본주의 교육사상』의 집필을 김창환 박사에게 부탁하였으며, 이 책에서 편집자는 인본의 어원과 개념에 대한 명쾌한 설명을, 인본주의 교육사상의 역사적이고 조직적인 전개에 관한 권위 있는 서술을, 오늘에 미친 영향사와 사상사적 의미를, 그리고 권위 있게 제시한 이 분야의 참고문헌 목록을 접하기를 기대하고 있다.

이러한 관점에서 편집자는 하나의 사상을 1,200매 내외의 원고 분량에 최적으로 담을 수 있는, 그 분야에서 가장 조예가 깊다고 알려져 있는 저자를 찾았으며, 교육학의 기초가 되는 사상과 운동과 개념을 정선하였다.

'교육의 역사와 철학' 총서는 다음과 같다. 제1권 인본주의 교육사상(김창환), 제2권 자연주의 교육사상(주영흠), 제3권 계몽주의 교육사상(이상오), 제4권 박애주의 교육사상(오인탁), 제5권 비권위주의 교육사상(박용석), 제6권 실존주의 교육사상(강선보), 제7권 교육인간학(정혜영), 제8권 개혁교육학(최재정), 제9권 진보주의 교육사상(박영만), 제10권 정신과학적 교육학(정영수), 제11권 사회주의 교육사상(심성보), 제12권 비판적 교육과학(황원영), 제13권 분석적 교육철학(신차균), 제14권 도덕교육사상(남궁

달화), 제15권 평화교육사상(고병헌), 제16권 발도르프 교육학(정 윤경), 제17권 대안교육사상(송순재), 제18권 예술교육의 역사와 이론(고경화), 제19권 페미니즘 교육사상(유현옥), 제20권 홀리스 틱 교육사상(송민영).

이상 20권에는 민족주의 교육사상, 현상학적 교육철학, 종교 개혁의 교육사상, 포스트모더니즘 같은 중요한 사상과 철학들이 많이 빠져 있다. 그래서 편집자는 다만 교육철학과 교육사학의 영역뿐만 아니라, 교육과 교육학에 관심을 가지고 있는 모든 사 람들이 필연적으로 읽어야 하는 기본서로 기능할 수 있기를 바 라는 마음으로 총서를 지속적으로 보완해 가고자 한다.

2003년 3월

오인탁 · 강선보

머리말

   '인본주의'는 르네상스 시대에 유럽에서 전개된 사상으로, 이탈리아를 중심으로 교육과 도야를 기초로 하여 문학과 예술 분야에서 먼저 꽃을 피우고, 전 유럽으로 퍼져 나간 사상적 흐름을 가리킨다. 인본주의자들은 중세 말기의 경직된 스콜라 철학을 비판하고 인간 중심적인 새로운 사상을 전개하였다. 새로운 사상의 기초를 인본주의자들은 고대 사상과 문화 예술에서 찾으려 하였다. 왜냐하면 인본주의자들은 고대 그리스인들이 인간성을 참되고도 완전하며 다면적으로 계발하는 것임을 발견하였다고 보아, 고대인들의 작품을 위대하고 고귀한 인간 이상의 거울로서 모범적인 것으로 인식하였기 때문이다. 인본주의자들은 고대로부터 새로운 인간 이상과 자유롭고 창조적인 새로운 삶의 형태를 발견하게 된 것이다. 고대의 발견과 함께 인본주의자들은 인간과 인간 세계와 자연 세계를 새롭게 인식하게 되었다. 특히 인간 속에 내재돼 있는 무한한 가능성을 새롭게 발견하기 시작하였다. 중세 시대에는 낯선 개념이었던 '인간'과 '자연' 그리고 '삶'이 새로운 관심사로 등장하게 되었다. 중세의 신본주의, 보편성에 대항하여 전혀 새로운 패러다임이 형성된 것이다. 많은 사상가들이 이러한 새로운 사상적 흐름이 영향을 미치는 데에 공헌을 하였다. 페트라르카, 에라스무스 등 인본주의 사상가들은 새로운 패러다임을 제시하였고, 많은 사람의 지지를 받았다.

르네상스 시대의 인본주의자들은 한결같이 교육과 도야를 중시하였다. 그들은 교육을 통하여 인간의 정신을 도야하고, 새로운 사회의 건설이 가능하다는 신념을 가지고 있었다. 이러한 생각을 기초로 그들은 교육의 대상인 인간과 어린이를 새롭게 이해하고, 인간 중심의 새로운 교육사상을 전개하였다. 그 덕에 르네상스 시대 인본주의 교육은 현대 교육의 모태가 되고 있다.

이 책은 르네상스 시대 인본주의 교육 전반을 살펴보는 것을 목적으로 하고 있다. 르네상스 시대의 시대적 · 사상적 배경을 바탕으로 인본주의 사상가들의 교육에 대한 생각, 그 성격과 특징을 서술하는 것을 주요 내용으로 하고 있다.

제1장에서는 인본주의가 탄생하게 된 정치사회적이고 정신사적인 배경을 살펴보았다. 중세 천 년 동안 유럽을 지배하였던 황제 권력과 교회 권력의 쇠퇴와 더불어 신 중심의 사회에서 인간 중심의 사회로 전환되는 역사적 배경, 과정, 특성을 고찰하였다.

인본주의 사조는 이탈리아에서 출발하였다. 페트라르카, 베르게리우스, 비토리노, 구아리노, 브루니, 알베르티, 피치노, 피코 등 이탈리아 인본주의자들은 키케로의 '후마니타스' 이념을 계승하여, 인간을 자유롭고 주체적이며 도덕적인 존재로 파악하고 인간의 인간성과 도덕성을 완성하는 것을 삶의 과제인 동시에 교육의 과제로 파악하였다.

제2장에서는 이탈리아 인본주의 사상가들의 교육사상을 소개하고, 그 특징, 의미, 영향을 고찰하였다. 이탈리아의 인본주의는 유럽 각국의 인본주의 운동에 많은 영향을 미쳤다. 유럽 각국의 주요 사상가들이 이탈리아에 유학하며 인본주의를 체험하고 돌아가 본국에 인본주의를 확산시켰다.

제3장에서는 유럽 각국의 인본주의에 대하여 고찰하였다. 동유럽, 네덜란드, 스페인, 프랑스, 영국, 독일 등 유럽 각국의 인본주의 사상가들을 소개하고, 인본주의 교육사상의 특징을 분석하고 정리하였다. 인본주의 교육은 후마니타스(humanitas, 인본성)와 피에타스(Pietas, 종교성)의 조화를 강조한 기독교적 인본주의 교육, 라틴어와 그리스어를 중심으로 하는 언어 교육, 언어 교육과 사물 교육과 도덕 교육을 기반으로 하고 있는 인간 교육을 주요 특징으로 하고 있음을 살펴보았다.

마지막 장에서는 르네상스 인본주의가 가지고 있는 역사적 의미를 평가하였다. 인본주의 교육사조는 인간에 대한 이해, 교육 목적, 교육 내용, 교육 방법 등 교육 분야 전 영역에서 새로운 지평을 열었다. 르네상스 인본주의 교육은 17세기 리얼리즘 교육, 18세기 계몽주의 교육, 19세기 신인본주의 교육의 모태가 되었으므로 유럽 근대 교육사에서 차지하는 의미가 매우 크다는 점을 제시하였다.

이 책을 출판하는 데 여러분의 도움이 지대했다. 특별히 저자의 스승으로서 학문의 길로 인도하여 주신 연세대학교 오인탁 교수님께 깊이 감사드린다. 그리고 자료 부족으로 어려움을 겪

고 있었을 때, 르네상스 시대의 많은 서적을 접할 수 있도록 배
려해 준 미국 미시건 주립대학교 도서관과 교육학과의 Robert
Floden 교수님께도 감사의 마음을 전한다. 또한, 이 책을 출판
하는 데 도움을 주신 학지사 사장님과 직원 여러분께도 깊은 감
사의 뜻을 전한다.

2007. 9.

한국교육개발원 김 창 환

차 례

제2장 초기 이탈리아 인본주의 교육사상

제4장 인본주의 교육사상의 교육사적 의미

1 르네상스 인본주의와 17세기 리얼리즘 교육사조 / 359

2 르네상스 인본주의와 18세기 계몽주의 교육사조 / 365

3 르네상스 인본주의와 19세기 신인본주의 교육사조 / 371

제 1 장

인본주의 교육사상의 시대적·사상적 배경

　중세는 가톨릭교회가 절대 권력을 행사하던 신본주의 사회다. 중세 사회는 종교가 삶의 모든 분야를 지배하였던 사회였다. 중세 말기의 정치사회적 변화와 교회개혁운동의 여파에 의해 교회 권력이 약화되면서 새로운 사상적 흐름이 태동하였는데, 그것이 바로 인본주의다.

　인본주의는 인간이 중심이 되는, 고귀한 인간성을 다면적으로 완전하게 실현하는 것을 이상으로 삼는 정신적 흐름을 말한다. 고대 사상을 모범으로 하여 인본주의자들은 인간의 가능성을 새롭게 인식하고 그것을 실현하기 위하여 노력하였다.

1 정치사회적 배경

인본주의는 중세 시대 절대 권력이 와해되고 새로운 질서가 요구되던 시기에 탄생하였다. 중세 권력의 와해는 십자군 전쟁에서부터 그 조짐을 보이기 시작하였다. 중세 교회는 십자군 전쟁을 통하여 권력을 더욱 공고히 하려고 시도하였으나, 오히려 교회 권력을 약화시키는 결과를 초래하였다. 십자군 전쟁으로 동방과 서방의 교역이 활발해졌고, 중개 무역과 화폐 경제가 촉진되었으며, 이로 인해 도시가 발전하였고, 상인이 새로운 권력으로 등장하는 결과를 가져왔다. 즉, 베네치아와 제노바가 선두 경쟁을 벌였으며, 피렌체에서는 메디치(Medici) 가문이 상거래에서 실권을 잡았다.

십자군 전쟁이 실패로 끝나자 중세 가톨릭교회 내의 분열과 충돌은 더욱 심화되었다. 특히 교황청과 가톨릭 공의회 간의 논쟁과 충돌이 극심해지면서, 공의회는 교회의 위기 가운데 교회의 연합, 교회의 쇄신, 올바른 신앙의 회복을 주제로 삼고 토론하였다. 천 년 동안 공고히 유지되어 왔던 교황의 절대 권력이 흔들리기 시작하였고, 가톨릭 신학의 철학적 기반이었던 스콜라 철학에 대한 믿음 역시 흔들리기 시작하였다. 스콜라 철학에 기초한 도그마(dogma)는 더 이상 사람들의 종교적인 욕구를 채워 줄 수 없었고, 세속적인 것에 대한 사람들의 관심은 드디어 개혁운동의 필요성을 일깨웠다.

이러한 중세 가톨릭교회의 상황을 더욱 악화시킨 사건은 페스트의 발발이었다. 1347년부터 1352년까지 유럽 전역에 퍼진 페스트는 유럽 인구의 3분의 1 이상이 사망하는 끔직한 결과를 초래하였다. 페스트가 확대되면서 가톨릭 종교에 대한 믿음이 급격히 상실되었고, 세상의 종말 분위기가 확산되었다.

교회의 위기는 교황청의 분열로 더욱 심화되었다. 1309년에 교황 클레멘스 5세는 교황청을 프랑스의 아비뇽으로 옮겼고, 1377년에 교황 그레고르 11세는 교황청을 다시 로마로 옮긴다. 그러다 1378년 마침내 교회는 분열되어 로마에서는 우르바누스 6세가, 아비뇽에서는 클레멘스 7세가 교황으로 선출된다. 그리고 1409년 피사 공의회에서는 알렉산더 5세를 교황으로 선출해 한때 교황이 3명이나 존재하는 웃지 못할 진풍경이 벌어졌다. 그러다가 1417년 콘스탄츠 공의회에서 마르틴 5세가 공동의 교황으로 선출된다. 그러나 교회 분열 속에서 교회의 위기가 계속된 탓에 교회의 쇄신은 기대하기 어렵게 되었다.

그러던 중 교회와 인본주의 역사에서 중요한 사건이 발생한다. 1453년 오스만튀르크에 의하여 동방 교회의 중심지였던 콘스탄티노플('이스탄불'의 옛 이름)이 함락당하고, 동시에 비잔틴 문명이 종식을 고한 것이다. 이제 유럽의 기독교 세계는 뿌리부터 흔들리기 시작하였다. 그리고 동방 교회의 몰락과 함께 그리

스 학자들이 이탈리아로 옮겨 왔는데, 이와 함께 그리스 학문과
언어가 이탈리아로 전파되는 결과를 가져왔다. 고대 인본주의 정
신과 문화가 유입되면서 인본주의는 더욱 활기를 띠게 되었다.
고대 그리스 인본주의 문화의 유입이 기독교 교회에는 충격 요
인이 되었으나, 인본주의에는 오히려 발전의 계기가 된 것이다.

　이런 와중에도 신학적이고 정치적인 논쟁과 갈등은 계속되었
다. 교회의 분열 시기에 개최된 공의회는 교회의 개혁과 연합을
강조하였지만, 교회의 분열과 정치적 혼란을 막지 못하였다. 종
교개혁가 후스(Hus)로부터 촉발된 전쟁은 국민운동으로 확대되
었고, 신성로마제국이 붕괴되는 결과를 가져왔다. 이탈리아 도
시국가들은 극렬한 전쟁을 벌였다. 동방으로부터는 십자군 전쟁
에 반발하여 연합한 튀르크의 위협이 계속되었고, 폴란드와 독
일 기사단의 반목과 불화는 정치적 위협 요인이 되었다. 정치적
이고 신학적인 불안 요인이 증가하면서 종교개혁과 정치개혁에
대한 요구 역시 높아졌다.

　개혁운동에는 새로운 정신과 이념, 종교성이 요구되었다. 인
본주의는 고대 그리스와 고대 로마의 인본주의 사상을 기반으
로 하여 당시 시대적 요구에 부응할 수 있었다. 인본주의는 고
대의 재발견과 재생(re-naissance)을 통하여 새로운 세계를 탄생
(naissance)시킬 수 있는 정신적 기반이 되었다.[1] 신본주의에서

---

1) 교육사가 William Boyd는 르네상스를 재생(re-naissance)과 새로운 탄생
(naissance)이라는 두 가지 의미로 해석하였다(William Boyd, *The History
of Western Education*, New York, ^{8}1996, 160.). 이는 곧 한편으로는 고대
정신 세계를 부활시키고, 다른 한편으로는 이를 기초로 새로운 세계를 탄
생시킨 것이 르네상스라는 것이다.

탈피하여 인간에 대한 새로운 이해, 사고하고 행동하는 인간, 합리적인 사고와 정신이 지배하는 사회를 추구하는 사상적 기반이 되었다. 인본주의는 교회의 분열 속에, 그리고 정치적 절망 가운데에서 새로운 세계를 꿈꾸는 당시의 지식인들을 중심으로 서서히 퍼져 나갔다.

14세기 말과 15세기 초 유럽에는 세 가지 커다란 권력이 존재하였다.[2] 교회 권력(sacerdotium), 황제 권력(imperium), 학문 권력(studium)이 그것이다. 중세 가톨릭교회는 교황의 영향 아래 절대 권력을 행사하였다. 이에 대항하여 황제는 교회 권력과 경쟁하는 세속적인 절대 권력자였다. 그리고 학문 권력은 중세 대학이 만들어지면서 점차적으로 형성된 새로운 권력이요, 정신 세계를 지배하는 권력을 의미하였다.

중세 시대에는 교회 권력과 정치 권력이 쌍벽을 이루며 절대적인 권력을 행사하였다. 그러나 중세 후기에 절대 권력이 쇠퇴하면서 학문 권력은 비판적 기능의 담지자로서, 새로운 세계 건설의 정신적 지주로서 그 중요성이 강조되었다. 그리하여 학문이 새로운 권력으로 형성되고 인정되기에 이르렀다.

이러한 학문 권력은 상업과 무역으로 부를 축적한 시민과 도시국가가 새로운 권력으로 등장하면서 큰 후견자를 발견하게 된다. 그 대표적인 사례가 피렌체의 메디치 가문이다. 메디치 가문은 피렌체의 대표적인 시민 가문으로서 물질적이고 정신적인 측면에서 군주적인 역할을 담당하였다. 메디치 가문의 노력에 의

---

2) Günther Böhme, *Bildungsgeschichte des frühen Humanismus*, Darmstadt, 1984, 52.

하여 피렌체는 르네상스 인본주의 문화를 꽃 피우는 중심지가 된다. 메디치 가문은 두 명의 교황을 배출하기도 하였다. 르네상스 시대의 대표적 가문인 메디치 가문에 의하여 인본주의는 부흥의 계기를 맞게 된 것이다.

2 정신사적 배경

중세는 보편성이 지배하던 시기였으며, 전체 사회에 적용되는 보편적 가치가 지배하던 시기였다. 전체가 개인보다 상위에 있고 개체는 전체와의 관계 속에서만 존재 의미를 지녔다. 플라톤의 전체주의에 영향을 받은 사고라고 할 수 있다. 즉, 플라톤의 사상과 기독교 사상이 연합하여 기독교적 전체주의가 형성되었고, 그것이 중세를 지배하였다. 중세 천 년을 지배하였던 가톨릭교회의 '가톨릭'이란 뜻이 '보편성'이란 뜻을 가지고 있다는 점이 이를 증명한다. 보편주의 사회에서 개별성이나 개인이라는 가치는 인정되지 않는다. 그러나 중세 후기에 접어들면서 이러한 생각에 반대하는 목소리가 나타나기 시작하였다.

먼저 학문이 연구되는 대학, 특히 파리 대학에서 유명론(Nom-inalism)이란 새로운 사상이 등장하기 시작하였다. 유명론자 오캄(Ockham)은 실재하는 것은 개체뿐으로 보편자는 존재하지 않는다고 주장하였다.[1] 예를 들면, 빨강이라고 하는 보편적 개념은

빨강이라는 공통 성질에 대하여 주어진 말, 혹은 기호이지 빨강
이 실재하는 것은 아니라고 보는 것이다. 즉, 빨간 꽃, 빨간 볼
펜은 개체로서 존재하지만, 빨강 자체는 존재하지 않는다는 것
이다. 개체만이 실재한다는 주장은 자연스럽게 개체적 · 개인적
사고를 탄생시켰다. 그리고 중세 천 년 동안 유지되어 온 보편
주의적 사고에 일대 타격을 가하게 된다.

특히, 중세 기독교 하나님의 전체성, 보편성, 만물의 근원성,
영원성에 대하여 근본적인 물음이 제기되었다. 이와 함께 스콜
라 철학과 신학의 핵심이었던 신앙과 지식의 통합성에 의문이
제기되기 시작하였고, 철학과 과학이 신학으로부터 분리되어 독
립하는 전기를 맞게 된다. 모든 학문과 사상의 중심이었던 신학
과 기독교는 이제 더 이상 보편성을 주장하기 어렵게 되었다.
그리하여 모든 삶의 영역에서 신학, 기독교, 보편성으로부터의
독립이 이루어지게 되었다. 이에 가세하여 중세 말기 가톨릭교
회 내의 갈등과 대립, 분열은 기독교의 보편성에 대한 의문과
비판을 더욱 촉진시키는 계기로 작용하였다.

보편성으로부터의 탈피와 분파주의는 단지 교회 권력에서만
해당되는 것은 아니었다. 세속적 권력에서도 분파주의 경향을
뚜렷이 확인할 수 있다. 황제의 권력에 대항하여 영주 권력이
강화되었고, 영주 권력에 대항하여 도시와 기사의 권력이 강화
되었다. 이렇게 하여 보편적인 권력으로부터의 탈피 현상은 일
반 시민에게까지 파급되었다.

---

1) Karl Joël, *Wandlungen der Weltanschauung-Eine Philosophiegeschichte
   als Geschichtsphilosophie*, Bd. 1, Tübingen, 1928, 216.

　보편성으로부터의 탈피는 분파주의를 의미하는 동시에 해방과
자유를 의미하였다. 중앙집권적인 권력, 권위, 보편적 질서로부
터 탈피하여 해방과 자율을 가져왔다. 그동안 개인과 개체를 구
속하던 객관성으로부터 독립하여 주관성이 인정받기 시작하였
으며, 독자성, 개별성, 고유성이란 개념이 새로운 사회질서를 만
드는 개념으로 등장한 것이다. 더불어 개별적 인간에 대한 관심
과 인간의 주체성과 독자성에도 눈을 돌리게 되었다. 인본주의
는 이러한 사상적 배경을 기초로 탄생하게 된 것이다.

3 패러다임의 변화

14~15세기에 걸쳐 이탈리아에서 시작해 전 유럽으로 퍼져 나간 문예부흥운동을 우리는 '르네상스'라고 부른다. 재생 또는 부활이란 의미를 지닌 르네상스는 고대 그리스 문화를 부활시키고 부흥시켜 새로운 근대 문화를 창조하려는 운동이었다.

그러나 르네상스는 좁은 의미의 문예부흥운동, 즉 문화운동에만 머무른 것은 아니었다. 르네상스는 서양 전체 문화의 구조적인 변혁을 가져왔다. 중세의 신 중심 사회와 문화에서 탈피하여 인간 중심 사회와 문화로의 전환을 가져왔으며, 중세라는 틀에서 벗어나 근세라는 새로운 세기로 이행하는 역사적 기점이었다. 이러한 구조적인 변혁은 인간 삶의 모든 분야와 관련되었다. 정치, 경제, 사회, 문화, 학문, 예술 등 모든 삶의 분야에서 새로운 것이 시작되었고 이로 인해 중세적인 전통과 질서는 이제 그 막강한 힘을 상실하게 되었다.

중세 사회는 삶의 모든 분야에서 종교(기독교)가 지배하였던 사회였다. 르네상스는 위의 삶의 영역들이 종교적 틀에서 벗어나 독립하게 하는 동기를 제공하였다. 기독교 국가가 세속 국가로, 기독교 사회가 세속적인 사회로, 기독교 문화가 세속적인 문화로, 기독교 예술이 세속적인 예술로, 기독교 교육이 세속적 교육으로 탈바꿈하는 전기를 마련하였다. 한마디로 르네상스는 삶의 모든 분야가 세속화되는 결과를 가져왔다고 평가할 수 있다.

또한 철학적이고 정신사적인 관점에서 볼 때 르네상스는 '인본주의'라고 불렸다. 인본주의란 고귀한 인간성을 다면적으로 완전하게 실현하는 것을 이상으로 삼는 정신적 흐름 또는 태도를 말한다.

인본주의자들은 중세 말기의 경직된 스콜라 철학을 비판하고 인간 중심적인 새로운 사상을 전개하게 된다. 새로운 사상의 기초를 인본주의자들은 고대 사상과 문화 예술에서 찾으려고 한 것이다. 왜냐하면 인본주의자들은 고대 그리스인들이 인간성을 참되고도 완전하며 다면적으로 계발하는 것임을 발견하였다고 보고, 고대인들의 작품들을 위대하고 고귀한 인간 이상의 거울로서 모범적인 것으로 인식하였기 때문이다. 즉, 인본주의자들은 고대로부터 새로운 인간 이상과 자유롭고 창조적인 새로운 삶의 형태를 발견하게 된 것이다.

고대의 발견과 함께 인본주의자들은 이제 인간을 새롭게 이해하기 시작하였다. 인간 안에 지니고 있는 무한한 가능성을 새롭게 발견하기 시작한 것이다. 동시에 자신의 주변 세계를 새롭게 인식하게 되었다. 즉, 종교적 관심에서가 아니라, 세속적 관심에서 주변 세계를 파악하기 시작한 것이다. 이런 점은 인간과 자연과의 새로운 관계를 형성하게 하였다. 이제 중세 시대에 낯선 개념이었던 '인간'과 '자연'과 '삶'이 새로운 관심사로 등장하

였다.[1] 중세의 신본주의, 보편성에 대항하여 전혀 새로운 패러
다임이 형성된 것이다.

1. 인 간

중세 사회에서 인간은 신과의 관계성 속에서만 이해되었고,
신의 인식을 최대 과제로 삼았다. 신의 창조 질서로 해석되었던
우주적 질서는 중세인의 삶과 존재 방식을 규정하는 원칙이었
다. 시간적으로 하루의 시작과 끝, 일주일의 시작과 끝, 한 해의
삶, 더 나아가 한평생의 삶에서 종교적 예식과 종교적 질서, 내
세적 삶에의 지향이 중심을 이루었다. 공간적으로도 국가 공공
기관과 교회는 그들 삶의 중심에 있었고, 그것이 그들의 삶을
지배하였다. 황제, 왕, 영주, 귀족, 시민, 농민, 걸인 등 명백히
규정된 사회 계층도 신이 규정한 질서로 이해되었다. 계층 질서
속에서 개인의 존재와 삶은 부인되었고, 자유와 자율성과 이성
은 철저히 무시되었다.

그러나 르네상스와 인본주의는 이 세상에 존재하는 인간과
그의 삶에 대한 전혀 새로운 이해를 가져왔다. 신과의 관련성
속에서의 인간이 아니라, 인간으로서의 인간을 보려는 것이 관
심의 중심에 놓이게 된 것이다.[2] 즉, 신 중심 사회에서 인간 중
심 사회로의 변혁이 초래되었다. 인간은 이제 신이 아니라 자

1) Hans Scheuerl, *Pädagogische Anthropologie*, Stuttgart, 1982, 75.
2) J. von den Driesch, & J. Esterhues, *Geschichte der Erziehung und Bildung*,
   Bd. 2, Paderborn, 1960, 224.

연과 문화와의 관련성 속에서 자신의 삶을 재해석하고 즐기기
시작하였다. 중세 시대의 우주적 질서와 의존 관계로 묶여 있
던 쇠사슬을 풀고 나와 자신의 삶을 스스로 결정하게 되었다.
현실적 삶이 부인되던 중세적 전통을 거부하고, 고대 그리스인
의 삶의 모습에 따라 삶에 대한 긍정적 태도, 문학과 예술에서
발견되는 미적 감각, 감정과 열정이 주요 관심사로 등장하였다.
이제 인간은 하나의 주체로 파악되었고 개별적 특성이 강조되
었다.

특히, 인본주의자들은 자유와 자율성의 이념을 강조하였다.
중세 사회의 기본 제도인 봉건주의와 교회는 중세 우주적인 질
서의 수호자였다. 봉건 계층적 질서에 따르고, 교회의 권위에
복종하는 것은 중세인들의 당연한 삶이었다. 개인의 자유로운
의사와 결정은 전혀 수용되지 않았다. 그러나 인간의 존엄성과
가치를 존중하는 인본주의자들은 중세적 가치를 더 이상 수용할
수 없었다. 인간성의 이념을 실현하기 위해 그들은 인간의 자유
와 자율적인 결정과 삶이 매우 중요하다고 평가하였다. 이제 사
람들은 자신감을 갖고 자유롭게 자신들의 삶을 결정하고 관리할
수 있게 되었다.

더 나아가 그들은 인간 이성의 가치를 재발견하였다. 중세 교
회의 가르침과 전통적 관습에 따라 무반성적으로 생활하는 인간
의 모습을 비판하고 인간의 이성적 판단에 따른 삶을 강조하였
다. 그들은 인간의 본질을 이성(ratio)으로 이해하였다. 이성에
따를 때 인간은 바른 것과 그른 것을 판단할 수 있는 능력을 가
질 수 있고, 선한 것과 악한 것을 구별할 수 있는 눈을 갖게 되
어 이를 생활에서 실천할 수 있게 된다고 보았다.

인간에 대한 르네상스인들의 탐구는 동시에 인간의 자연성에 대한 새롭고 깊은 이해를 가져오게끔 하였다. 중세 시대의 인간은 아우구스티누스의 영향에 따라 기독교적 세계관으로 채색되어 있었다. 인간은 철저히 이분법적인 구도 안에서 이해되었다. 인간은 신의 세계(civitas Dei)와 속세의 세계(civitas terrana)의 두 세계에 살고 있는 존재요, 초자연의 세계와 자연의 세계에 동시에 살고 있는 존재요, 영혼과 육체로 이루어진 존재였다. 이 두 가지 대립되는 존재 방식 안에서 인간은 늘 갈등하는 존재로 그려졌다. 그리고 인간이 지향해야 할 존재 방식이 분명하게 규정되었다. 신적인 특성인 인간의 영혼은 매우 높이 취급되었으나, 인간의 자연성과 육체는 죄된 특성으로 부인되었다.

그러나 탈기독교화와 세속화 작업 가운데서 인본주의자들은 인간을 전혀 새롭게 인식하였다. 그들은 중세의 신학적 이분법적 구도에서 탈피하여 인간을 무전제하에서 재인식하기 시작하였다. 그 결과 인본주의자들은 인간의 자연성인 육체와 감각과 욕망의 영역들을 인간의 정신과 함께 인간성을 규정하는 중요한 요소라고 보았다. 그것은 중세의 금욕주의를 비판하고 인간의 자연적 측면을 새로이 평가한 것이라고도 볼 수 있다. 요약하면, 중세 사회에서는 인간 존재의 이상적인 측면만이 가치 있는 것으로 여겼다면, 르네상스 인본주의자들은 인간 존재의 현실적인 면에 보다 큰 관심을 기울였다고 볼 수 있다.

2. 자 연

중세인의 삶은 철저하게 내세 지향적이었다. 현세의 삶은 단순히 순교자의 삶이요, 내세의 영원한 삶을 준비하는 과정으로 이해되었다. 사람들의 참된 고향은 현세가 될 수 없었다. 그러나 르네상스인들은 그러한 내세주의를 배척하고, 현세적이고 속세적인 삶의 가치를 새롭게 평가하였다. 사람들은 이제 내세의 영원한 삶을 추구하고 현세의 삶을 희생하는 대신, 현세의 삶에 관심을 기울이고 현세의 즐거움을 추구하게 되었다.

이러한 현세에 대한 관심은 자연스럽게 주변의 자연 세계에 대한 관심으로 이어졌다. 이 세계는 더 이상 신학적 관점에서 신이 창조한 피조물의 세계가 아니며 죄의 세계로서 극복해야 할 대상도 아니었다. 이 세계는 이제 인간의 세계, 인간 삶의 세계로 파악되었다. 그리고 동시에 인간이 자신의 목적을 위해 이용할 수 있는 대상, 정복의 대상으로 파악되었다. 사람들은 이제 아무 조건 없이 인간의 이성적인 능력을 발휘하여 주변 세계를 탐구하기 시작하였다. 1492년에 콜럼버스가 아메리카 대륙을 발견하였고, 1498년 인도로 가는 뱃길이 발견되었다. 이와 더불어 지리학적이고 자연과학적이고 역사적인 지식이 급속도로 확대되었다. 이 세계의 참된 모습을 그 형태와 수에 있어서 명료하게 설명하였던 자연과학적 지식은 이제 잇따른 지리상의 발견과 더불어 참된 것으로 증명되었다. 더불어 코페르니쿠스, 갈릴레이, 케플러 등에 의해 천체의 운동에 대한 새로운 과학적 법칙이 발견되었다. 이러한 일련의 지리와 천체의 발견은 사물 세계에 대한 관심을 촉발하는 계기로 작용하였다.

인간의 자연 세계에 대한 관심은 세계관의 확대와 자연과학의
급속한 발전을 초래하였다. 사람들은 이제 종교적인 틀에 예속
되고 억압됨이 없이 자연을 관찰하고 연구하여 자연에 대한 새
로운 인식을 가질 수 있게 되었다. 더불어 경험과학적 지식이
최고의 기치를 지니게 되었고, 더 나아가 교육에서도 '사물'과
'실제'에 대한 관심을 촉발하는 계기를 가져왔다.

제 2 장

초기 이탈리아 인본주의 교육사상

인본주의는 이탈리아에서 시작하여 유럽으로 퍼져 나간 사상적 흐름이다. 페트라르카, 베르게리우스, 비토리노, 구아리노, 브루니, 알베르티, 피치노, 피코 등이 주요 사상가로서 활동하였다.

이탈리아 인본주의자들은 인간을 자유로운 존재, 주체적 존재, 언어적 존재, 도덕적 존재로 규정하고, 교육과 도야를 통하여 그러한 인간 이상을 실현하는 것이 가능하다고 보았다. 특히 언어교육과 인간교육을 핵심 과제로 강조하였다.

인본주의의 역사와 특징

1. 인본주의의 역사

인본주의 운동의 역사를 살펴보면, 크게 세 가지 형태의 인본주의를 확인할 수 있다. 첫째로는, 14~15세기에 이탈리아를 중심으로 꽃을 피운 인본주의다. 페트라르카(Francesco Petrarca), 비토리노(Vittorino da Feltre), 구아리노(Guarino da Verona), 브루니(Leonardo Bruni), 피치노(Marsilio Ficino), 피코(Giovanni Pico della Mirandola) 등이 주요 사상가로 활약하였다. 둘째는, 초기 이탈리아 인본주의의 영향을 받아 15~16세기에 전 유럽에서 만개한 유럽 인본주의다. 유럽 인본주의의 대표적 사상가는 에라스무스(Erasmus)를 비롯하여, 독일의 멜란히톤(Melanchton), 영국의 모루스(Morus)와 콜레(Colet), 프랑스의 몽테뉴(Montaignue), 스페인의 비베스(Vives) 등이다. 셋째는, 19세기 초 독일을 중심으로 형성된 신인본주의로서 헤르더(Herder), 훔볼트(Humboldt)가 그 대표적인 인물이다.

초기 이탈리아 인본주의의 출발점은 페트라르카다. 그는 인본주의라는 새로운 세계를 '발견한' 인물로 새로운 세계를 창조하였다기보다는 말 그대로 발견한 인물이다. 그는 새로운 '봄' 의 방식과 새로운 '생각' 의 방식을 제공한 사람이다. 새로운 봄의 방식과 생각의 방식으로 주어진 세계를 새롭게 해석하여 새롭게 발견한 인물이다. 페트라르카의 위대성은 바로 여기서 찾을 수 있다. 그는 인본주의라는 새로운 정신 세계를 구축하여, 인본주의적 관점에서 세계를 새롭게 해석한 사람이다. 그로부터 인본주의 운동이 시작되었다. 살루타티(Salutati), 브루니(Bruni), 구아리노(Guarino), 비토리노(Vittorino), 발라(Valla) 등 수많은 르네상스 사상가들이 그의 영향을 받았다.

페트라르카는 키케로를 재발견하였다. 그는 키케로의 인본주의적 사고에 주목하여 키케로의 사상을 기초로 하여 고대 사상과 고대 언어, 그리고 고대 역사의 중요성을 도출하여 강조할 수 있었다. 특히 그는 키케로가 발견한 '후마니타스(humanitas)' 라는 개념에 주목하여 인본주의적 특성과 의미를 발견하였다.

고대 인본주의의 발견과 더불어 '재생(再生, Renaissance)' 이란 개념이 핵심 개념으로 등장하였다. 재생 개념은 당시 시대를 규정하는 개념이 되었다. 고대 정신과 언어의 재생, 인간의 존엄성과 가치의 원상회복이란 의미를 지니고 있는 재생은 인본주의 정신을 표현하는 핵심 개념이 되었다. 재생 개념은 인본주의와 교회, 인본주의와 신학, 인본주의와 종교, 인본주의와 신과의 관계를 재정립하는 데에도 영향을 미쳤다. 인본주의는 고대의 발견 및 재생 개념과 함께 스콜라주의 철학의 독단 및 중세 대학의 전통과 맞서게 되었다.

페트라르카로부터 시작하여 피코(Pico della Mirandola)와 카스틸리오네(Baldesar Castiglione)로 이어지는 이탈리아 인본주의는 유럽의 인본주의 운동으로 발전하였다. 유럽 인본주의 운동은 거의 모든 유럽 국가에 영향을 미쳤다. 보헤미아, 폴란드, 러시아 등 동유럽뿐만 아니라 영국, 프랑스, 독일, 스페인 등 중서부 유럽에도 영향을 미쳤다. 또한 독일에서 시작한 종교개혁과 신구교회의 전쟁에도 영향을 미쳤으며, 중세 대학을 개혁하는 데에도 영향을 미쳤다. 이러한 유럽 인본주의 운동에는 네덜란드의 에라스무스가 큰 역할을 담당하였다. 그 외에도 독일의 멜란히톤(Ph. Melanchton), 영국의 모루스(T. Morus)와 콜레(J. Colet), 프랑스의 부데(G. Budé)와 몽테뉴(M. Montaigne), 스페인의 비베스(J. L. Vives) 등이 중심 사상가로서 활동하였다.

인본주의 운동은 19세기 초 독일에서 인본주의 교육사상과 함께 마지막 정점을 이룬다. 헤르더(J. G. Herder)와 훔볼트(W. v. Humboldt)를 중심으로 독일 인본주의는 인간교육과 언어교육을 강조하면서 학교와 교육에 영향을 미쳐 학교개혁을 이끌어 가는 토대가 되었다.

2. 인본주의의 개념

인본주의의 역사에서 확인할 수 있듯이, 인본주의를 한마디로 규정하기란 쉽지 않다. 페트라르카로 대변되는 초기 이탈리아의 인본주의, 에라스무스로 대변되는 유럽의 인본주의, 그리고 훔볼트로 대변되는 19세기 초 독일의 신인본주의는 그 양상이 조금씩 다르기 때문이다.

오늘날 우리가 사용하는 의미의 인본주의란 개념이 처음 사용
된 것은 1808년 니트함머(Friedrich Immanuel Niethammer)에 의해
서다. 독일 바이에른 주의 학교개혁가였던 니트함머는 1808년
『현대 교육 이론에서 박애주의와 인본주의의 논쟁』이란 책[1]을
저술하였는데, 여기서 우리는 '인본주의(Humanismus)' 라는 말을
처음 접하게 된다. 니트함머는 이 책에서 18세기 말 계몽주의로
부터 영향을 받았던 19세기 초반의 독일 이상주의와 연결되어
있는 교육이념 및 일반 교육사상을 발견하게 되었다. 그는 인간
성의 이념(Idee der Humanität)을 강조하고 있는 헤르더(Herder)의
사상을 수용하여, 이러한 교육이념을 '인본주의' 라고 칭하였
다.[2]

그는 자신의 저술에서 인본주의 교육의 목적을 '인간의 일반
도야(allgemeine Bildung des Menschen)'[3]를 이루는 것이라고 표
현하였다. 또 다른 곳에서 그는 인본주의 교육을 '정신 도야 그
자체를 목적으로 하는 교육'[4]이라고 표현하고 있다. 즉, 인본주
의 교육이란 성장 세대들에게 '인간성의 도야(Bildung der Hum-
anität)'와 '인간 교육(Menschenbildung)'[5]을 실현하는 노력이라
는 것이다. 니트함머는 인간 정신을 도야하기 위해서는 사물이

1) Friedrich Immanuel Niethammer, *Der Streit des Philanthropinismus und
   Humanismus in der Theorie des Erziehungsunterrichts unserer Zeit*, Jena,
   1808.
2) Ibid., 8.
3) Ibid., 76.
4) Ibid., 77.
5) Ibid., 80.

아니라 이념을, 물질적 대상이 아니라 정신적 대상을 교육 내용
으로 삼아야 한다고 보았다.[6] 또한 인간의 자유교육과 정신 도
야를 추구하는 인본주의 교육 내용은 우선적으로 '고대의 자유
교육'에 관한 것이라고 보았다.[7] 고대 세계에서 인간의 자유 정
신과 참되고(진) 선하고(선) 아름다운(미) 정신이 완성된 형태로
표현되고 있다고 보았기 때문이다. 다음으로 인간의 정신 도야
를 위한 교육 내용으로 말과 언어가 중요하다고 보았다. 인본주
의자들에게 언어는 자유로운 '정신 세계의 표현이요, 정신을 담
고 있는 육체'[8]와 같은 것이라고 표현하였다. 따라서 인본주의
교육 프로그램에서 언어는 핵심을 차지한다.

역사적 개념으로서 인본주의가 처음 사용된 것은 19세기 중엽
부터다. 초기 인본주의의 대가 페트라르카 및 이탈리아 인본주의
자들이 활동한 14~15세기를 정신사적으로 규정하여 '인본주의
시대(Jahrhundert des Humanismus)'로 규정한 것은 포이그트
(Georg Voigt)였다. 그는 1859년 『고전적인 고대의 부활 또는 인
본주의의 첫 세기』라는 책을 저술하면서 '인본주의'라는 개념을
사용하였다.[9] 오늘날 인본주의에 관한 수많은 저술 중 이 저술
은 초기 인본주의의 특징을 잘 서술한 명저로 꼽힌다. 이 책이
주목을 끄는 이유는 인본주의에 대한 깊이 있는 저술 내용뿐 아
니라, '인본주의 시대'라는 개념이 이 저술에서 처음 사용되었

---

6) Ibid., 79.
7) Ibid., 81.
8) Ibid., 175.
9) Georg Voigt, *Die Wiederbelebung des classischen Alterthums oder das erste Jahrhundert des Humanismus*, Bd. 1, Berlin, [4]1960, 3.

기 때문이다.

이 책에서 포이그트는 '새로운 인본주의 세계'에 대하여 언급하면서 '교육과 도야를 기초로 하여 문학과 예술 분야에서 먼저 꽃을 피우고, 이탈리아에서부터 시작하여 전 유럽에 퍼져 나간'[10] 사상적 흐름을 인본주의로 칭하고 있다. 여기서 '새로운 인본주의 세계'는 다음과 같은 특징을 지니고 있다. 즉, 고대 모범에로의 전환, 새로운 학문과 지식 영역의 획득, 인간과 세계에 대한 관심 등이다.

인본주의 개념을 좀 더 잘 이해하기 위해서는 인본주의를 꽃 피우는 데 결정적인 역할을 담당하였던 인본주의자들이 누구인지를 살펴보는 것이 필요하다. 인본주의자란, 니트함머가 앞에서 언급하고 있듯이 인본주의 연구(스투디아 후마니타티스, studia humanitatis)를 수행하고 가르친 사람들이다. 이러한 사람들은 당시 후마니스타(humanista)라고 불렸다.[11] 후마니스타란 15세기부터 사용되던 단어인데, 후마니타티스(humanitatis)를 연구하던 사람들을 통칭하여 일컫던 단어다. 당시 후마니타티스에 대해서는 공통적인 개념 규정이 이루어지지 않았으며, 단지 14~16세기에 고대 그리스 시대의 핵심 교육과정이었던 문법(grammer), 수사학(rhetoric), 시학(poetry), 역사(history), 도덕철학(moral philosophy)을 지칭하는 데 쓰였다.[12] 이렇게 볼 때 르네상스 시대 인본주의

---

10) Ibid., 3.
11) Günther Böhme, *Bildungsgeschichte des frühen Humanismus*, Darmstadt, 1984, 17.
12) Paul Oskar Kristeller, *Eight Philosophers of the Italian Renaissance*, Stanford, 1964, 3.

자들은 문법, 수사학, 시학 등 언어를 핵심 교육 프로그램으로 수용하고 있었음을 확인할 수 있다. 고대 그리스의 핵심 교육과정이었던 7자유 교과(septem artes liberales) 가운데 3형식 과목(Trivium, 문법·수사학·변증법)이 핵심 교육과정으로 다시 받아들여지고 있었다는 것이다. 4내용 과목(Quadrivium, 천문·기하·음악·산수)은 인본주의자들에게 그다지 중요하게 수용되지 않았다. 그리고 중세 시대 대학의 주요 교과였던 의학, 신학, 법학 역시 중요한 교육 프로그램으로 수용되지 않았다.

16세기에 인본주의자들은 언어 교사, 관리(서기관), 시인, 문필가 등이었다. 이들은 모두 언어와 관련된 직업을 가지고 있었고, 언어를 가르치는 사람들이었다. 바꿔 말하면, 인본주의자로 이해되는 사람들이란 일차적으로 고전 언어학자, 즉 그리스어와 라틴어를 가르치는 학자와 그것을 기초로 역사, 시, 도덕철학(윤리학)을 가르치는 학자들을 말하였다.

역사적으로 볼 때, 인본주의자들을 칭하는 후마니스타와 인본주의 교육을 뜻하는 스투디아 후마니타티스(studia humanitatis)는 키케로 사상의 핵심 개념인 '후마니타스'에서 왔다. 후마니타스(humanitas)는 기원전 2세기에 스키피오 학파에서 처음 사용하였다. 스키피오(P. Cornelius Scipio Aemilianus, B.C. 185~129)[13]는 마케도니아 정복자인 마케도니쿠스(Lucius Aemilius Paulus Macedonicus, B.C. 229~160)의 아들로 태어났다. 그는 어렸을 때에 그리스 문화의 영향 아래 성장하였다. 그의 아버지 파울루스

13) 그는 나중에 Publius Cornelius Scipio Africanus의 큰 아들인 Publius Cornelius Scipio에 입양되어 이름을 Publius Cornelius Scipio Aemilianus로 바꾸게 된다.

(Aemilius Paulus)는 로마의 장군으로 마케도니아를 정복한 인물 인데, 당시 그리스 학문과 교육의 우수성을 접하고 스키피오에 게 그리스식 교육을 받도록 하였다. 이에 따라 문학, 철학, 수사 학, 조각과 회화, 말과 개 감독법, 사냥 기술을 가르치는 그리스 최고의 교사들이 스키피오를 가르쳤다.[14] 이러한 교육은 스키피 오에게 그리스 문학과 철학과 예술에 대한 깊은 관심과 지식을 갖도록 하였다.[15]

스키피오는 뛰어난 군인이었다. 17세 때 아버지와 함께 마케 도니아 전쟁에 참가하여 승리를 거두었고, BC 147년에는 로마 집정관이 되어 카르타고를 멸망시킨다. 그는 군인이자 정치가인 동시에 위대한 연설가요 도야인이었다. 그는 특별히 그리스 문 화와 학문의 신봉자였다. 그는 그리스-로마 학자들 그룹인 소 위 스키피오 학파(Scipionic Circle)를 형성하여 그리스 문화와 학 문을 수입하고 보급하는 데 힘썼다.[16] 시인과 철학자와 문학가 와 역사가들이 스키피오 학파의 구성원이었다. 스키피오 학파에 서는 그리스 문학, 철학 등 그리스 사상을 연구하고 토론하고 가르쳤다. 또한 스키피오는 교육에 굶주린 로마의 젊은이들, 특 히 귀족 자제들을 모아 그리스 언어와 문학을 가르쳤다. 이때부 터 그리스 문학과 예술과 철학은 로마에서 고전으로 인정받게 되었다. 더불어 인간성의 완성을 꿈꾸는 고대 그리스의 이상이 고대 로마의 이상으로 계승하게 되었다. 이렇게 하여 후마니타

---

14) Plutarch, "Aemilius Paulus", *Plutarch's Lives*, English Translation by Bernadotte Perrin, Vol. VI, Aem. Cambridge, 371.
15) A. E. Astin, *Scipio Aemilianus*, Oxford, 1967, 15.
16) Ibid., 294.

스란 개념이 탄생하는 계기를 마련하게 된다.[17]

키케로는 스키피오 학파의 후마니타스 이념에 큰 영향을 받아 후마니타스 개념을 자신의 철학과 사상의 핵심 개념으로 수용하였다. 키케로는 어린 시절 스승인 스카에볼라(Auguren Mucius Scaevola)로부터 후마니타스 사상과 인간적인 삶의 모습에 대하여 교육을 받았다.[18] 스카에볼라는 스키피오의 친구였던 라엘리우스(Laelius)의 사위였다. 키케로는 스승이 인간성이 완성된 모습과 고귀한 인격에 대하여 묘사할 때 큰 감동을 받았다.

키케로는 이러한 전통을 물려받아 '후마니타스(humanitas)'를 그리스의 '파이데이아(paideia)'[19]와 유사한 개념으로 사용하였다. 즉, 키케로는 후마니타스를 교육과 도야를 통하여 인간성이 최고에 도달한 상태를 나타내는 개념으로 사용하였다. 뷔흐너 (K. Büchner)는 키케로가 그의 저작에서 후마니타스란 개념을 약 600번 사용하고 있다고 분석하였다.[20] 키케로는 그의 여러 저술에서 후마니타스 개념을 도덕적이고 정신적인 도야, 인간의 고귀성, 인간 정신의 존엄성과 품격, 명예, 유머, 고상한 취미, 재치, 기재, 우아, 기품, 세련미, 정신, 교육, 도야, 내적인 평화, 친근성, 선, 온화함, 사교성, 배려, 호의, 아량, 관용 등의 의미로

---

17) Ibid., 303.
18) August Buck, *Humanismus: Seine europäische Entwicklung in Dokumenten und Darstellungen*, Freiburg, 1987, 18.
19) '도야'란 의미의 그리스어.
20) K. Bhner, Römische *Lebensbegriffe, lateinische Literatur und Sprache in der Forschung seit 1937*, Bern, 1951, 187. August Buck, *Humanismus: Seine europäische Entwicklung in Dokumenten und Darstellungen*, Freiburg, 1987, 480에서 재인용.

사용하였다.[21]

앞의 후마니타스 개념을 살펴보면 크게 두 가지 특징을 확인할 수 있다. 첫째로 후마니타스는 도덕적인 개념이라는 점이다. 후마니타스는 명예, 재치, 호의 등 도덕인이 갖추어야 할 자질을 담고 있다. 둘째는 교육과 밀접한 관련을 맺고 있는 개념이라는 점이다. 후마니타스는 교육과 도야를 통하여 성취되는 교육 이상을 표현하고 있다.

먼저, 후마니타스의 첫째 특성에 대하여 좀 더 자세하게 살펴보자. 키케로는 인간을 존엄한 가치를 지닌 존재로 이해하였다. 그는 '우리는 다른 사람을 대할 때 모든 사람―훌륭한 사람이든 평범한 사람이든― 에 대하여 존경하는 자세를 가져야 한다.'[22]고 말했다. 따라서 그는 다른 사람들과의 관계에서 인간적인 사고와 다른 사람의 입장을 고려하고 배려하는 자세를 갖출 것을 강조하였다. 즉, 그는 공동체 안에서 도덕적 성품과 자세와 행동을 요구한 것이다. 특히 인간은 이성을 지니고 있는데, 이 점이 동물과는 달리 인간이 공동체적 존재, 도덕적인 존재로서 형성되는 데 크게 영향을 미친다고 보았다. '인간은 선천적으로 이성이 주어졌다는 점, 즉 여러 가지를 동시에 수행할 수 있고, 사물의 원인과 결과를 보고 유사한 상황에 적용할 수 있고, 분리된 것을 연결할 수 있으며, 현재적인 것을 토대로 미래의 삶을 예견할 수 있는 날카롭고 힘 있고 신속한 정신을 소

---

21) R. Rieks, "Humanitas", Joachim Richter (Hrsg.), *Historisches Wörterbuch der Philosophie*, Bd. 3, Basel, 1974, 1231.
22) Marcus Tullius Cicero, *De Officiis, Book I, 99*, English Translation by Walter Miller, London, 1928, 101.

유하고 있다는 점에서 다른 모든 것, 특히 동물과 구별된다. 인
간의 이성은 인간으로 하여금 인간적이 되도록 이끌고, 예술과
언어를 사용하도록 이끌며, 동족을 사랑하게 만들고, 더 나아가
공동체의 시민과 조국을 위하여 태어났다는 생각을 갖도록 한
다.' [23] 여기서 키케로는 인간이 이성적인 존재, 공동체적인 존
재, 사회적인 존재라는 점을 밝히고 있다. 공동체적 존재로서 인
간은 공동체 안에서 도덕적인 성품을 갖추도록 노력하여야 하
고, 그것을 행동으로 나타내어야 하는 존재다. 그는 그러한 공
동체 안에서의 인간의 도덕적 상태를 후마니타스로 표현하고
있다. 그것은 앞에서 표현한 대로 배려, 호의, 아량, 관용 등의
덕목으로 제시되고 있다. 즉, 후마니타스는 인간이 인간으로서
갖추어야 할 개인적이고 사회적인 도덕성을 의미한다고 할 수
있다.

　다음으로 또다른 특성에 대하여 살펴보자. 키케로는 도덕성을
의미하는 후마니타스가 교육이란 매체를 통하여 성취된다고 보
았다. 즉, 후마니타스는 교육을 통하여 성취되는 교육 이상이다.
여기서 키케로는 그리스의 도야 개념인 파이데이아와 후마니타
스를 동일한 개념으로 사용하고 있다. 그는 인간의 정신 도야만
이 인간을 인간으로 만든다고 보았다. '비록, 사람들이 인간으
로 불리기는 하더라도, 후마니타스에 적합한 학문과 예술로 도
야된 사람만이 인간이 될 수 있다.' [24] '인간의 정신을 도야하는

---

23) Marcus Tullius Cicero, *De Finibus Bonorum et Malorum, Book II, 45f,*
　　English Translation by H. Rackham, London, 1931, 133.
24) Marcus Tullius Cicero, *De Re Publica, Book I, 28,* English Translation by
　　Clinton Walker Keyes, Cambridge, 1959, 51.

것이 후마니타스를 성숙시키는 양분이다.'²⁵⁾ 여기서 키케로는
교육과 도야가 후마니타스에 이르는 필수적인 길임을 분명하게
제시하고 있다.

후마니타스에 이르는 교육의 과정을 키케로는 '스투디아 후마
니타티스(studia humanitatis)'²⁶⁾란 개념으로 제시하였다. 키케로
는 고대 그리스의 자유교육을 위한 교과 내용을 수용하여 후마
니타스를 구현하기 위한 교육 내용으로 제시하였다. 이 때문에
『De Oratore』에서 그는 아르테스 리베랄레스(artes liberales, 자유
교과)와 스투디아 후마니타티스(studia humanitatis, 인본주의 교과)
를 동일한 개념으로 표현하고 있다.²⁷⁾ 스투디아 후마니타티스에
는 고대 그리스의 자유 교과 외에도 문학, 수사학, 역사, 법률학,
철학(심리학, 윤리학, 정치학, 물리학, 변증법)이 포함되었다.²⁸⁾

마이어(Meyer)는 키케로의 후마니타스 개념을 철학적 관점에서
볼 때 아르테스(artes), 독트리나(doctrina), 리테라에(litterae)로 요
약할 수 있다고 하였다.²⁹⁾ 아르테스는 인간의 정신적이고 도덕
적인 수양을 목적으로 가르치고 배워야 하는 지식과 능력의 대
상으로 특히 자유 교과(artes liberales)를 가리킨다고 보았다. 독트

25) Marcus Tullius Cicero, *De Finibus Bonorum et Malorum, Book V, 54*, English Translation by H. Rackham, London, 1931, 455.
26) Marcus Tullius Cicero, "Pro Archia, II, 3", Harold C. Gotoff, *Cicero's Elegant Style: An Analysis of the Pro Archia*, Urbana, 1979, 84.
27) Marcus Tullius Cicero, *De Oratore, Book III, 125*, English Translation by H. Rackham, London, 1968, 99.
28) Marcus Tullius Cicero, *De Oratore, Book I-II*, English Translation by E. W. Sutton, Cambridge, 1959.
29) J. Mayer, *Humanitas bei Cicero*, Dissertation, Freiburg, 1951, 222ff.

리나는 인간의 정신 활동을 통하여 얻게 될 지식과 학문의 총체
로서 학식으로 표현할 수 있다. 리테라에는 문학과 예술에 대한
지식으로서 특별히 그리스 문헌을 의미한다고 보았다. 이렇게
볼 때, 후마니타스는 인간성과 도덕성이 잘 개발된 상태를 의미
하는 동시에 인간의 정신 도야와 도덕적인 도야를 의미하고, 교
육과정과 관련해서는 문학적, 예술적, 철학적 지식을 총칭하는
의미를 지닌다고 볼 수 있다.

키케로에 의하여 발견된 후마니타스 개념은 르네상스 시대에
다시금 주목을 받게 된다. 신본주의에서 인본주의로 패러다임이
전환되면서 르네상스 시대 사상가들은 인간에 대하여 새로운 인
식과 관심을 갖게 되었고, 인간에 대하여 무전제하에서 다시 살
펴보게 되었다.

스페인의 인본주의자 비베스(Vives)는 인간에 대한 이해를 교
육학의 기초로 보고 인간에 대해 철저히 탐구할 것을 강조하였
다. '사람들은 인간 전체를 그의 내면과 외면에서 철저하게 알
아야 한다. 사람들은 인간의 사고와 열정이 어떻게 자극되고 성
장하며, 동시에 어떻게 줄어들고 침묵하는지 알아야 한다. 즉,
인간은 자기 스스로를 알아야 한다.' [30]

프랑스의 인본주의자 몽테뉴(Montaigne) 역시 인간 탐구를 그
의 철학의 최대 과제로 생각하였다. 몽테뉴는 『수상록』에서 '인
간'을 테마로 삼고 있으며, '나는 나 자신의 내면을 발견하는
것 외에는 다른 목적을 갖고 있지 않다.' [31]고 말하였다. 그는 인

---

30) *Johannes Ludovicus Vives' pädagogische Schriften*, Hrsg. v. Friedrich
　　Kayser, Freiburg, 1896, 327.
31) Michel de Montaigne, "Of the Education of Children", *The Complete*

간이 누구인지, 어떤 존재가 되어야 하고 어떠한 존재가 될 수 있는지 등의 질문을 던지며 인간학적이고 심리학적인 방법으로 인간을 탐구하였다.

이렇듯 르네상스 사상가들은 인간에 대하여 새롭게 탐구하면서 인간에 대한 긍정적인 사고를 갖게 되었다. 더 이상 중세 시대와 같이 인간에 대한 부정적인 사고가 아니라, 삶의 주체로서, 그리고 역사의 주체로서, 인간을 재발견하게 된 것이다. 르네상스 사상가들은 인간 도야와 인간성의 완성을 통하여 새로운 인간 창조가 가능하다고 보았고, 그러한 새로운 인간이 새로운 사회를 만들 수 있다는 신념을 갖고 있었다. 이러한 맥락에서 고대 로마의 후마니타스 개념이 다시 주목을 받게 되었다. 인간성이 완전히 실현된 상태를 고귀한 가치로 수용하게 된 것이다. 이 때문에 르네상스 시대를 사상사적으로 인본주의(Humanism) 시대로 칭한다. 그리고 르네상스 시대 인본주의자들은 후마니타스를 인간 이상으로 제시하고, 그것을 실현하기 위하여 노력한 사상가를 의미한다.

3. 인본주의의 중심: 피렌체

르네상스와 함께 인본주의가 시작된 곳은 이탈리아다. 베네치아, 제노바, 베로나, 파도바, 피렌체 등 당시 이탈리아 도시국가들은 상업의 부흥과 무역 활동으로 커다란 부를 쌓게 되었다. 여러 도시국가 가운데 인본주의가 가장 활발히 전개된 곳은 피

Works of Montaigne: Essays, Travel, Journal, Letters, translated by Donald M. Frame, Stanford, 1957, 109.

렌체다. 피렌체는 르네상스와 인본주의의 본산지로 인본주의가 시작된 곳이기도 하다.

피렌체는 르네상스 시대의 수세기 동안 정신적 삶의 중심지였다. 교육, 문화, 철학, 사상, 예술 등 삶의 주요 분야에서 피렌체는 고대 그리스의 아테네와 견줄 수 있을 만큼 중요한 역할을 담당하였다. 수많은 인본주의자들이 피렌체에서 활동하였고, 당시의 유명한 사상가와 예술가들이 활동하였다.

인본주의 정신은 먼저 예술에서 찾을 수 있다. 르네상스 미술과 조각의 창시자 지오토(Giotto), 미켈란젤로(Michelangelo), 조각가 도나텔로(Donatello), 레오나르도 다 빈치(Leonardo da Vinci)가 피렌체에서 활동하였다. 특히, 피렌체 돔의 조각은 당시 인본주의 예술의 극치를 보여 준다. 이 돔은 1296년 캄비오(Arnolfo di Cambio)에 의하여 짓기 시작하였고, 1436년 브루넬레치(Filippo Brunelleschi)에 의하여 완성되었다. 즉, 피렌체 돔은 중세와 르네상스 시대의 예술 양식 모두에 영향을 받은 것이다. 특히, 돔의 조각 예술을 완성시킨 브루넬레치는 인본주의 정신에 기초하여 돔을 완성한 인물로 유명하다. 당시 돔 지붕을 완성하는 일은 난제였다. 그러나 브루넬레치는 고대 로마의 건축술과 건축법을 재발견하여 돔 지붕을 완성하였다. 이와 같이 그는 고대 정신과 고대 예술의 기법을 적극 수용하여 발전시켰다. 즉, 그는 고대 로마를 복구하여 새로운 사상과 새로운 세계를 건설하려는 인본주의적 정신을 표현하였다고 할 수 있다.

이렇듯 피렌체가 인본주의의 중심지가 될 수 있었던 직접적인 원인은, 당시의 저명한 인본주의자들이 모두 피렌체에 모여 활동하였기 때문이다. 르네상스 시대의 3대 문학가인 단테(Dante),

보카치오(Boccacio), 페트라르카가 피렌체 출신이거나 그곳과 관련을 맺고 있었다.

페트라르카가 르네상스 인본주의라는 새로운 세계를 발견한 인물이라면, 단테는 그 사상적인 기초자로 고대 세계와 고대 사상의 중요성을 처음 발견하여 제시한 인물이다. 이에 비해 살루타티(Coluccio Salutati)는 피렌체 공화국 수상으로 있으면서 인본주의 정신을 일반 대중에게 전파하려고 노력한 시민적 인본주의자다.

이러한 살루타티의 뒤를 이어 브루니(Leonardo Bruni) 역시 피렌체 공화국 수상으로 재직하면서 활발한 인본주의 활동을 벌였다. 브루니는 고대 그리스 사상에 정통한 인물로 그를 통하여 당시 인본주의자들은 그리스 사상과 접할 수 있었다. 때문에 그는 후대에 인본주의의 실질적 수장으로 평가되고 있다. 브루니는 고대 로마 키케로 사상의 핵심 개념인 후마니타스를 복원하여 르네상스 시대 인본주의 교육의 핵심 개념으로 정립한 사상가로도 유명하다.[32]

또한 '르네상스인의 전형'으로 평가받고 있는 알베르티(Leon Battista Alberti) 역시 피렌체에서 활약하였다. 그는 음악, 미술, 조각, 건축, 체육, 정치, 교육 등 다방면으로 도야된 천재였다. 도야와 학식, 다면적 기술적 능력, 예술적 · 창의적 능력 등 모든 면에서 자질과 재능을 보였다. 플라톤 아카데미 학장이면서 인본주의 철학자였던 피치노(Marsilio Ficino)와 그의 제자 피코(Pico della Mirandola) 역시 피렌체에서 활약하였다.

---

32) Karl Brandi, *Die Renaissance in Florenz und Rom*, Leipzig, ³1909, 62.

피렌체가 르네상스 인본주의의 중심지가 된 데에는 1376년부터 1406년까지 피렌체 공화국 수상이었던 살루타티의 영향이 컸다. 그는 피렌체를 고대 로마의 정신적 후계자로 여겼는데, 그 이유는 피렌체가 자유 국가이기 때문이었다.[33] 그는 피렌체를 고대 로마의 정신에 따라 재구성하려고 시도하였다. 자유로운 정신을 강조하였던 자유주의자인 살루타티는 로마의 자유 이념을 피렌체에서도 만개시키려고 노력하였다. 즉, 고대 로마를 부활하려는 인본주의적 동기가 정치적 이념으로 실현되는 데 노력한 것이다. 살루타티는 『헤라클레스의 업적(De Laboribus Herculis)』이란 책을 저술하였는데, 이 책에서 그는 헤라클레스를 르네상스의 모범인 동시에 인본주의의 모범으로 묘사하고 있다.

폭력적이고 잔인한 세계 정복자로서의 면모와 동시에, 인간적이고 도덕적인 인본주의적 인간으로서 헤라클레스를 묘사하였다.[34] 즉, 육체적이고 외적인 능력과 정신적이고 윤리적인 능력을 함께 지닌 존재로서 헤라클레스를 묘사한 것이다. 스파르타와 아테네, 신체 도야와 정신 도야, 국가교육과 인간교육의 조화가 여기서 강조되고 있다고 추측할 수 있다.

그러나 인본주의가 피렌체에서 꽃을 피운 데에는 무엇보다 메디치 가문의 영향이 컸다. 코시모(Cosimo di Medici, 1389~1464)는 피렌체 공화국의 상징적 인물이었다. 그는 부유한 상인이요 지혜로운 공화국 지배자로서 '국부'라는 존칭을 받으며 모든 사람의

33) Friedrich Heer, *Europäische Geistesgeschichte*, Hrsg. v. Sigurd Paul Scheichl, Wien, 2004, 212
34) Coluccio Salutati, *De Laboribus Herculis*, B. L. Ullman (Ed.), Turici, 1947.

존경을 받았다.[35] 그는 천재적인 사업 능력을 가지고 있어 유럽 전체는 물론이고 이집트까지 무역과 유통망을 형성하고 있었다. 금융과 무역과 유통을 기반으로 하는 그의 사업은 크게 번창하여 커다란 부를 창출할 수 있었다. 이 부를 기반으로 그는 피렌체 공화국을 강력하게 번창하는 국가로 만드는 데 기여하였다.

그는 예술과 학문에 대해서도 각별한 관심을 갖고 있었다. 이러한 관심을 바탕으로 그는 피렌체에서 예술 활동과 학문 활동을 적극 장려하였다. '플라톤 아카데미'를 피렌체에 세워 학문 활동을 지원하기도 하였다. '플라톤 아카데미'는 이탈리아 인본주의 활동의 구심점이 되었으며, 수많은 유럽 인본주의자들이 이곳을 방문하여 인본주의를 배우고, 고국으로 돌아가 인본주의를 전파하였다. 코시모(Cosimo)의 손자인 로렌조(Lorenzo di Medici, 1449~1492) 역시 다면적인 교육을 받은 예술과 학문 애호가였다. 그가 피렌체를 통치할 때, 메디치 가문은 최전성기를 누렸고 피렌체에 르네상스 문화가 최고조로 활발하게 꽃피우게 된다. 그 역시 조부와 마찬가지로 피렌체가 르네상스 예술과 인본주의 학문의 중심지가 되는 데 후견인의 역할을 담당하였다.

4. 인본주의의 특징

초기 이탈리아 인본주의는 삶의 각 영역에서 새로운 기운을 전파하며 다양한 모습으로 전개되었다. 여기서는 이탈리아 인본주의가 가지고 있는 주요 특징을 살펴보도록 한다.

---

35) Georg Voigt, op. cit., 295.

초기 인본주의의 첫 번째 특징은 고대의 재발견이다. 고대 그리스와 로마 시대에 꽃피웠던 문화와 예술의 중요성을 새롭게 인식하게 된 것이다. 이탈리아 인본주의자들은 로마를 다시 복원시켜야 한다고 강조하였다. 그러나 그 로마는 당시 교황이 거주하던 로마가 아니었다. 즉, 기독교적인 전통과 문화가 다스리던 로마가 아니라 고대 로마인 것이다. 기독교 전통과 문화가 뿌리 내리기 이전의 이교도적인 그리스와 로마를 동경하는 것은, 곧 현존하는 가톨릭교회에 대한 배반과 반역을 의미하였다. 따라서 인본주의자들의 고대 그리스와 로마에 대한 관심은 자연스럽게 가톨릭교회와 충돌할 수밖에 없었다.

고대의 재발견은 고대의 문헌을 읽는 것에서 시작되었다. 고대 그리스와 로마의 문헌이 해석되고 읽혔다. 그러나 고대 문헌은 이미 중세 시대에도 읽히고 있었다. 버질, 오비드, 키케로, 세네카의 작품들이 소개되고 사랑을 받았으며, 심지어 아리스토텔레스는 스콜라 철학의 정신적 기반이 되었다. 그렇다면 여기서 고대의 재발견이란 무엇을 의미하는가? 그것은 두 가지 의미를 지니고 있다. 하나는 기독교적으로 채색된, 기독교적으로 해석된 고대의 문헌에서 탈피하여 고대 그리스와 로마인들이 전달하려고 하였던 본래적 의미, 참된 의미를 찾자는 뜻에서의 고대의 재발견이다. 인간성의 완성을 추구하였던 고대의 정신을 발견하자는 것이다. 따라서 인본주의자들이 말하는 고대의 재발견은 인간의 재발견, 인간 중심적인 정신과 세계의 재발견을 의미하였다.[36] 또

---

36) Eugenio Garin, *Geschichte und Dokumente der abendländischen Pädagogik II: Humanismus*, Reinbek, 1966, 11.

하나로 고대의 재발견이란, 중세 시대에 잘못 번역되고 오해된
고대 사상가들의 문헌에 대한 복원을 의미하였다. 이 때문에 인
본주의자들은 고대 그리스와 고대 로마 사상가들의 문헌을 재번
역하고 오류를 수정하여 본래의 뜻을 밝히는 데 심혈을 기울였
다. 특히, 인본주의자들은 스콜라 철학자들에 의하여 아리스토
텔레스가 잘못 이해되었다고 보고, 재번역하고 재해석하였다.
브루니(Leonardo Bruni)가 아리스토텔레스의 윤리학을 재번역하
고 그를 도덕철학의 대가로 인정한 점은 그 대표적인 사례라고
볼 수 있다. 대부분의 인본주의자들이 뛰어난 언어학적 식견을
갖추고 있었던 것은 이러한 연유에서다. 그들은 역사적이고 비
판적인 의식을 가지고 언어와 문헌을 이해하였다.

둘째, 신본주의와 대비되는 개념의 인본주의다. 중세 시대는
약 천 년 이상 기독교 문화가 지배하던 시기였다. 기독교 신, 신
의 대리자인 교황이 지배하던 신본주의 사회였다. 가톨릭교회의
우주성과 전체성, 보편성이 강조되는 사회에서 인간이나 개인의
개념은 존재하지도 인정될 수도 없었다. 그러나 르네상스 시대
인본주의자들은 인간 중심주의, 인간의 가치와 존엄성을 높이고
그것의 중요성을 얘기하였으며, 인간의 자유와 독립성을 강조하
였다. 르네상스 인본주의자들에게는 이제 신과의 관련성 속에서
의 인간이 아니라, 독립된 개체로서 인간의 존엄성과 가치를 실
현하는 것에 관심을 기울였다.

셋째, 현존하는 기독교 전통과 문화를 거부하고 고대 그리스
와 로마의 인본주의 전통을 회복하려는 것에서 이미 인본주의는
개혁운동이요, 쇄신운동이었다. 특히 중세 말기 십자군 전쟁 이
후 교회의 분열과 정치적인 소요가 세계 종말을 예견하고 있고,

개혁의 필요성이 급격히 부각되는 가운데 인본주의는 새로운 개혁과 쇄신을 이끌 정신적 지주의 역할을 담당하게 된다. 통상적으로 개혁과 쇄신은 두 가지 방향에서 가능하다. 하나는 정치적 제도를 바꾸는 것이고, 다른 하나는 인간 정신을 계몽하는 것이다. 당시 교황으로 대변되는 교회 권력과 황제로 대변되는 세속 권력은 쇄신과 자정 능력을 상실하였다. 따라서 제도개혁을 통하여 개혁과 쇄신을 기대하기는 어려웠다. 이러한 상황에서 새로운 세계를 건설하는 것은 인간 정신의 개혁에 기대할 수밖에 없었다. 이러한 시기에 인본주의는 인간 정신의 재발견, 인간에 대한 새로운 이해를 바탕으로 새로운 세계를 개척할 수 있는 사상적 기초를 제공하였다. 고대에 대한 관심은 곧 당시 세계를 변혁시킬 모범을 찾는 데 주안점이 놓여 있었다. 즉, 인간의 지식과 도덕의 발전을 통하여 인간성의 완성을 추구하고, 그것을 통하여 인간 세계를 개선한다는 동기가 내포되어 있다. 신과의 관련성 속에서 수동적이고 무기력한 인간이 아니라, 적극적으로 자신의 지성과 도덕성과 완전성을 추구하는 인간의 모습을 찾고자 한 것이다. 한마디로 표현하면, 인간의 쇄신을 통하여 사회의 쇄신을 추구한 것이다.

넷째, 인본주의는 당시 문화예술운동이었던 르네상스의 정신적 토대가 되었다. 개혁과 쇄신의 특성을 지니고 있는 인본주의는 16세기 유럽의 역사를 규정하는 단어인 르네상스(Renaissance, 부활, 재생)와 유사한 개념으로 이해될 수 있다. 사실 역사적으로 볼 때, 근세는 르네상스 시대로 규정되고 있다. 그리고 인본주의는 통상적으로 르네상스 시대의 한 사상적 조류로 이해되고 있다. 그러나 좀 더 자세히 살펴보면, 인본주의 사상은 르네상스로부터 100여 년 전에 이미 존재하였다. 문화예술운동인 르네상스가 한창 꽃피울 때인 15~16세기보다 1세기 이전인 14세기에 이미 인본주의자들이 활발히 활동하고 있었다. 프랑스어로 '르네상스'란 용어가 만들어진 시기는 16세기에 들어서였다. 이렇게 볼 때, 르네상스는 그 사상적 기원을 인본주의에서 찾을 수 있다.[37] 14세기에 인본주의자들이 활동할 때에 renovatio, nova vita, resuscitata, renasci, regenerari 등 쇄신과 재생이란 개념이 이미 곳곳에서 사용되었다.[38]

인본주의는 르네상스의 선구자인 동시에 르네상스의 일부분이다. 문화예술의 부흥운동 가운데 인본주의는 특히 고대 언어와 고대 학문을 재발견하고 발전시킨 사상적 흐름으로 이해될 수 있다. 르네상스와 인본주의는 인간과 세계를 새롭게 발견하고, 폐쇄적인 기독교 문화에서 인간의 자유와 창조성을 강조하였다는 점에서 공통점을 지니고 있다. 그러나 르네상스는 본래 예술운동이 핵심이었지만, 인본주의는 정신운동이었다는 점에서 차이점을 지니고 있다.

다섯째, 인본주의자들은 인간의 쇄신과 개혁을 위하여 교육이 중요하다는 점을 강조하였다. 교육의 중요성은 두 가지 측면에서 나타난다.

- 인본주의자들은 그들의 인간 이상을 고대 그리스와 로마에서 찾았다. 고대 그리스와 로마를 이해하기 위해서는 언어를 배우는 것이 필수적이었다. 따라서 언어교육, 특히 고대

---

37) Günther Böhme, op. cit., 75.
38) Günther Böhme, op. cit., 55.

그리스어 교육과 고대 라틴어 교육은 매우 중요시되었다.

• 인간의 쇄신은 교육을 통하여 가능하다. 고대 그리스와 로
마에서 제시되는 모범적인 인간상을 배우고 익히는 작업은
교육의 몫이었다. 즉, 인본주의자들은 교육과 도야를 지식
의 획득과 독자적인 판단 능력과 인간성의 완성을 위한 도
구로 활용하였다.

여섯째, 인본주의는 세속화의 출발점이다. 신본주의에서 탈출
하여 인간 세계를 재발견하면서, 학문과 과학과 예술의 급속한
발전을 가져왔다. 인본주의라는 관점에서 세속적인 학문 활동과
과학 활동, 그리고 예술 활동이 장려되었고, 그것은 인간의 문화
와 문명의 급속한 발전을 가능하게 하였다. 이렇게 볼 때, 인본
주의는 신본주의 세계에서 벗어나서 근대 인간 중심주의 세계를
여는 토대가 되었다고 평가할 수 있다.

2 인본주의 교육사상가

1. 페트라르카

1) 후세의 평가

포이그트(Georg Voigt)는 그의 인본주의에 관한 저술에서 페트라르카(Francesco Petrarca, 1304~1374)를 다음과 같이 평가하고 있다.

인본주의라는 새로운 세계를 발견한 사람은 페트라르카다. 그는 선구자적으로 새로운 세계를 이끌어 갈 관점을 제공하였을 뿐만 아니라 모든 삶의 영역에서 인본주의적 정신이 뿌리를 내리고 펼쳐나가는 데 결정적으로 기여하였다.[1]

페트라르카는 고대 세계를 발견하고, 그것을 기초로 인본주의

---

[1] Georg Voigt, *Die Wiederbelebung des classischen Alterthums oder das erste Jahrhundert des Humanismus*, Bd. 1, Berlin, ⁴1960, 20f.

라는 새로운 정신적 세계가 펼쳐지도록 결정적 공헌을 하였다. 따라서 서구의 역사와 교육사에서 인본주의는 페트라르카로부 터 시작되었다고 할 수 있다. 이 때문에 페트라르카는 '인본주 의의 아버지' 또는 '이탈리아 르네상스 인본주의의 아버지'라 부른다.[2] 페트라르카 연구의 최고 권위자 중 한 사람인 놀락 (Pierre de Nolhac)은 페트라르카를 다음과 같이 평가하고 있다.

> 그는 우리 모두의 정신적 삶에 영향을 끼친 몇 안 되는 위대한 사 상가에 속한다. 그의 위대성은 오늘날까지 수세기 동안 유럽의 정신 세계를 풍부하게 만들어 준 이념의 씨앗을 뿌렸다는 점에서 찾을 수 있다.[3]

페트라르카의 명성은 이미 그가 생존하여 활동할 당시부터 널 리 알려졌고, 따라서 그의 동시대인들 역시 그를 높이 평가하였 다. 페트라르카의 제자이자 친구였던 보카치오는 페트라르카의 전기『페트라르카의 삶과 죽음(De vita et moribus Domini Fancisci Petrarchae de Florentia)』에서 페트라르카의 위대성을 강조하였 다.[4] 피렌체 수상이었던 브루니(Leonardo Bruni) 역시 페트라르 카를 인본주의의 창시자로서 동시대인들이 높이 칭송하였다고 전하고 있다.

---

2) Jürgen von Stackelberg (Hrsg.), *Humanistische Geisteswelt von Karl dem Grossen bis Philip Sidney*, Baden Baden, 1956. 110.
3) Pierre de Nolhac, *Pérarque et L' humanisme*, Paris, 1907, 31.
4) Jürgen von Stackelberg, *op. cit.*, 135.

사람들은 페트라르카를 모든 면에서 칭송한다. 특히, 그의 아름답고 고귀한 자태, 그의 지혜, 그리고 그의 학식을 강조한다.[5]

단테가 시를 통하여 인본주의 정신을 표현하였듯이 페트라르카는 '스투디아 후마니타티스(studia humanitatis)'를 재구성하여 동시대인들이 인본주의를 공부할 수 있도록 안내자 역할을 하였다.[6] 피렌체의 수상이었던 살루타티(Salutati)는 르네상스 시대 3대 시성이었던 단테, 페트라르카, 보카치오를 칭송하면서, 페트라르카를 버질 등 로마의 위대한 시인들보다도 위대한 시인이라 평가하였다.[7]

또한, 몬스트로위(Jean de Monstreuil)는 15세기 초반에 페트라르카를 당시 가장 유명한 도덕철학자로서 평가하였다.[8] 이렇게 동시대인들은 페트라르카를 고대의 발견자, 고전 연구의 쇄신자, 위대한 시인, 언어의 모범 등으로 높이 평가하였다.

이러한 평가에 걸맞게 그는 분명 근세라는 새로운 세계를 여는 데 있어 결정적인 역할을 한 천재였다. 그는 키케로를 발견하고, 고대를 발견하여 인본주의 정신을 개척한 인물이다. 그는 최초로 이탈리아어로 사랑에 관한 시를 발표하였으며, 소네트 형식의 시를 창조한 사람이다. 그는 무엇보다 자신을 스스로 탈중세, 근세적으로 느낀 인물이다. 그는 낭만주의적인 자연의 매력을 발견한 사람이다. 그는 중세를 '암흑시대'로 규정한 사람

---

5) Ibid., 179.
6) Ibid., 180.
7) Ibid., 149.
8) Johan Huizinga, *Herbst des Mittelalters*, München, ²1928, 471.

이다.[9] 그는 인본주의 정신으로 무장한 인간성이 완성된 도야인을 교육의 목표로 제시한 인물이다. 이렇게 그는 시인이요, 역사가요, 교육철학자로서 새로운 시대를 여는 큰 역할을 담당하였다.

역사적으로 볼 때, 페트라르카는 중세가 마감되고 근세가 시작되는 시기, 즉 변혁기, 과도기를 살았다. 그는 중세에서 근세 인본주의로의 변화를 뜻하는 정신사적 변혁기를 살았다. 따라서 그의 사상에는 이러한 시대적-사상적 이중성이 그대로 남아 있다. 이 점은 그의 삶에 대한 이해에도 영향을 미쳤다. 그의 삶은 이중적이고 모순적이었다. 그는 교회법학자로서 성직을 수행하였지만, 다른 한편으로는 성직과는 거리가 먼 생활을 하였다. 그는 한편으로 이상적인 플라톤적 삶을 추구하였지만, 현실적인 삶은 그러한 이상과는 거리가 멀었다. 그는 한편으로 학자였으나, 다른 한편으로는 정치에 연루되었다. 그는 한편으로 자기 시대에 가장 아름다운 시를 썼으나, 다른 한편으로는 시를 거의 존중하지 않았다. 그는 한편으로 세속적 고대를 숭배하였으나, 다른 한편으로는 아우구스티누스의 종교관에 사로잡혀 있었다. 그는 한편으로 공무에 종사하였으나, 다른 한편으로는 사적인 생활을 칭송하였다. 그는 한편으로 겸손을 강조하였으나, 일생 교만으로부터 자유로울 수 없었다.[10]

---

9) Theodor E. Mommsen, "Der Begriff des 'finsteren Zeitalters' bei Petrarca", August Buck (Hrsg.), *Zu Begriff und Problem der Renaissance*, Darmstadt, 1969, 154.

10) Günther Böhme, *Bildungsgeschichte des frühen Humanismus*, Darmstadt, 1984, 61-62.

2) 인본주의자로서의 생애

페트라르카는 1304년 7월 20일 이탈리아의 아레초(Arezzo)에
서 태어났다. 그의 아버지 페트라르코(Pietro di Petrarcco)는 법무
관이었는데, 피렌체에서 활동하다 추방되었다. 그는 어린 시절
안시사(Ancisa)에서 보냈는데, 1312년 페트라르카의 아버지는 교
황청에서 일자리를 얻으려고 프랑스의 아비뇽으로 이사했다. 아
비뇽은 1309년부터 1376년까지 교황청이 있던 곳이었다. 아비
뇽 근처 카르펜트라스(Carpentras)에서 페트라르카는 학교를 다
녔다. 그는 아버지의 영향으로 어릴 때부터 키케로를 알게 되었
고, 아버지의 희망에 따라 몽펠리에(Montpellier)와 볼로냐 대학
에서 법률학을 공부하였다. 아버지가 작고한 후 1326년 그는 아
비뇽으로 돌아온다.

아비뇽에서 그는 수도자 발람(Baarlam)을 만난다. 발람은 동로
마 제국의 수도였던 콘스탄티노플 대학에서 교수로 재직하다가
1339년 비잔틴 황제 안드로니쿠스 2세의 명을 받아 아비뇽에 있
던 교황청으로 파견 오게 된다. 발람 교수와의 만남은 페트라르
카에게 큰 영향을 미쳤다. 발람은 1342년 아비뇽에서 그리스어
를 가르치게 되고, 페트라르카 역시 그로부터 그리스어를 배우
게 된다. 동시에 발람을 통해 플라톤을 알게 된다. 페트라르카
는 플라톤을 진리를 추구하는 철학자로, 아리스토텔레스보다 더
중요하게 취급하였다. 페트라르카는 이런 정신적 영향 덕분에
발람을 그리스 최고의 학자로 칭송하게 된다.

그러다 페트라르카는 아비뇽에서 일생에서 가장 중요한 사건
을 경험하게 되는데, 어느 날 페트라르카는 아비뇽 근처 방투
(Ventoux)산에 산행을 간다. 산행 도중 그는 자연을 새로운 시

각으로 보게 되고, 인생의 전환점과 같은 충격적인 경험을 하게 된다. 이곳에서 그는 자연을 더 이상 기독교적인 신의 세계가 아니라, 인간 세계의 자연으로 체험한다. 자연은 인간이 역사적으로 발전하며 가꾼 세계고, 여기서 인간이란 교육받고 도야되고 개화될 경우 그 위대성과 존엄성을 인정받을 수 있는 인간으로 인식되었다. 방투산에서 페트라르카는 '인간'과 '자연', '인간 삶'에 대하여 회심과 같은 새로운 경험을 하게 된 것이다.

그후 1350년에 페트라르카는 보카치오 등 친구들과 함께 인본주의 연구에 몰두하게 된다. 이 시기에 그의 주요 저작들이 저술되었다. 1353년 그는 이탈리아로 돌아와 파도바, 피렌체, 밀라노, 베네치아 등 이탈리아의 주요 도시에서 인본주의 활동을 하다가 1374년 7월 19일 파도바 인근의 아르쿠아(Arquà)에서 숨을 거두었다.

일반적으로 페트라르카는 르네상스 시대의 위대한 시인으로 알려져 있다. 실제로 그는 단테, 보카치오와 함께 르네상스 시대 3대 시성으로 꼽히기도 한다. 그러나 그는 동시에 라틴어로 수많은 작품 활동을 하였다. 고대 로마의 문예 활동을 모범으로 내세우며, 문예 활동의 쇄신을 적극 추구하였다. 그의 작품에는 시, 연설, 역사서, 도덕철학, 그리고 수많은 서신이 포함되어 있다. 이러한 작품 활동을 통해 그는 인본주의 정신을 전파하였다.

페트라르카 저술의 특징은 인간의 내면적 세계, 즉 열정과 고통과 희망 등을 표현하였다는 점이다. 중세 시대에는 금욕적이고 자기 부정적인 가치관으로 인해 인간의 내면 세계를 표출하기 어려운 시대였다. 그러나 페트라르카는 철저한 자아 통찰과

2. 인본주의 교육사상가 **69**

자아 분석을 통하여 자신의 내면 세계를 적극적으로 표현하려고
시도하였다. 그의 저서 『가족에 대하여(Rerum familiarium libri)』
가운데 「소크라테스에게 보내는 글」에서 그는 자신의 저작 활
동에 대하여 '나는 내 영혼의 상태와 내가 생각하는 관심사에
대하여 친구들에게 알리려고 한 것 외에는 내가 한 일이 거의
없다.'고 말하였다.[11] 페트라르카는 새로운 시대정신을 주장만
한 것이 아니라, 몸소 실천하며 가꾸어 나갔다. 페트라르카가
시도한 인간의 자기 분석과 그것의 표현은 근대 문학과 사상의
주요 특징으로 수용된다.

페트라르카는 학문 활동에도 적극적이었다. 그는 중세의 스콜
라 철학에 적대적이었다. 그는 거의 모든 저술에서 아리스토텔
레스주의자들과 스콜라 철학자들을 강력하게 비판하였다. 그와
더불어 그는 고대의 학문에 열정적으로 심취하였다. 평생에 걸
쳐 그는 고대 로마 사상가들의 문헌을 읽는 데 열중하였으며,
고대 사상가 가운데 특히 키케로에 심취하였다. 키케로를 통해
그는 고대 그리스의 철학을 접하였다. 더불어 그는 플라톤에 심
취하게 된다. 그는 플라톤을 고대 그리스 최고의 철학자로 보
고, 그를 '철학의 왕자'라고 칭하였다.[12] 플라톤으로부터 그는
인간의 영혼론, 윤리학 사상을 배우게 된다.

또한 페트라르카는 정치적 삶에도 적극 참여하였다. 그는 키
케로, 버질 등 고대 로마 사상가들의 문헌을 읽으면서 자연스럽

---

11) Francesco Petrarca, *Rerum familiarium libri I—VIII*, Translated by Aldo S.
　　Bernardo, New York, 1975, 11.
12) Paul Oskar Kristeller, *Eight Philosophers of the Italian Renaissance*,
　　Stanford, 1964, 39.

게 고대 로마 제국을 이상으로 여기며 동경하게 되었고, 더 나
아가 고대 로마를 현실 세계에 재건하겠다는 꿈을 갖게 되었다.
　페트라르카는 신학적·교회적 삶에도 적극 참여하였다. 그는
중세 기독교, 스콜라 철학, 교황청, 교회 분열을 적극 비판하고,
종교적 주체로서 인간의 적극적 역할을 강조하면서 종교의 쇄신
을 위해 노력하였다. 그는 가톨릭교회의 개혁에 고대 인본주의
사상이 기여할 수 있다고 보고, 인본주의와 기독교를 접목시키
려고 하였다. 때문에 크리스텔러(Kristeller)는 그의 인본주의를
'기독교적 인본주의'라고 부른다.[13]
　무엇보다 페트라르카는 인본주의적 교육 및 도야 프로그램을
창안한 인본주의 교육사상가였다. '르네상스 시대 정신 세계의
군주'로서 페트라르카는 인간의 정신 세계를 강조하였고, 인간
의 가치를 정신의 가치가 결정한다고 확신하였다. 그러한 정신
세계를 보장할 수 있는 길은 교육과 도야다. 교육과 도야는 인
간 정신의 발전을 가능하게 하고, 인간을 도덕적·인격적 완성
으로 이끌 수 있다고 보았다.
　무엇보다 페트라르카는 자유인이었다. 페트라르카의 존재 기
반을 형성하는 핵심 개념은 자유다.[14] 그는 시인과 예술가로서
속박받지 않는 독립적인 삶을 살았다. 그는 모든 형태의 관직이
나 직업적 의무로부터 자유로워지려고 노력하였다. 그는 그러한

---

13) Ibid., 12.
14) Michael Seidlmayer, "Petrarca, das Urbild des Humanisten", Michael
　　Seidlmayer, *Wege und Wandlungen des Humanismus-Studien zu
　　seinen politischen, ethischen, religiösen Problemen*, Göttingen, 1965,
　　127.

자유를 구속하는 요청이나 제안이 있을 때 철저히 거부하고, 가
난하고 소박하게 자신의 정신적 자유와 인본주의 활동에 몰두하
려고 하였다.

> 자유에 대한 사랑이 나에게는 너무 깊이 각인되어, 내 자유를 구
> 속하는 그 어떤 것이 보이면 나는 모든 노력을 기울여 그것을 피하
> 려고 하였다.[15)]

이렇게 페트라르카는 정치적 · 역사적 의식, 종교적 의식, 도덕
적 의식, 심미적 의식, 언어적 의식을 소유한 다면적 자유사상가
였다.

3) 페트라르카와 키케로

방투산에서 페트라르카가 체험한 것은 '자연 세계'다. 신이
창조한 자연 세계라기보다는 인간 삶과 경험의 무대인 자연 세
계인 것이다. 페트라르카는 인간적인 자연의 아름다움과 위대성
을 보면서 인간 세계를 만날 수 있었다. 이와 유사한 경험이 키
케로와의 만남이다. 페트라르카는 키케로를 통하여 고대 세계를
접할 수 있었다. 이곳에는 신의 영역이 아닌, 인간이 창조한 위
대한 '정신 세계'가 놓여 있었다. 이곳에서 페트라르카는 인간
의 위대성과 무한한 가능성을 접할 수 있었다.

페트라르카는 아버지의 영향 덕분에 어린 시절에 이미 키케로
를 접하였다. 이후 평생 동안 키케로의 저술은 그의 생각과 행

---

15) Ibid., 128.

동에 영향을 미치게 된다. 키케로는 인본주의자 페트라르카에게
있어서 고대 정신 세계의 원천이요, 인본주의적 생각과 행동의
원천이었다. 이 때문에 그는 자신을 키케로주의자라고 불렀
다.[16)

키케로의 영향은 크게 두 가지 점에서 찾을 수 있다.

첫째는, 언어적 관심이다. 페트라르카는 키케로 언어의 아름
다움에 흠뻑 빠졌다. 문체와 운율에 있어 키케로는 가히 천재라
고 할 수 있었다. 페트라르카는 키케로로부터 언어의 아름다움
과 심미적 요소의 중요성을 깨우쳤다. 또한 언어는 키케로에게
있어서 정신 세계의 표현이었다. 언어 구사를 통하여 그 사람의
정신 세계의 고상함을 판단할 수 있고, 따라서 언어를 잘 배우
고, 아름답고 고상하게 사용하는 것은 인간 정신의 도야를 위
하여 매우 중요하다고 보았다. 이로부터 언어 교육의 중요성이
확인된다. 언어 교육, 특히 고전어 교육을 통하여 페트라르카는
인간 정신을 최대한 발현하고 고상한 인간이 되는 것을 중요하
게 생각하였다. 키케로는 그러한 언어와 언어 교육에 대한 사
상을 전수해 준 인물일 뿐 아니라, 위대한 언어 구사와 정신 세
계의 모범이었다.

둘째로, 키케로는 페트라르카의 도덕철학에 영향을 미쳤다.
언어가 인간의 정신 활동(vita contemplativa)의 기초가 된다면, 도
덕철학은 인간의 실천적 행위(vita activa)와 관련을 맺는다. 고대
그리스의 철학적 전통을 유산으로 물려받은 키케로는 도덕적 완
전성의 추구를 삶의 과제로 삼았다. 즉, 도덕성은 인간이 추구

---

16) Paul Oskar Kristeller, *op. cit.*, 8.

하여야 할 근본적인 과제인 것이다. 의무, 우정, 권위 등은 인간의 도덕적 행위에서 중요한 요소로 평가되었다. 언어적 행위뿐 아니라 도덕적 행위에서도 키케로는 모범적 사례라고 페트라르카는 생각하였다.

페트라르카는 언어를 통한 정신 도야와 도덕적 행동의 도야가 서로 밀접한 관련을 맺고 있다고 보았다. 그에게 있어서 도야는 우선적으로 언어 도야다. 그러나 이러한 언어 도야는 형식적인 빈껍데기가 되어서는 안 된다. 그 내용을 도덕적 도야가 채운다. 여기서 언어 도야와 도덕적 도야는 하나가 된다. 언어 도야는 정신 도야를 가능하게 하고, 도덕적 도야를 완성하는 통로인 것이다.

4) 역사 의식

페트라르카는 역사적으로 볼 때, 중세기가 마감되고 근세가 시작되는 변혁기를 살았다. 쇄신(renovatio), 부활(resurrexio), 재생(renasci), 되살림(revivere) 등은 당시의 시대를 규정하는 핵심 개념이었다. 14세기 중엽에 페스트가 유럽을 강타하였다. 교황청은 퇴락 일로에 있었다. 교회는 분열되었다. 이탈리아 도시국가들은 지배권을 획득하기 위하여 치열한 전쟁을 수행하였다. 스콜라 철학에 대한 회의는 높아졌으며, 예술은 새로운 모습으로 바뀌어 갔다. 이러한 변혁기에서 새로운 세계에 대한 기대는 페트라르카와 당시 시대를 살았던 모든 사람이 공유하게 된 현실이었다.

페트라르카는 역사학자는 아니었다. 그러나 그는 동시대인들과 함께 역사에 대하여 민감한 의식을 가지고 있었다. 그의 역사 의식을 가장 분명하게 확인할 수 있는 단어는 '중세 암흑기'다. 페트라르카는 중세를 암흑기로 규정하였다. 천 년 동안 지속되어 온 중세기를 빛의 세계가 아니라, 어둠의 세계로 규정한 것이다. 중세기를 암흑기로 규정한 것은 고대에 대한 그의 인식과 밀접한 관련을 맺고 있다. 그는 고대 세계를 인본주의 문화가 꽃핀 빛의 세계로 이해하였고, 키케로가 이를 대변한다고 보았다. 그러나 중세 시대는 신과 교회가 세계를 지배하면서 인간과 개인이 사라지고, 인간적인 삶과 문화와 예술이 활성화될 수 없는 시기였다. 그의 관점에서 볼 때 역사는 후퇴한 것이었다. 따라서 그는 고대의 찬란한 빛의 세계를 회복할 것을 강조하였다. 그리하여 흑암의 세계에 빛을 비추어 새로운 빛의 세계를 가꿀 것을 강조하였다.

이렇게 볼 때, 페트라르카는 인본주의적인 역사관을 갖고 있었다고 할 수 있다. 신본주의적 역사관에서 보면, 중세 시대는 신본주의 세계의 모범으로 불릴 수 있는 시대다. 그러나 반대로 인본주의적 관점에서 볼 때, 중세는 암흑기로 극복되어야 할 시기인 것이다. 기독교적 역사 이해 모델은 페트라르카의 인본주의적 역사 이해 모델에 의하여 대체되었다.

인본주의적 역사 이해 모델에서 핵심 개념은 '인간'과 '개인'이다. 중세에서 근세로의 변화, 흑암의 세계에서 빛의 세계로의 변화의 핵심은 '인간과 개인에 대한 관심'이라고 할 수 있다. 이는 신, 전통, 영원, 초월로부터 인간, 현세로의 관심의 변화다. 인간은 더 이상 영원을 위해 기도하는 것이 아니라, 자기 자신과 자신의 현재의 삶을 위하여 기도한다. 죽음 이후의 영원한

삶에 관심을 갖는 것이 아니라, 죽음 이전의 현세의 삶에 관심
을 기울이는 것이다.

인본주의적 역사관에서 볼 때, 페트라르카는 역사 그 자체이
며, 전환점 그 자체였다. 그는 고대를 재발견하여 중세 이후 신
세계를 개척하는 데 있어 정신적 기초를 마련하였으며, 인간의
존엄성과 가치를 발견하여 인본주의적 정신 세계의 기초를 마련
하였다. 그는 언어의 중요성을 강조하여 인간의 정신 세계를 풍
부히 하는 원천을 제공하였다. 그의 예술 이해는 근대 새로운
예술을 발전시키는 토대가 되었다. 페트라르카는 분명한 역사
의식을 갖고 이를 실천한 인물이었다.

5) 인본주의 교육사상

페트라르카는 직접적으로 교육에 대하여 저술 활동을 하지는
않았다. 그러나 그의 새로운 시대정신, 그의 근대 사상은 새로
운 교육의 패러다임을 형성하는 데 큰 영향을 미쳤다. 즉, 그의
인본주의 사상은 이탈리아뿐만 아니라 유럽의 인본주의 교육사
상가들이 새로운 교육의 이념, 개념, 목적, 내용, 방법을 연구하
고 제시하는 데 큰 영향을 끼쳤다.

페트라르카 사상의 핵심 개념은 '인간', '언어', '도덕', '자
유'라고 할 수 있다. 페트라르카는 인간을 수동적인 존재에서
'주체적 존재'로 발견하였다. 즉, 인간은 중세 기독교가 제시한
교리에 따라 수동적으로 살아가는 존재가 아니라, 자유로운 정
신을 바탕으로 인간적인 문화 예술 창조의 주체자라는 것이다.
다음으로 페트라르카는 언어를 강조하였다. 언어는 인간의 정신

세계를 표현하는 수단으로, 인간적인 사고와 행동에서 반드시 필요하다. 즉, 언어 없이는 주체적 존재로서 인간다운 삶이 불가능하다. 한마디로 인간은 그에게 있어서 '언어적 존재'인 것이다. 마지막으로, 페트라르카는 인간이 추구하여야 할 최상의 가치를 '도덕성'이라고 보았다. 도덕적 인간이란 언어와 지식을 기초로 도덕성을 실현하는 사람이다.

페트라르카는 이러한 인간, 언어, 도덕성을 포괄하고 있는 이상적 존재를 '도야인'이라고 표현하고 있다.[17] 주체적 존재, 언어적 존재, 도덕적 존재를 이상적 인간상으로 제시하고, 그 이름을 '도야인'으로 표현하고 있는 것이다. 이러한 도야인은 이제 새로운 세계를 이끌어 갈 새로운 인간상이다. '도야인'은 교육과 도야를 통하여 성장하고 발전한다. 따라서 교육과 도야는 그 중요성이 매우 강조되었다. 이상적인 인간을 키워 내기 위하여 교육과 도야는 중요한 수단인 것이다. 교육과 도야를 통하여 인간은 주체적 존재가 되고, 언어적 존재가 되고, 도덕적 존재가 되고, 결국 이상적 인간인 도야인이 된다는 것이 페트라르카의 생각이다. 여기서 인본주의 교육사상의 전형을 확인할 수 있고, 교육사상가로서 페트라르카의 중요성을 발견하게 된다.

2. 베르게리우스

베르게리우스(Petrus Paulus Vergerius, 1370~1444)는 1370년 헝가리의 카포디스트리아(Capodistria)에서 태어나 1444년 부다페스

---

17) Günther Böhme, op. cit., 99.

트에서 숨을 거두었다. 그는 파도바와 피렌체에서 수학하였다. 피렌체 공화국 수상이었던 살루타티(Coluccio Salutati)와는 친구 사이였고, 그리스 사람인 크리솔로라스(Manuel Chrysoloras)에게서 그리스어를 배웠다. 베네치아에서는 페트라르카의 제자들과 함께 활동하였다. 그는 교황청에서 근무하였는데, 교황청 관료로서 콘스탄츠(Konstanz) 공의회에 참석하기도 하였다. 1402년경에 그의 교육 저술인 『청소년 교육에 대하여(De ingenuis moribus et liberalibus adolescentiae studiis)』가 출간되었다. 그는 이 책에서 인본주의적인 일반 교육과 정치학적 지식을 연관시켜, 인본주의 교육이 국가를 다스리는 데 도움이 된다는 점을 강조하였다.[18] 이 저술은 당시에 큰 반향을 불러일으켰다. 살루타티는 이 저술이 청소년 교육뿐만 아니라 성인들에게도 유익하다고 하였다. 구아리노(Guarino da Verona)는 이 저술을 그가 운영하는 학교에서 활용하였다.[19] 그 외에도 많은 곳에서 이 저술이 교육 활동에 활용되었다. 가린(Garin)은 이 저술의 역사적 의미를 다음과 같이 높이 평가하였다.

전체 르네상스 시대의 교육적 저술은 대체적으로 베르게리우스의 구상을 변화시키기보다는 그것의 개념을 정의하거나 좀 더 명확히 하거나, 부분적인 개선안을 제시하는 것에 몰두한 데 불과하다.[20]

---

18) Petrus Paulus Vergerius, "De ingenuis moribus et liberalibus studiis", William Harrison Woodward, *Vittorino da Feltre and other Humanist Educators*, Toronto, 1963, 96-118.
19) Eugenio Garin, *Geschichte und Dokumente der abendländischen Pädagogik, Bd. 2: Humanismus*, Reinbek, 1966, 28.
20) Ibid., 30.

교육사학자 우드워드(Woodward) 역시 베르게리우스를 인본주의 교육의 기초를 세운 사람으로 높이 평가하였다.[21] 베르게리우스의 학식은 뛰어난 학문을 자랑하는 인본주의자 중에서도 두드러질 정도였다. 그는 교회법, 세속법, 의학, 철학 등 네 분야의 박사학위를 갖고 있었다. 교황청에서 근무하는 것이 그의 인본주의적인 자유주의 사상을 꺾을 수는 없었다. 콘스탄츠 공의회 이후 그는 헝가리 왕의 자문관으로 일하였고, 1419년부터는 보헤미아 왕의 교육 분야 자문관으로 일하였다. 그는 7개 언어를 구사하였다고 전해지고 있다. 그는 풍부한 인본주의적 학식을 바탕으로 자유정신과 사회적 책임의식을 갖고 인본주의를 실현하기 위하여 노력한 사상가였다.

베르게리우스의 인본주의 교육사상은 그의 저술 『청소년 교육에 대하여』를 통해 잘 나타나 있다. 그는 이 책에서 먼저 교육의 중요성을 언급하였다. 그는 '부모는 자녀들에게 자유 교과와 학문을 교육하는 것보다 더 큰 부와 미래에 대한 안전을 제공할 수 없다.'[22]며 좋은 교육이 자녀에게 물려줄 수 있는 최고의 선물이라는 점을 강조한다.

베르게리우스는 교육을 크게 인격 교육과 교과 교육으로 구분한다. 인격 교육에서는 내용을 가르치기보다는 인격을 도야하는 데 중점을 두어 무엇보다 모범의 제시가 중요하다고 보았다. 즉, '살아 있는 목소리가 쓰인 글보다 훨씬 유용하다. 우리가 직접 관찰하는 삶은 그 무엇보다 우리의 인격 형성에 강한 영향을

21) W. H. Woodward, *Studies in Education during the Age of the Renaissance 1400-1600*, New York, 1965, 36.
22) Petrus Paulus Vergerius, *op. cit.*, 96.

미친다.'[23] 그와 더불어 좋은 습관 형성, 호소, 적절한 통제, 규
칙의 준수, 예방과 보호를 통하여 인격 교육이 이루어져야 한다
고 보았다.[24] 당시 수도원의 엄격한 훈육에 대해서 그는 '지나
치게 풍부한 자유가 선한 본성을 해치는 것처럼 지속적이고 엄
격한 처벌은 정신의 능력을 파괴한다.'[25]며 우회적으로 비판하
였다.

 교과 교육 영역에서는 무엇보다 자유 학문을 강조하고, '우리
는 자유인에게 적합한 학문을 자유 학문이라고 부른다. 도덕성
과 지혜를 획득하게 하고 연습하게 하는 학문을 자유 학문이라
고 부른다.'[26]고 하였다. 자유 학문의 첫째는 역사다. 역사는 학
생들에게 교훈과 모범을 보여 준다. 둘째는 도덕철학인데, 철학
은 참된 지혜를 제공한다. 셋째는 언어 교과인데, 특별히 문법,
논리학, 수사학을 강조하였다. 넷째는 시학을 강조하였다. 다섯
째는 4내용 과목인 음악, 수학, 기하, 천문을 언급하였고, 더불
어 자연에 대한 지식을 강조하였다.[27]

 교육방법과 관련하여 그는 혁신적인 아이디어를 제시하였다.
그는 학생들의 자질과 관심을 고려한 교육을 실시할 것을 강조
하였는데, '자유 학문은 우리 모두가 일평생 공부하여야 하는 과
제다. 우리 모두는 우리의 능력에 맞게 학습하여야 한다. ……교

23) Ibid., 98.
24) Ibid., 98-102.
25) Paul Barth, *Die Geschichte der Erziehung in soziologischer und geistesgeschichtlicher Beleuchtung*, Leipzig, ⁵1925, 260.
26) Petrus Paulus Vergerius, *op. cit.*, 102.
27) Ibid., 106-108.

과목의 선택은 어느 정도 학생의 개인적인 성격에 의존한다.'[28) 고 하였다. 또한 '두 가지 점에서 교사와 학생은 특히 주의를 기울여야 한다. 하나는 너무 많은 것을 한 번에 가르치고 배우려 한다는 점이다. ······두 번째 잘못은 한 주제에서 다음 주제로 너무 빨리 옮겨 간다는 점이다. 그것은 점진적인 발전을 파괴한다.'[29)며 학생들에게 너무 많은 교육 내용을 부과하는 것을 경고하고 있다. 학생들의 지적 수준 또한 상이하기 때문에 '우리는 학생들의 지적 재능이 모두 다르다는 점을 항상 기억해야 한다.'고 하여 그러한 차이를 고려하여야 함도 강조하였다.[30)

3. 비토리노

비토리노(Vittorino da Feltre, 1378~1446)는 이론가라기보다는 인본주의 이념으로 무장된 정열적인 교육실천가였다. 그는 학생들과 함께 생활하며 학생들을 사랑하는 마음으로 가르치던 훌륭한 교사였다. 그래서 후세에 사람들은 그를 '인본주의 시대의 페스탈로치'라고 부른다.[31)

비토리노는 우리 시대의 소크라테스이자 금세기의 보석이요 자랑거리며, 만투아(Mantua) 아카데미의 영예요 광채였다. 그는 뛰어난 교육방법, 도덕적 성품, 강인한 성격으로 일평생 동안 많은 사람에게

---

28) Ibid., 109.
29) Ibid., 110.
30) Ibid., 110.
31) Günther Böhme, op. cit., 171.

커다란 영향을 미쳤다. 그가 별세하였을 때, 수많은 사람들이 슬퍼하
였다. 그는 가난한 학생들의 아버지요, 사교성과 친근함의 모범이요,
라틴어의 재건자요, 지혜의 마스터요, 겸손의 모범이요, 부의 경멸자
요, 정신의 각성자였다.[32]

비토리노는 1378년 베네치아 근처 펠트레(Feltre)에서 태어났
다. 가난한 집에서 태어나 성장한 비토리노는 파도바 대학에서
수학하였다. 인본주의적 관점에서 그의 생애의 의미 있는 사건
은, 그가 페트라르카의 제자였던 말파기노(Giovanni Malpaghino
von Ravenna)를 대학에서 만났다는 점이다. 말파기노로부터 그는
그리스어를 배웠다. 대학 졸업 후 그는 파도바에서 라틴어와 수
학을 가르치는 교사로 일하게 된다. 1423년 그는 만투아의 영주
곤자가(Giovanni Francesco Gonzaga)의 부름을 받아 영주의 자녀
들을 가르치는 일에 종사하였다.

베니스에서 비토리노는 즐거운 집이란 명칭의 학교 '카사 지
오코사(Casa Giocosa)'를 세웠다.[33] 그는 이 학교를 인본주의 정
신에 따라 운영하였는데, 먼저 모든 계층의 자녀에게 입학의 기
회를 제공하였다. 그는 순수한 '인간 교육'과 '능력'이란 원칙
하에 계층을 초월한 교육기관을 운영한 것이다.[34] 비토리노는
이 학교의 교육 이념을 두 가지로 제시하였다. 하나는 기독교적

---

32) P. Augustin Rösler (Hrsg.), *Kardinal Johannes Dominicis Erziehungslehre
    und die übrigen pädagogischen Leistungen Italiens im 15. Jahrhundert*,
    Freiburg, 1894, 125.
33) Günther Böhme, *op. cit.*, 172.
34) W. H. Woodward, *op. cit.*, 11.

인 삶의 방식을 매개하는 것이고, 다른 하나는 세속적 도덕성을
가르치는 것이었다. 그는 인본주의자로서 페트라르카와 같이
세속적 도덕성을 중요한 교육 목적으로 설정하였다. 그러나 그
는 고대에서 발견한 인본주의적 정신과 기독교적 세계관이 모
순되는 것이 아니라고 보아, 두 가치관 사이의 균형을 강조하였
다.[35] 인본주의와 기독교의 조화를 강조하고 있다는 점에서 그
에게는 나중에 '기독교적 소크라테스'라는 영예로운 명칭이 부
여된다.[36]

이러한 명성에 걸맞게 그는 매우 사교적이며 친근한 존재였
고, 가난한 사람들을 돌보는 일에 헌신하였다. 또한 자기 스스
로는 금욕에 가까운 검소한 생활을 하였으며, 규칙적으로 생활
하였고, 특히 기도와 예배는 일과에서 빠지지 않았다. 이러한
점 때문에 그는 모범적인 교사로서 명성을 날리게 된다.

교육 이념으로 제시한 세속적 지혜와 기독교적 삶의 조화를
추구하기 위하여 그는 교육과정을 세 가지 차원에서 구성하였
다. 첫째는 종교적 · 도덕적 교육이요, 둘째는 학문적 도야고, 셋
째는 신체 도야다. 종교적 · 도덕적 교육과 학문적 도야는 정신
도야와 관련된다고 볼 때, 그는 기본적으로 정신 도야와 신체
도야를 주요 교육 프로그램으로 제시하고 있는 고대 그리스의
전통을 계승하고 있다고 볼 수 있다.

종교적 · 도덕적 교육에서는 일차적으로 기도 및 예배와 같은

---

35) Gregor Müller, *Mensch und Bildung im Italienischen Renaissance-Humanismus*, Baden-Baden, 1984, 140-143.
36) Eugenio Garin, *op. cit.*, 40.

종교적 훈련이 강조되었다. 더불어 수많은 인본주의자들이 강조한 바와 같이, 도덕에 관한 내용을 가르치는 것이 포함되었다. 학문적 도야에서는 일차적으로 고대 그리스부터 서양 교육의 주요 교육과정이었던 7자유 교과(septem artes liberales)가 교육과정으로 수용되었다. 특별히 이 가운데 언어 교과인 문법, 변증법, 수사학이 중요하게 다루어졌다. 라틴어 문법에서는 버질과 키케로의 작품을 다루었고, 그리스어 문법에서는 호머와 데모스테네스의 작품을 교재로 활용되었다. 특히, 비토리노는 버질의 작품을 중요시하였는데, 그의 이름을 따서 '버질 아카데미(Academia Virgiliana)'를 세우기도 하였다. 7자유 교과를 배운 학생들에게는 철학을 가르쳤다.[37] 비토리노는 정신 도야 외에 신체 도야도 매우 강조하였다. 신체 도야에는 승마, 펜싱, 수영, 활쏘기, 공놀이, 달리기, 레슬링, 낚시 등이 교육과정에 포함되었다.

교육방법 면에서는 전통적 방법과 더불어 학생 개개인의 소질과 능력을 고려한 개별화 교육이 첨가되었다. 언어를 해석하고 번역하는 작업과 더불어 암기 교육이 실시되었으며, 학습의 동기와 학습하는 즐거움이 학생들 마음속에서 우러나도록 하는 노력이 가미되었다. 또한 운동과 휴식, 공부(정신 활동)와 신체 활동의 조화가 교육방법으로 강조되었다.[38] 인본주의자들의 기본 사고라고 할 수 있는 생각하는 것(vita contemplativa)과 행동하는 것(vita activa)의 조화를 유지하는 것이 교육방법으로 드러나고 있다.[39]

---

37) Ibid., 41.
38) Gregor Müller, op. cit., 247ff.
39) Eugenio Garin, op. cit., 39-42.

4. 구아리노

비토리노의 친구인 구아리노(Guarino da Verona, 1374~1460)는 비토리노와 비슷한 인생 여정을 밟아왔다. 구아리노는 뛰어난 교사였는데, 이 때문에 '이탈리아와 전 세계의 교사'라는 칭호를 얻기도 하였다.[40] 1374년 베로나에서 태어난 구아리노는 비토리노와 같이 유쾌하고 사교적인 성품을 지니고 있었다. 비토리노와 마찬가지로 그 역시 파도바 대학을 다녔고, 페트라르카의 제자인 말파기노(Giovanni Malpaghino da Ravenna)의 제자였다.

구아리노는 1403~1408년에 그리스에 체류하면서 크리솔로라스(Manuel Chrysoloras)를 알게 되고, 그로부터 그리스어를 배우게 된다. 크리솔로라스가 나중에 피렌체 수상인 브루니의 초청을 받아 피렌체에서 그리스어 교사로서 활동하는 데 구아리노가 중간자 역할을 하였다. 그리스에서 돌아온 후 구아리노는 베네치아, 베로나 등 이탈리아 여러 도시에서 고전어를 가르치는 교사 생활을 하였다.

1429년에 그는 페라라(Ferrara) 영주의 자녀들을 가르치는 교사로 초빙받게 된다. 그리고 비토리노의 '카사 지오코사'와 마찬가지로 이곳에서 자신의 이름을 따서 '구아리노 아카데미(Academia Gurariniana)'라는 학교를 세웠다. 이 학교는 비토리노의 학교와는 달리 보통교육보다는 고등교육에 초점을 두고 있었다. 이 학교에서는 비토리노의 영향을 받아 수업과 휴식, 정신 도야와 신체 도야 등이 조화롭게 교육과정으로 구성되어 있었다. 그러나

---

40) Ibid., 33.

비토리노와는 달리 기독교 교육보다는 인본주의 교육에 보다 주
안점을 두었다. 구아리노는 기독교보다는 고대적 전통에 더 큰
관심을 보여, 인간적 삶과 세속적 삶, 그리고 자연적 세계를 더
중시하였다. 그는 한마디로, 비토리노보다 인본주의 정신에 더
욱 충실하였다고 평가할 수 있다.

학교를 운영함과 동시에 그는 대학 교수로서 활동하면서 인본
주의 이념으로 대학을 개혁하는 데 노력하였다. 그는 탁월한 그
리스어 실력으로 인본주의의 명성을 드높였다. 특히, 플루타크
(plutarch)의 영웅적 삶을 소개하면서 역사가 주는 의미와 인본주
의적 관심사를 고대의 위대한 영웅의 삶을 통하여 동시대인들에
게 소개하는 데 크게 기여하였다.

플루타크의 「어린이 훈육(De liberis educan-educandis)」[41]을 라틴
어로 번역한 것은 당시에 큰 반향을 불러일으켰다. 플루타크는
당시 인본주의자들이 가장 자주 언급하였던 교육학자였다. 실비
우스(Aeneas Sylvius)는 플루타크 사상을 기초로 자신의 교육 저
술을 썼고, 멜란히톤(Melanchton)은 플루타크를 주제로 대학에서
강의하였다. 이 외에도 알베르티(Leon Battista Alberti) 등 많은 인
본주의자들이 플루타크를 언급하였다. 사실 인본주의자들이 강
조한 교육적 원칙은 이미 플루타크의 저술에 모두 담겨 있다고
해도 과언이 아니었다. 플루타크는 아리스토텔레스의 세 가지
교육적 원칙인 자연적 소질, 오성, 습관화를 완전한 교육의 전제
조건으로 받아들이면서 인본주의자들에게 인간 교육을 정당화
하는 도구를 제공하였다. 또한 플루타크는 인본주의자들이 매우

---

41) 「어린이 훈육(De liberis educandis)」은 Plutarch의 저술 *Moralia*의 제1장임.

중요하게 여기던 도야(Paideia)의 의미를 제공하여 주었다.

> 귀족이 되는 것은 고상하고 아름다운 것이지만, 그것은 선조로부터
> 물려받아야 하는 것이다. ……부는 많은 사람이 소유하기를 원하는
> 것이지만, 행운이 있는 사람에게만 돌아갈 수 있다. ……명예는 고상
> 한 것이지만 영원하지는 못하다. 아름다움은 많은 사람이 높이 평가
> 하지만 잠시의 순간적인 것이다. 건강은 가치 있는 것이지만 쉽게 잃
> 어버릴 수 있다. 단련된 육체는 많은 사람이 소유하기를 희망하지만
> 나이를 먹고 병들게 되면 허약해진다. ……단지 도야(Paideia)만이
> 우리가 소유하고 있는 것 중에서 영원한, 신적인 것이다.[42]

이렇게 플루타크는 인본주의자들에게 있어서 고대 교육사상의
모범으로 칭송되었다.

구아리노는 교육과정을 크게 기초 과정과 심화 과정으로 나누
었다. 기초 과정에서는 언어 교육이 중심을 이루었다. 라틴어 문
법, 라틴어 시학, 운율학을 가르쳤다. 그리고 그리스어와 문학이
포함되었다. 심화 과정은 철학 과정이라고 표현할 수 있다. 철학
은 세 가지로 구성되었는데, 물리학(philosophia physike), 논리학
(philosophia logike), 윤리학(philosophia ethike)이 그것이다. 바꿔
말하면, 자연철학과 인식론 그리고 도덕철학이 철학 교육과정의
기초가 되었다. 논리학은 다시 문법, 변증법, 수사학으로 구분되
었고, 윤리학은 개인 윤리학(ethike monastike), 가정 윤리학(ethike

---

42) Plutach, *Moralia*, Translated by Frank Cole Rabbit, Vol. 1, London, 1927, 25.

oekonomike), 공동체 윤리학(ethike politike)으로 구분되었다.

도야와 도덕성과의 밀접한 관련성을 강조하였던 인본주의자들의 생각이 여기서도 확인되고 있다. 또한 언어 교육이 모든 교육과정의 기본이 된다는 점도 재확인되고 있다. 때문에 구아리노는 수많은 고전어 텍스트를 언어 교육에서 활용하였다. 그 주요 작품을 열거하자면, 고대 철학자로서는 플라톤과 아리스토텔레스, 자연과학자로는 아르키메데스, 프톨레메우스, 히포크라테스, 갈렌 등, 로마 문필가로는 버질, 키케로, 오비드, 세네카, 호레이스 등의 작품이 교육과정에 포함되었다. 그러나 기독교 서적은 아우구스티누스를 제외하고는 추천되지 않았다.

고전적·문예적 도야와 인본주의적 도야의 결합, 그리스어를 포함한 언어 교육의 강조, 도야인과 도덕인을 교육 이상으로 제시한 점, 도덕철학을 교육과정에 포함시킨 점 등에서 구아리노는 인본주의 교육의 모범으로 평가받기에 부족함이 없었다.[43] 구아리노는 이러한 자신의 사상을 다음과 같이 표현하고 있다.

> 문학 작품을 공부하는 것과 7자유 교과를 공부하는 것을 통하여 명성과 선한 도덕과 올바르게 사는 방법을 배웠다는 것을 네 스스로 알았기 때문에 너는 도야를 선택하였고, 이러한 도야를 통하여 너는 매우 학식 있는 사람으로 존경받게 될 것이다. 그러나 네가 배운 것을 행동으로 옮기지 않으면, 너는 너의 존귀함을 충분히 드러내지 못할 것이다. 네가 배운 것을 행동으로 옮기고, 네가 알고 있는 것을 행동으로 실천해야만 너의 도덕성의 수준에 대하여 칭송이 따를 것이

---

43) Günther Böhme, *op. cit.*, 180.

라는 점을 너는 이미 어릴 때부터 분명히 알아들었을 것이다.[44]

고전적 도야와 인본주의적 도야, 언어적 지식과 도덕성, 이론적 지식과 실천, 사고와 행위 사이에 놓여 있는 긴장 관계가 앞의 인용구에서 잘 드러나고 있다. 이러한 긴장 관계 속에서 생각하는 것(vita contemplativa)과 행동하는 것(vita activa)이 연합되어야만 인본주의 교육의 이상인 완전한 인간성과 도덕성에 이를 수 있다는 점을 구아리노는 명확히 하고 있다.

구아리노의 아카데미에서 유럽 인본주의를 대표하는 많은 학자들이 배출되었다. 당시 영국의 대표적 학자로서 초기 영국 인본주의를 이끌었던 프리(John Free), 인본주의를 독일 하이델베르크에 전파시킨 루더(Peter Luder), 인본주의를 동구권에 전파시키는 데 큰 공헌을 한 체츠미체(Johannes von Czezmicze) 등이 모두 그의 제자들이다.

이 이외에도 구아리노는 여러 제자를 통하여 이탈리아 인본주의를 유럽에 확산시키는 데 큰 영향을 미쳤다. 즉, 이탈리아 인본주의가 유럽의 인본주의 운동으로 확산시키는 데 있어 구아리노는 큰 공헌을 하였다.

---

44) Renate Schweyen, *Guarino Veronese-Philosophie und Humanistische Pädagogik*, München, 1973, 33.

5. 브루니

브루니(Leonardo Bruni, 1370~1444)는 15세기 초 이탈리아 언어
학적 인본주의의 중심에 있었던 사상가다. 그는 비토리노나 구
아리노와 같은 위대한 교사였고, 브라치오리니(Poggio Bracciolini)
나 아우리스파(Giovanni Aurispa)와 같은 서적 수집가였고, 트라베
르사리(Ambrogio Traversari)나 바르바로(Francesco Barbaro)와 같
은 저작가요 번역가였다.[45]

브루니는 1370년 아레초(Arezzo)에서 상인의 아들로 태어났다.
그의 어린 시절에 대해서는 잘 알려져 있지 않다. 아레초에서
라틴어 학교를 졸업한 후 그는 피렌체로 이주하여, 당시 피렌체
공화국 수상이었던 살루타티(Coluccio Salutati)의 양자가 되었다.
그는 피렌체 대학에서 2년 동안 인문학을 배우고, 4년 동안 법
률학을 공부하였다. 크리솔로라스가 피렌체에 도착하자, 브루니
는 그로부터 2년 동안 그리스어를 배웠다. 대학 졸업 후 브루니
는 1405년부터 1415년까지 교황청에서 법률가로 근무하였다.
1412년 그는 피렌체 명문가의 딸과 결혼하고, 1415년 피렌체로
돌아와서 본격적인 학문 활동을 시작한다. 1416년 키케로의 전
기를 펴내고, 같은 해부터 시작하여 『피렌체 국민의 역사』를 펴
내었다. 이어 1418년에는 아리스토텔레스의 『니코마코스 윤리
학(Ethika Nikomacheia)』을 완역하고, 1420년에는 자신의 교육 이

---

45) *The Humanism of Leonardo Bruni-Selected Texts*, Translations and
Introductions by Gordon Griffiths, James Hankins, David Thompson,
Binghamton, 1987, 9.

상을 담은 저술인 『문헌 공부에 대하여(De Studiis et Literis)』를
펴냈다. 1427년 브루니는 피렌체 공화국 수상으로 선출되었고,
정치인으로 활동하면서도 학문 활동을 지속하였다. 그는 특별히
그리스 연구에 집중하여, 아리스토텔레스의 저술들을 계속 번역
하였다. 더불어 『피렌체 국민의 역사』 저술 작업도 지속하였다.
1444년 숨질 때까지 그는 공화국 수상으로 근무하면서 분주한
생활을 보냈다. 인본주의자 포기오(Poggio)는 그의 장례식에서
브루니를 '우리 시대와 모든 지식인 가운데 가장 빛나는 광채'
라고 격찬하였다.[46]

언어학적 측면에서, 브루니는 크리솔로라스로부터 그리스어를
배우고, 그리스 문헌을 라틴어로 번역 출판하였다. 그는 이탈리아
에서 가장 먼저 데모스테네스의 연설, 플라톤과 크세노폰의 대화
편, 플루타크의 전기 등을 번역하였다. 브루니는 중세 시대의 번
역 방법이던 직역 방법 대신에 '뜻에 따르는(ad sententiam)' 의역
방법을 창안해 낸 인물로 유명하다.[47] 그는 당시에 전해 내려오
는 고전 텍스트의 오류를 바로잡아 재번역하는 작업을 하기도
하였는데, 아리스토텔레스의 『윤리학』을 재번역한 것이 대표적
인 예다.

브루니는 역사 서술에서도 큰 공헌을 하였다. 그는 중세기의
역사 서술에 많은 오류가 있다는 사실을 발견하고, 철저한 고증
작업을 거치고 원전에 기초하여 비판적인 관점에서 역사를 서술
하였다. 그는 또한 사건의 원인을 추적하여 올바르게 이해하는

---

46) Ibid., 44.
47) Ibid., 10.

것을 추구하였다. 이 때문에 울만(Ullman)은 그를 '최초의 근대 역사가'라고 지칭하였다.[48]

브루니는 또한 인본주의적 도덕철학의 성격을 각인시킨 첫 번째 인본주의자였다.[49] 아우구스티누스에 의존하였던 페트라르카와는 달리, 보다 세속적인 도덕철학을 발전시켰다. 그는 고대의 철학과 기독교 종교를 조화롭게 통합하는 도덕철학을 구상하였다. 그의 스승 살루타티와 마찬가지로 브루니는 세속적인 문헌이 기독교 문화를 발전시키는 데 기여할 것이라는 생각을 가지고 있었다. 기독교 교부들도 고대 사상과 문헌을 적극 수용하여 기독교 사상을 발전시켰다는 점을 강조하였다. 단지 그들이 고대 사상의 의미를 제대로 파악하지 못하였기 때문에 고대 사상에 대한 오해와 편견이 생겼다고 주장하였다. 스콜라 철학 역시 아리스토텔레스를 잘못 이해하였고, 따라서 그러한 오류가 발생하였다고 보았다. 이러한 문제의식을 바탕으로 그는 고대 사상을 적극 수용하는 차원에서 도덕철학을 재정립하려고 하였다.

브루니는 또한 인본주의 교육사상가였다. 그는 자신의 저술 『문헌 공부에 대하여(De Studiis et Literis)』에서 인본주의 교육 이상에 대한 생각을 펼치고 있다. 먼저 그는 중세 신학자들이 잘못된 원전을 기초로 형식주의에 치우친 잘못된 교육방법으로 교육하고 있다고 비판하였다.

---

48) B. L. Ullm, "Leonardo Bruni and Humanistic Historiography", *Medievalia et Humanistica* 4, 1964, 61.

49) *The Humanism of Leonardo Bruni—Selected Texts*, Translations and Introductions by Gordon Griffiths, James Hankins, David Thompson, Binghamton, 1987, 14.

참된 가르침과 배움은 우리 시대에는 거의 소멸되었다. 참된 학습
은 저속하고 케케묵은 누더기에 만족하고 열중하는 신학자들의 학
습이 아니라, 적절하고 적법한 지식, 즉 사실과 원칙에 대한 지식을
획득하는 것이다.[50]

이러한 비판과 더불어 그는 가장 훌륭한 라틴어 사상가들의
문헌을 읽을 것을 강조하였고, 가장 중요한 사상가로, 키케로를
추천하였다. 브루니는 이 저술에서 완전한 모습의 인본주의 교
육 프로그램을 제시하고 있지는 않다. 그는 키케로를 비롯하여
고대 사상가들의 시, 연설, 역사서를 읽을 것을 권면하고 있다.
그는 문헌의 의미와 계시적인 힘을 믿었으며 문헌을 접함으로써
인간의 도야가 이루어진다고 보았다.[51] 참된 읽기는 독자가 문
헌에서 펼치는 새로운 세계에 들어가는 것을 의미하였다. 책을
읽는 것을 통하여 새로운 세계를 체험하고, 새로운 인간으로 변
화될 수 있는 가능성이 열린다는 것이 그의 생각이었다. 종교적
경험 역시 신의 말씀을 접함으로써 이루어진다고 보았다. 즉,
그는 인본주의적 지식이 인간을 도덕적인 존재, 종교적인 존재
로 도야하는 데 있어 중요한 기초가 될 것이라는 점을 강조하였
다.[52]

---

50) Leonardo Bruni d' Arezzo, "De Studiis et Literis", William Harrison
    Woodward, *Vittorino da Feltre and other Humanist Educators,* Toronto,
    1963, 123f.
51) Karl Vorländer, *Geschichte der Philosophie, Bd. II: Die Philosophie der
    Neuzeit bis Kant,* Hamburg, ^{9}1955, 13.
52) *The Humanism of Leonardo Bruni−Selected Texts,* Translations and
    Introductions by Gordon Griffiths, James Hankins, David Thompson,
    Binghamton, 1987, 251.

브루니는 이 저술에서 '고대'를 척도, 기준으로 제시하고 있
다. 왜 고대인은 우리보다 나은가? 왜 고대인은 더 현명하고 더
도덕적이었는가? 그 이유는 그들에게 강력하고 설득력 있는 사
고를 할 수 있는 언어가 있었기 때문이다. 그렇다면 우리는 어
떻게 고대인의 수준에 다다를 수 있는가? 그 답은 그들을 모방
하는 것이다. 그러나 그 모방은 단지 앵무새가 따라 하는 것처
럼 말을 따라 하는 것이 아니라, 고대인이 언어를 통하여 얻은
능력과 성취를 본받아 우리도 그들의 언어를 배워 지혜를 얻고
도덕성을 획득하는 것이다. 그리하여 현재의 상태를 쇄신하고
그들과 같은 수준으로 지혜롭고 도덕적인 인간이 되는 것이다.
브루니는 이것이 가능하다는 믿음을 갖고 있었고, 사실 자신의
삶에서 그 가능성을 보여 주었다.

6. 알베르티

정치적, 교회사적, 예술적, 언어학적, 수사학적, 과학적인 측면
에서 인본주의를 종합적으로 살펴볼 때, 우리는 알베르티(Leo
Battista Alberti, 1404~1472)라는 천재를 만나게 된다. 알베르티는
인본주의 사상에 능통했을 뿐 아니라, 인본주의적 삶을 실천한
대표적 인물로 꼽힌다. 피렌체의 부유한 집에서 태어난 알베르
티는 어렸을 때부터 라틴어, 그리스어, 수학, 음악, 악기, 체육
등 다방면의 교육을 받으면서 성장하였다. 1424년 그는 볼로냐
대학에서 법률학을 공부한다. 그리고 졸업 후 관직 생활을 하였
고, 수십 년 동안 교황청의 사무국에서 외교관으로 일한 뒤 생

의 마지막을 학자이자, 인본주의자로서, 그리고 건축가이자, 예술가로서 지냈다. 독일의 저명한 역사가 부르크하르트(Jacob Burckhardt)는 『이탈리아 르네상스 문화(Kultur der Renaissance in Italien)』에서 알베르티를 보편적인 인물(uomo universale), 즉 백과사전적인 포괄적 교육을 바탕으로 다방면에서 재능을 발휘한 당시의 전형적인 인물로 평가하였다.[53] 학식과 지식과 교육, 다면적·기술적 능력, 예술적·창의적 능력 등 모든 면에서 알베르티는 자질과 재능을 보였다. 알베르티는 문필가, 미술가, 조각가, 예술가, 예술사학자, 음악이론가 겸 음악가, 체육인이었다.

특히, 알베르티는 예술적 인본주의의 상징적 인물로 이해되고 있다. 건축, 음악 등의 영역에서 그는 인본주의적 정신을 구현한 것으로 유명하다. 그는 인본주의적 건축학을 펼쳤다. 현재에도 피렌체에는 알베르티의 건축물이 세 가지가 남아 있는데, 알베르티는 전통적인 완전성을 추구하는 이념을 실현하기 위하여 수학적 지식과 예술적 형상의 결합을 시도하였다.[54] 음악에서도 그는 수학을 응용하여 새로운 음악 이론을 펼쳤다. 그에 의하면 아름다움이라는 것은 수(numerus)와 관계(finitio)와 배열(collocatio)의 조화에 의하여, 즉 자연적·수학적 법칙에 따를 때 얻을 수 있다고 보았다.[55] 수학을 강조하였던 알베르티는 7자유 교과의 중요성을 재발견하였다. 알베르티를 통하여 인본주의적 학식과 예술적인 생산성의 결합을 확인하게 된다. 이 때문에 알베르티는

---

53) Jacob Burckhardt, *Die Kultur der Renaissance in Italien*, Hrsg. v. Horst Günther, Frankfurt, 1989, 145-147

54) Günther Böhnme; *op. cit.*, 29.

55) Ibid., 42.

초기 이탈리아 인본주의의 상징적 인물로 꼽힌다.

알베르티는 당시 시민교육학의 대표자로서 교육 이론에도 관심을 기울였다. 『가족에 대하여(Della famiglia)』란 저술에서 그는 시민계급의 가정을 관찰하고 분석한 후 고대의 교육적 전통과 신학적 기준을 바탕으로 교육적 원칙을 제시하고, 가정을 자유와 도덕성을 키우는 산실로 묘사하였다.[56] 그는 이 저술에서 먼저 교육의 대상인 인간, 특히 어린이에 대한 생각을 피력하는 것부터 시작한다. 그는 교육을 하기 위해서는 먼저 어린이의 소질, 즉 자연성(nature)을 분명하게 인지할 것과 그 자연성에 적합하면서도 그것을 키워 주는 길을 여는 것이 필요하다고 주장하였다. 그는 그러한 길은 언어적 표현이며, 인간은 자신의 내면적인 것을 언어를 매체로 하여 표현한다고 생각하였다.

그는 모든 인간 안에는 이성적으로 판단할 수 있는 여러 능력이 주어졌다고 보았다. 그것은 마치 씨앗처럼 인간 안에 심어져 있는데, 교육자는 이 씨앗이 어떤 것인지 그 정체와 상태를 확인하고 그것을 키워 주어야 한다고 보았다.

사물을 형성하는 위대한 힘인 자연은 인간이 다른 사람들과 더불어 자유롭게 살도록 하였을 뿐 아니라, 사람들이 말하는 것과 여러 방법을 통하여 자신들의 열정과 감정을 표현하도록 하는 필요성을 제시하여 주었다. 사람들의 사고와 행동이 숨겨져 있어서 다른 사람들이 그것을 인지하지 못하는 경우는 거의 없다. 사물이 탄생하여 빛

---

56) Leon Battista Alberti, *Della Famiglia*, Translated by Guido A. Guarino, Lewisburg, 1971.

을 보기 시작하는 첫날부터 자연은 그 사물의 고유한 특성이 분명하
게 보이도록 특색을 부여한 것처럼 보인다. 자연은 인간에게 그러한
사물들을 창조 당시에 부여된 고유한 목적에 맞게 활용하도록 인식
하게 하였다. 또한 자연은 인간이 오성과 지력을 통하여 수많은 사물
과 현상의 숨겨진 또는 드러난 원인들을 인식하도록 하였다. 그러한
오성을 통하여 인간은 사물들이 어디서 왔는지, 어떤 목적을 갖고 있
는지 인식하게 된다.[57)]

알베르티는 인간 안에 자연이 부여한 천부적인 특성이 있다고
보았다. 그리고 교육자는 그것을 확인하여 실현시킬 수 있는 가
능성과 방법을 생각하고, 그것이 만개하도록 도와주어야 한다고
보았다.

어린이의 자연성을 강조한 알베르티의 사고는 교육방법에서
재확인된다. 그는 교육방법이 자연의 원리에 따라 이루어질 것
을 강조하였다. 그는 식물 등 자연을 자주 인용하며, 자연의 성
장 발달과 유사하게 어린이를 교육할 것을 얘기하였다. 즉, 교
육자는 어린이의 소질을 잘 관찰하여 그것에 적절하게 교육할
것을 강조하였다.

만약, 어린이가 힘이 세거나, 학문적 재능이 있거나, 군인으로서의
명예를 좋아하면 그것에 맞게 가급적 조기에 그러한 재능과 관심을
키워 주는 교육을 하도록 하라. 어린이가 배우는 모든 것은 그와 함
께 성장한다. 만약, 어린이가 큰일을 할 수 있는 능력이 부족하면, 좀
더 낮은 단계의 쉬운 공부를 할 수 있도록 지도하라. 그러나 낮은 능

---

57) Ibid., 65f.

력을 갖고 있다고 하더라도 가급적 어린이의 능력이 최대한 실현되도록 노력하는 것을 소홀히 하여서는 안 된다.[58]

교육방법과 관련하여 알베르티는 '어린이들이 정신과 신체의 성장에서 연습은 매우 유용하다. 그 어떤 분야든지 연습의 가치와 필요성은 아무리 강조해도 지나치지 않다.'[59]며 특별히 연습(exercise)을 강조하였다. 연습의 목적은 신체를 단련하고 정신을 계발하는 것이지만, 궁극적인 목적은 도덕성을 쌓는 것이다. '도덕성을 목표로 어린이의 오성과 영혼을 연습시키는 것은 언제든지, 어느 곳에서든지 그리고 모든 분야에서 찬미되어 왔다.'[60]

알베르티의 인본주의적 교육사상은 교육 내용에서도 확인된다.

> 부모는 자녀들이 열심히 공부하도록 이끌어야 한다. 부모는 자녀들에게 올바로 읽고 쓰는 것을 가르쳐야 한다. ······다음에 수학과 기하학을 가르쳐야 한다. 이 두 교과는 어린이들의 사고 수준에 적합하며 일평생 동안 유용하게 사용할 수 있는 지식을 포괄하고 있다. 다음으로 시인들, 연설가들, 철학자들의 글을 읽도록 해야 한다. ······다음으로 문법을 가르쳐야 하는데, 특히 키케로, 리비우스(Livius), 살루스트(Sallust)의 작품을 교재로 활용해야 한다. 이 사상가들의 작품을 통하여 훌륭한 언변술, 특히 라틴어를 잘 구사하는 방법을 배우게 된다.[61]

---

58) Ibid., 64.
59) Ibid., 68.
60) Ibid., 71.
61) Ibid., 86.

여기서 알베르티는 읽기, 쓰기 등 기초부터 7자유 교과의 일
부 내용, 그리고 인본주의의 핵심 교과인 언어학까지 포괄적인
교육과정을 제시하고 있다.

7. 피치노

피치노(Marsilio Ficino, 1433~1499)와 함께 이탈리아의 라틴 휴
머니즘은 그리스의 휴머니즘으로 전환된다.[62] 그는 고대 그리스
의 정신 세계, 특히 플라톤의 사상을 기초로 자신의 인본주의
사상을 발전시켰다. 피치노는 유럽의 정신 세계에 큰 영향을 미
친 사상가다. 그의 사상과 그가 세운 아카데미는 르네상스 시대
인본주의 정신 세계를 형성하는 데 큰 영향을 미쳤다. 특히, 플
라톤 사상을 기초로 하는 '인간'에 대한 사상은 신학적 인간학
에서 벗어나 근대적인 인간 이해의 초석을 마련하였다.

피치노는 1433년 피렌체 인근에 있는 피글리네(Figline)에서
태어났다. 당시 많은 인본주의자들이 이탈리아의 여러 도시를
옮겨다니며 활동한 것과는 달리, 피치노는 평생 동안 피렌체와
근교에서만 활동하였다. 그의 아버지는 코시모(Cosimo di Medici)
의 주치의였다. 때문에 그는 일찍부터 메디치 가문의 영향 아
래 인본주의를 접할 수 있었다. 피치노는 피렌체에 있었던 '플
라톤 아카데미'의 핵심 인물이었다. 플라톤 아카데미는 코시모
가 게미스토스(Gemistos, 나중에 Plethon으로 개칭)의 영향을 받고

---

62) Karl Vorländer, *op. cit.*, 18.

세운 것이다. 이 점에 대하여 피치노는 후에 다음과 같이 서술
하고 있다.

> 로마 교황청과 비잔틴 교회의 통합을 위하여 피렌체에서 가톨릭
> 공의회가 개최된 시절에 피렌체 공화국의 군주였던 코시모는 게미
> 스토스란 이름의 그리스 철학자가 플라톤에 대하여 강연하는 것을
> 자주 들었다. 그의 열정적인 강연에 코시모는 매우 감동하여 플라톤
> 아카데미를 세울 생각을 갖게 되었다. ……코시모가 그 계획을 구체
> 화하려고 할 때, 그 당시 내가 아직 소년이었음에도 불구하고 그는
> 나에게 그 책임을 맡기기로 하고, 나를 그러한 방향으로 키웠다. 그
> 는 내가 플라톤 작품뿐만 아니라 플로티누스의 작품도 읽도록 하였
> 다.[63]

이렇게 하여 피치노는 어릴 때부터 플라톤주의자로 교육을 받
게 되고, 나중에 당대 최고의 플라톤주의자가 된다. 이미 소년
시절에 피치노는 『플라톤 학교(Institutiones Platonicae)』[64]라는 책
을 저술하였다.

1462년 코시모는 피렌체에 플라톤 아카데미를 세웠다. 이 플
라톤 아카데미는 1492년 메디치 가문이 피렌체에서 추방될 때
까지 인본주의의 중심이 되었다. 코시모는 피치노가 자신의 인
본주의적 정신을 실현시킬 수 있는 자질을 지녔다고 보고, 피치
노에게 카레기(Carregi)에 소재한 농가를 양도하여 물질적 어려

---

63) *Briefe des Mediceerkreises—aus Marsilio Ficino's Epistolarium*, Aus dem
   Lateinischen übersetzt und eingeleitet von Karl Markgraf von Montoriola,
   Berlin, 1926, 34f.
64) 이 책은 소실되어 현재 전해지지 않고 있음.

움 없이 인본주의 교육을 충실히 받도록 후원하였다. 당시 피치
노는 아리스토텔레스와 스콜라 철학에 대하여 무지한 상태였으
나, 그후 그리스어를 공부하여 그리스어의 대가가 되고, 그리스
철학에 능통하게 되었다. 이러한 투자의 결실로 피치노는 플라
톤과 플로티누스의 작품을 번역하게 되었고, 그러한 기초 아래
그의 『플라톤 신학(Theologia Platonica)』이 전개될 수 있었다. 약
20년 동안 피치노는 플라톤의 『대화』를 라틴어로 번역해 내고,
이후 플로티누스의 저술을 라틴어로 번역하였다. 그리고 플라톤
의 『심포지엄』에 대한 자신의 주해서를 이탈리아어로 번역하여
일반 대중이 접할 수 있도록 하였다.

특히 피치노는 카레기에 소재한 집에서 플라톤 사상에 대하여
강연을 개최하며, 플라톤에 대하여 관심 있는 사람들과 인본주
의적 교제를 시작하였다. 이리 하여 피치노의 영향 아래 플라톤
아카데미가 형성되었다. '플라톤 아카데미'는 하나의 기관이라
기보다는 인본주의 정신을 가지고 있는 사람들의 학문적 공동체
라고 표현할 수 있다.[65] 아카데미는 독자적인 철학과 사교적인
대화와 의견 교환이 자유롭게 전개되는 공간이 되었다. 아카데
미에서의 만남은 예식처럼 규칙적으로 진행되었다고 한다. 공동
의 식사 이전에는 신적인 내용에 대하여 대화하고, 식사 중에는
가볍고 유쾌하게 음악에 관한 내용에 대하여 대화하고, 식사 후
에는 철학에 대하여 토론하였다. 모임은 그 인원 수를 제한하였
는데, 고대 로마의 우미를 상징하는 세 자매의 여신 이름인 그

---

65) Paul Oskar Kristeller, *Humanismus und Renaissance II: Philosophie,
Bildung und Kunst*, Hrsg. v. Eckhard Keßler, München, 1976, 105.

레이스(Grace) 수(3명)가 최소한 구성되어야 하고, 문예 및 학술을 관장하는 아홉 신의 이름인 뮤즈(Muse) 수(9명)를 넘지 말아야 한다고 하였다. 플라톤 아카데미에는 당시 많은 유명한 인본주의자들이 참여하였는데, 란디노(Christoforo Landino), 로렌조(Lorenzo di Medici), 알베르티, 피코(Pico della Mirandola), 쿠사누스(Nicolaus Cusanus) 등이 대표적인 인물이다. 보티첼리, 미켈란젤로, 라파엘로, 뒤러 등 수많은 르네상스 예술가들이 그로부터 직접적인 영감을 받았다. 크리스텔러(Kristeller)는 '플라톤 아카데미' 덕분에 16세기 유럽의 지성 세계가 피치노의 영향 아래 있었다고 평가하였다.[66]

피치노의 영향은 이탈리아에만 국한되지 않았다. 플라톤 아카데미는 당시 인본주의를 전파하는 데 큰 영향을 미쳤다. 피치노는 유럽 각지의 지식인들과 수많은 서신 교환을 통하여 인본주의 사상을 전하였다. 또한 당시 플라톤 아카데미는 보헤미아, 헝가리, 폴란드, 스페인, 영국, 프랑스, 독일 등 유럽 각지에서 많은 사람이 찾아와서 인본주의를 학습하는 장소가 되었다. 파라켈수스(Paracelsus)와 코페르니쿠스(Copernicus) 역시 이 아카데미의 영향을 받았다. 독일의 대표적 인본주의자 켈티스(Conrad Celtis)는 1486년 이탈리아를 여행하면서 피렌체의 플라톤 아카데미를 알게 되고, 플라톤 아카데미의 모습을 본 떠 하이델베르크와 빈에 학문 공동체인 '소달리타스(Sodalitas)'를 만들어 인본주의를 유럽에 알렸다. '피치노는 로마, 베네치아, 볼로냐, 페라

---

66) Paul Oskar Kristeller, "The Platonic Academy of Florence", Paul Oskar Kristeller, *Renaissance Thought II: Papers on Humanism and the Arts*, New York, 1965, 100.

라, 프랑스, 독일, 폴란드, 헝가리에 친구를 두고 서신을 교환하
였다. 그의 흔적과 영향은 네덜란드, 스페인, 영국, 보헤미아에
서도 찾을 수 있다.'[67]고 크리스텔러는 주장하였다.

이러한 피치노 플라톤주의의 핵심은 한마디로 신학과 철학의
화해라고 표현할 수 있다. 신학과 철학의 통합 문제는 스콜라
철학자들의 핵심 관심사이기도 하였지만, 스콜라 철학자들은 인
간과 신과의 관계를 기반으로 하는 종교성보다는 종교와 신학에
보다 큰 관심을 두었고, 따라서 점점 더 영혼 없는 독단주의에
빠지게 되었다. 따라서 피치노는 이 문제를 다시 제기하고 해명
하고자 한 것이다. 그렇다면 신앙과 지식은 어떻게 연합될 수
있는가? 피치노는 인본주의적 플라톤주의자답게 이 문제를 고대
와 기독교가 어떻게 화해할 수 있는가 하는 관점에서 접근하였
다. 그는 참된 종교인 기독교와 참된 철학인 플라톤주의가 종속
관계이기보다는 조화로운 관계를 형성할 수 있다고 보았다. 그
는 기독교 신앙과 기독교 종교의 권위를 회복하는 데 플라톤 철
학이 기여할 것이라고 보았다. 그리고 그는 그 해답을 인간학,
즉 인본주의적 인간학에서 찾았다.

그가 저술한 『플라톤 신학(Theologia Platonica)』의 부제는 '영혼
의 영원성(De immotalitate animorum)' 이다.[68] 이 부제에서 플라톤
신학의 핵심이 인간 영혼의 문제에 있다는 점을 피치노는 강조

---

67) Paul Oskar Kristeller, *Humanismus und Renaissance II: Philosophie,
    Bildung und Kunst*, Hrsg. v. Eckhard Keßler, München, 1976, 113.

68) Marsilio Ficino, *Platonic Theology, Vol. I–VI*, Translated by Michael J.
    B. Allen and John Warden, edited by James Hankins and William
    Bowen, London, 2001–2006.

하고 있다. 『플라톤 신학』의 1~2권에서는 신에 대하여 설명한
다음, 3권부터는 인간의 영혼에 관하여 다루고 있다. 그는 여기
서 플라톤 철학을 기초로 하여 기독교의 신과 인간에 대하여
상세하게 설명하면서, 인간 영혼의 불멸성에 대하여 강조하고
있다.

피치노에 의하면 인간은 우주의 중간에 있다. '인간의 영혼은
신이 창조한 모든 것의 중간에 있다. 그것은 중간에서 위에 존
재하는 것과 아래에 존재하는 것을 연결하고 통합한다.'[69] 우주
의 최상의 위치에는 신(god)이 있고, 신 아래에는 천사(angel)가
있다. 천사 다음에는 인간 또는 인간의 영혼(soul)이 존재한다.
인간의 영혼 아래에는 물체의 형상(또는 질, quality)이 존재하고,
가장 낮은 단계에는 물체의 질료(body)가 존재한다.[70] 피치노는
여기서 신플라톤주의자 플로티누스의 인간 이해를 수용하고 있
다. 플로티누스는 존재자를 신, 정신(mind), 영혼(soul), 감각
(sensation), 자연(nature), 육체(body)로 나누었다.[71] 여기서 인간
은 우주의 중간에 위치한다. 중간자로서 인간은 한편으로는 영
원하고 불변하는 신과 닿아 있고, 다른 한편으로는 유한하면서
변화하는 물질과 형상에 닿고 있다. 철학적으로 표현하면, 인간
은 한편으로 형이상학적인 영원의 세계에 존재하고, 다른 한편

---

69) Marsilio Ficino, *Platonic Theology, Vol. I*, Translated by Michael J. B.
Allen and John Warden, edited by James Hankins and William Bowen,
London, 2001, 231.

70) Ibid., 17.

71) Paul Oskar Kristeller, *The Philosophy of Marsilio Ficino*, New York,
1943, 107.

으로는 형이하학적이고 물리적이고 자연적인 세계에 존재한다. 인간은 초자연적인 세계와 자연적인 세계 사이에 존재한다. 중간자로서 인간은 우주의 중심에 있으면서, 다른 모든 형태의 존재와 연결된다.

이 책에서 피치노는 인간 영혼의 불멸성과 영원성에 대하여 상세하게 설명하고 있다. 그에 의하면 인간의 영혼은 영원불멸한데, 특히 제5권에서 그 근거를 열다섯 가지로 제시하고 있다.[72]

① 인간의 합리적 영혼(rational soul)은 그 스스로 움직인다.
② 영혼은 그 본질에 있어서 변화하지 않는다.
③ 영혼은 성스러운 것에 닿아 있다.
④ 영혼은 질료(matter)를 지배한다.
⑤ 영혼은 질료에서 독립되어 있다.
⑥ 영혼은 나눌 수 없다.
⑦ 영혼은 그의 본질에서만 존재한다.
⑧ 영혼은 고유한 존재성을 갖고 있고, 그것은 형태(form)와 절대로 분리될 수 없다.
⑨ 형태로서의 영혼의 존재는 영혼의 고유한 특징이다.
⑩ 영혼은 그 자체로서 신을 지향한다.
⑪ 영혼은 그것을 분해시킬 수 있는 어떤 가능성도 갖고 있지 않다.

---

72) Marsilio Ficino, *Platonic Theology, Vol. II*, Translated by Michael J. B. Allen and John Warden, edited by James Hankins and William Bowen, London, 2002, 13-121.

⑫ 영혼은 존재하지 않을 수 있는 그 어떤 가능성도 갖고 있
지 않다.

⑬ 영혼은 그 어떤 중개자 없이 직접 신으로부터 창조되었다.

⑭ 영혼은 그 자체로서 생명이다.

⑮ 그러한 생명은 육체보다 우월하다.

피치노는 인간이 영혼을 소유한 존재로서 자유롭고 독자적인
활동을 통하여 자연을 관리하고 그것을 창조하는 능력을 갖고
있다고 보았다. 우주를 창조한 신의 창조 능력을 부인하지 않으
면서도, 이 세계에서 인간의 활동 가능성을 열어 놓고 있는 것
이다. '인간은 자신의 육체가 가지고 있는 한계에 제한되지 않
고, 자기에게 주어진 오성과 기예를 기초로 자신의 운명을 개척
할 수 있다.'고 피치노는 말한다.[73] 인간은 자기 자신의 운명을
개척하는 주인이라는 것이다.

그렇다면 인간은 어떻게 자신의 위치를 알게 되고, 자신의 삶
의 과제를 인식할 수 있는가? 이 대답을 피치노는 한편으로는
신학에서, 다른 한편으로는 철학에서 찾고 있다. 피치노는 인간
삶의 조건과 우주 안에서 인간의 위치는 신의 말씀과 창조 사역
을 통해서 알 수 있다고 보았다. 신의 창조 섭리에 의하면, 인간
은 우주의 중간자로서 신이 창조한 세계를 관리하고 가꿀 책임
과 능력이 부여된 존재라는 것이다. 철학 역시 인간 삶의 목적,
즉 인간성의 완성과 도덕성의 성취에 대하여 가르침을 준다. 이

---

73) Michael Landmann, *De Homine–Der Mensch im Spiegel seines
Gedankens*, Freiburg, 1962, 148.

렇게 하여 신학과 철학은 공조적인 연합을 이루게 된다. 신학
적 지혜와 철학적·인간학적 지식의 결합이다. 인간을 향한 신
의 말씀, 신의 계시, 신의 명령은 곧 인간을 도덕적인 인간으로
보는 철학적 인식과 다를 바 없다는 것이 피치노의 생각이
다.[74] 이 점에서 피치노의 생각과 스콜라 철학자들의 생각은
일치한다.

그러나 피치노의 사상과 스콜라 철학은 분명한 차이가 있다.
스콜라 철학에서는 구원의 지식이 핵심이고 인간을 영원의 존재
(sub specie aeternitatis)로 본 반면, 피치노 등 인본주의자들은 교
육적 지식이 핵심을 이루고 인간을 지상의 존재(sub specie
mundi)로 보았다. 그리고 스콜라 철학에서는 인간의 죄성을 강
조하지만, 피치노는 인간과 신과의 유사성을 강조하고 있다. 더
나아가 피치노는 인간의 이성은 신이 제공한 신적인 것으로서,
진리를 추구하는 데 별도의 신학적 도움은 필요 없다고 보았다.
피치노는 철학과 종교를 자매 관계로 파악하였다.

> 철학을 무엇보다 진리에 대한 사랑과 진리에 대한 연구라고 개념
> 을 규정한다면, 하나님만이 진리고 지혜이기 때문에 그것으로부터
> 다음과 같은 사실이 연역된다. 적법한 철학은 참된 종교와 다를 것이
> 없고, 적법한 종교는 참된 철학과 다를 바 없다는 점이다.[75]

---

74) Günther Böhme, *op. cit.*, 186.
75 Marsilio Ficino, *Opera omnia*, Basileae, 1576, I, 668. August Buck,
  "Christlicher Humanismus in Italien", *Renaissance–Reformation,
  Gegensätze und Gemeinsamkeiten*, Hrsg. v. August Buck, Wiesbaden,
  1984, 28에서 재인용.

여기서 철학은 신앙에 봉사하는 학문으로 그려진다. 그러나 중세처럼 신학의 하녀는 아니고, 그 둘은 평등한 관계에 있다. 철학과 신학의 새로운 관계를 설정하면서, 피치노는 위기에 빠진 당시 스콜라 철학과 기독교 신앙을 구원할 수 있는 가능성을 제시하였다. 그러한 가능성을 지식과 신앙의 연합에서 찾을 수 있다고 보았다. 피치노는 중세 시대에 신앙의 우위 속에서 지식과 신앙이 분리된 것을 극복하여야 한다고 보았다. 철학자는 불신앙에서 벗어나야 하고, 사제는 무지에서 해방되어야 한다는 것이다.

> 나는 모든 철학자가 진심으로 종교를 받아들이고 그것을 연구할 것을 경고하는 동시에 간청한다. 동시에 나는 모든 사제가 지혜의 학문에 몰두할 것을 경고하는 동시에 간청한다.[76]

피치노에 의하면, 인간은 종교적 존재인 동시에 철학적 존재다. 인간의 지식은 종교적 지식인 동시에 철학적 지식이다. 종교적 계시와 철학적 지식은 여기서 연합된다. 피치노는 인간은 신의 계시에 따라 인간 세계와 자연 세계를 정복하고 관리하는 과제를 부여받았으며, 그러한 계시를 실천하는 것이 신의 의지에 부합되는 것이라고 생각하였다. 피치노는 여기서 인간의 위대성을 발견하였다. 신과 함께 신의 창조 섭리에 동참하는 위치에 인간이 있는 것이다. 다른 말로 표현하면, 인간은 신적인 존재인 것이다. '인간은 세상의 창조자와 거의 유사한 특성을 지

---

76) Marsilio Ficino, *op. cit.*, I, 1.

니고 있다.'[77] (기독교) 신앙과 (세속적 · 철학적) 지식의 통합에
지대한 관심을 보였던 피치노는 플라톤을 모세에 비유하고, 소
크라테스를 예수에 비유하기도 하였다.[78] 특히, 소크라테스를
예수에 비유한 점은 당시 많은 사람의 주목을 받았다.

> 소크라테스는 유한한 것보다 영원한 선을 중요시하였다. 그의 마
> 지막 식사는 예수의 만찬과 마찬가지로 도덕성에 대한 훈계가 중심
> 테마였다. 그는 법정에서 예수와 같이 자신을 방어하지 않았고, 단지
> 고소인을 탄핵하였다. 그는 죽음 직전에 예수와 같이 독배와 닭에 대
> 하여 얘기하였다. 그는 예수의 4 복음기자와 같이 자신의 사상을 전
> 파하는 네 명의 제자가 있었다. 소크라테스를 악에서부터 항상 경고
> 하며 보호하는 수호신은 선한 천사였다. 플라톤의 『심포지엄』에 의
> 하면 그는 '신은 모든 사랑의 원천' 이라는 복음을 전파하였다.[79]

피치노는 인간과 인간의 창조적 능력에 대한 긍정적 이해로부
터 다음과 같은 두 가지 점에 관심을 갖게 된다. 하나는 인간의
교육에 대한 관심이다. 인간이 인간 세계와 자연 세계의 주인이
되기 위해서는 그러한 능력을 알게 하고 매개하는 교육이 필요
하다는 점이다. 다른 하나는 인간의 도덕성에 대한 관심이다.
인간이 자신을 다스리고 목적하는 바에 다다르기 위해서는 인간
성과 도덕성을 성취하는 것이 필요하다는 점이다. 우주의 중간
자인 인간의 본래적 위치를 알게 하고, 그것으로부터 인간의 창

---

77) Michael Landmann, *op. cit.*, 151.
78) Paul Barth, *op. cit.*, 244f.
79) Ibid., 245.

조 능력과 도덕적 능력을 최대한 실현시키는 것이 인간 삶의 목적이요, 그것을 실현하는 도구가 교육과 도야인 것이다. 이것이 피치노 인간학의 핵심 내용이다.

정리하면, 피치노는 신학과 철학, 고대와 기독교, 종교적 계시와 철학적 지식의 통합을 학문적 과제로 제시하고, 신플라톤주의적 입장에서 그 해결점을 찾고 있다. 그는 인간을 이 세계의 중심에 놓여 있는 중간자로 규정하고, 신의 세계와 사물의 세계에 공존하고 있는 존재로 보았다. 인간의 영혼은 신의 속성을 닮아 인간 세계와 자연 세계를 창조하고 관리해 나가는 능력이 있다고 보았다. 그의 인간학은 인간의 가능성에 대한 신념을 심어 주기에 충분하였다. 따라서 당시 인본주의적 사고의 신학적 · 철학적 · 인간학적 기반을 제공하여 주었다고 볼 수 있다. 특히, 그는 인간의 자기 인식과 인간의 자기 실현을 위하여 교육과 도야가 필수적이라고 보고, 교육과 도야를 강조하였다. 단순히 언어와 고대를 발견하고 강조한 인본주의자와는 달리 그는 신학적 · 철학적으로 고대를 재해석하며, 고대에 의미를 부여하고 있다는 점에서 인본주의 학자로서의 특징을 확인시켜 주었다.

8. 피 코

피코(Giovanni Pico della Mirandola, 1463~1494)는 미란돌라(Mirandola)의 귀족으로 태어났다. 그는 어릴 때에 라틴어와 그리스어를 배우고, 1477년에 볼로냐 대학에서 법학을 공부하였

다. 1479년에는 페라라 대학에서 철학 공부를 시작하고, 1480년
부터는 파도바 대학에서 수학하였다. 파도바 대학은 당시 아리
스토텔레스 연구의 중심지였다. 이 대학에서 그는 그리스인 아
드라미테노스(Emanuel Adramyttenos)에게 그리스어를 배우고, 유
대인 메디고(Elia del Medigo)에게서 히브리어를 배웠다. 또한, 학
업을 하면서 여러 인본주의자들과 관계를 맺기 시작하였는데, 피
렌체를 방문하여 피치노와 만나기도 하였다. 학업을 종료한 후에
는 고향에 머물면서 그리스 연구에 몰두하였다. 1484년 두 번째
로 피렌체를 방문한 그는 피치노가 라틴어로 번역한 플로티누스
의 『에네아덴(Enneaden)』을 읽었다. 그 후 유대인 미트리다타스
(Mithridatas)로부터 아람어와 아랍어를 배우고, 나중에 중세 유대
교의 신비주의 전통인 카발라에 매료된다. 1485년 그는 파리의
소르본 대학에서 학업을 마치고, 피렌체로 돌아왔다.

그는 1486년에 철학과 신학의 화해를 주제로 하는 900테제를
발표하였다.[80] 여기에서 그는 무엇보다 인간은—다양한 모습을
띠고 있고, 다양한 옷을 입고 있다고 할지라도—자유로운 존재
라는 점에서 모두 같다고 주장하였다. 이 가운데 13개 테제를
교황 이노센트 8세가 저주하여 파문당한 피코는, 프랑스로 도주
하였으나 1488년 체포되어 구금된다. 그러자 여러 이탈리아 국
가의 왕자들이 석방을 요청하게 되었고, 그는 석방되어 이탈리
아로 돌아왔다. 교황은 그가 로렌조(Lorenzo di Medici)의 보호
아래 있는 것을 조건으로 피렌체로 돌아오는 것을 허락하였다.

---

80) *Syncretism in the West: Pico's 900 Theses (1486)*, Translated by S. A.
   Farmer, Temple, 1998.

로렌조는 그가 안전하게 머물 수 있고 동시에 피치노와 교제할
수 있도록 농가를 선물하였다. 그는 이곳에서 죽음을 맞이할 때
까지 살았다. 여기서 그는 플라톤 아카데미에 참여하며 피치노와
사상을 교환하고, 인본주의 활동을 하였다. 1493년 교황 알렉산
더 2세는 그를 파문에서 해방시켰다. 그러나 이듬해인 1494년에
그는 독살된다.

자신의 사상 때문에 이단자로 낙인 찍혀 핍박받고 쫓겨 다니
다 결국 독살되는 비극을 맞았지만, 피코는 진리를 추구하며 무
한의 지식 욕구를 가졌던 천재였다. 그는 피치노의 영향 아래
플라톤 철학을 깊이 있게 공부하였다. 특히, 그는 피치노처럼
한편으로는 인본주의 정신에 충실하면서도, 다른 한편으로는 혼
란의 시대에 신학과 철학의 화해와 평화의 시대를 갈구하고 추
구하던 사람이었다. 기독교의 평화(pax Christi)와 철학의 평화
(pax philosophica)가 바로 그가 추구하던 것이었다.[81]

인본주의적 전통에 비추어 보면, 그의 성장 과정은 좀 색다른
측면이 있다. 먼저, 그는 히브리어를 공부하였다. 그리스어가 세
속적·철학적 전통의 원천이라면, 히브리어는 기독교적 전통의
원천이다. 따라서 그는 '원천으로 돌아가자.'라는 구호에 충실
한 인본주의자들의 빈 공간을 채웠다고 할 수 있다. 그의 공헌
으로 히브리어는 이후 인본주의 교육과정에 포함되었다. 또한
그는 그 어느 인본주의자보다 세속적 지식이 풍부하였다. 히브
리어뿐만 아니라 아랍어, 심지어 유대교의 신비주의 전통인 카

81) Giovanni Pico della Mirandola, *De dignitate Hominis*, lateinisch und
deutsch, eingeleitet von Eugenio Garin, Bad Homburg, 1968, 20.

발라에 이르기까지 풍부한 지식을 갖고 있었다. 이러한 풍부한 지식을 바탕으로 타 종교와 기독교, 철학과 기독교, 자연과학과 기독교의 연합을 주요 주제로 삼았다. 심지어 그는 기독교인, 아랍인, 유대인, 이교도들의 근본적인 차이를 발견할 수 없다고 주장하였다.[82] 토파닌(Toffanin)은 그에 대하여 '인본주의적 문화와 아랍·유대 문화 사이의 만남의 영웅이면서 동시에 희생양이 피코였다.'고 평가하였다.[83] 피코는 이와 같이 당시 시대로는 가히 혁명적이라고 부를 수 있는 사상을 갖고 있었고, 그의 이러한 사상은 자연스럽게 개혁의 필요성을 갖게 하였다. 그의 개혁적인 사고는 곧 교회 갈등과 교회 투쟁에 영향을 미치게 된다. 종교개혁가 츠빙글리는 피코에게 큰 영향을 받았다. 그는 인간이 창조의 중심이요, 인간의 고귀성이 창조의 목적이라는 피코의 사상을 받아들여 자신의 신학 사상을 형성하였다.[84]

피코 사상의 핵심에는 인간론이 자리하고 있다. 『인간의 존엄성(De dignitate hominis)』에서 그는 자신의 철학적인 인간론을 펼친다. 가린(Garin)은 이 저술이 피코의 정신 활동 가운데 최고의 작품이라고 평가하고 있다.[85] 이 작품에서 그는 인본주의적 인간 이해, 특히 인간의 존엄성을 주장하고 설득하였다. 이 작품에서 피코가 제시하는 핵심 물음은 '인간의 존엄성은 무엇을 근

82) Günther Böhme, op. cit., 192.
83) Giuseppe Toffanin, History of Humanism, New York, 1954, 226.
84) Wilhelm Dilthey, Gesammelte Schriften II: Weltanschauung und Analyse des Menschen seit Renaissance und Reformation, Stuttgart, ⁵1957, 65 and 159.
85) Giovanni Pico della Mirandola, op. cit., 8.

거로 하고 있는가?', '우주 안에서 인간의 과제는 무엇인가?' 다.
그는 인간의 존엄성이 고귀한 그의 천성에 놓여 있는 것이 아니
라고 보았다.

　신은 인간을 창조할 때, 세계의 중심에 위치하도록 하고 다음과 같
이 말하였다. '나는 아담 네게 어떤 고정적인 위치, 어떤 고유한 모습
도 규정하지 않았다. 나는 네게 그 어떤 고유한 우수한 자질을 부여
하지 않았다. 왜냐하면 네가 원하는 형태의 위치와 모습과 자질을 너
의 의지와 너의 판단에 따라 얻고 소유할 수 있도록 하기 위해서다.
다른 모든 피조물의 제한적인 천성은 내가 정한 법칙에 따라 결정된
다. 그러나 너는 내가 너에게 부여한 자유로운 판단에 따라 아무런
제약 없이 너의 천성(nature)을 스스로 결정하여야 한다. 나는 너를
세계의 중심에 위치하도록 하였다. 세계의 중심에서 너는 너를 둘러
싸고 있는 세계 모두를 보다 쉽게 인식할 수 있을 것이다. 나는 너를
신적으로 창조하지도 않았고, 세속적으로 창조하지도 않았다. 너를
죽도록 창조하지도 않았고, 영원히 살도록 창조하지도 않았다. 네가
스스로의 힘으로 자유롭게 네 자신을 주조하고 작업하여 네가 원하
는 형상을 만들도록 하기 위해서다. 너는 비천한 동물로 퇴화될 수도
있고, 반대로 네가 의지만 있다면 신적인 고상한 존재로 다시 태어날
수도 있다.' 신은 인간에게 얼마나 놀라운 행운을 선물하였는가? 인
간은 자기가 원하는 것을 소유할 수 있고, 자기가 원하는 모습대로
될 수가 있다.[86]

피코는 여기서 신과 인간의 관계를 설명하면서, 인간의 특성

---

86) Ibid., 29.

을 말하고 있다. 그는 이 모든 세계를 섭리하는 신적인 원칙이
있다고 믿었다. 플라톤에게는 그것이 '이념'이고, 아리스토텔레
스에게는 '첫 번째 운동자'이고, 카발라에서는 '신비적인 하나'
로 나타난다. 그러나 그것은 기독교적인 신이나 유대적인 신이
아니고 '인간의 신'인 것이다. 신은 이 세계를 창조할 때, 인간
을 자유로운 존재로 창조하였다. 즉, 인간은 그 어떤 성질이나
특성도 결정되지 않은 상태고, 따라서 자신이 스스로 자유롭게
결정할 수 있는 존재로 창조된 것이다. 바로 인간은 자유롭게
자기 자신의 모습을 결정할 수 있는 자유가 주어져 있다는 점에
서 그는 인간의 존엄성을 찾을 수 있다고 보았다.

> 신은 인간 안에 태어날 때부터 여러 가지 씨앗을 뿌려 놓았다. 그
> 씨앗은 가꾸고 돌보면 성장하여 열매를 맺게 된다. 만약, 그 씨앗이
> 식물과 같은 것이라면 성장하여 식물이 될 것이다. 만약, 감각적인
> 것이라면 성장하여 동물이 될 것이다. 그 씨앗이 오성적인 것이라
> 면 성장하여 신적인 생명체가 될 것이다. 만약, 그 씨앗이 영적인
> 것이라면 성장하여 천사나 신의 자녀가 될 것이다. 만약, 인간이 피
> 조물이 갖고 있는 그 어떤 존재자에 머물지 않고 자기 자신의 내면
> 의 중심에 가까이 하게 되면, 그는 신이 소유하고 있는 것과 같은
> 영혼을 소유하게 되고 신과 하나가 되어 모든 것 위에 존재하게 될
> 것이다.[87]

여기서 우리는 인본주의적 인간 중심주의 사상을 확인하게 된
다. 피코는 인간은 이제 더 이상 신에 의하여 결정되지 않는다

---

87) Ibid., 31.

고 보았다. 인간은 오히려 자신의 자유에 의하여 결정된다. 인간은 이제 자기 자신의 주인이요, 자신의 운명과 자신의 세계를 스스로 개척할 수 있는 존재가 되었다. 신의 자리에 인간이 대신 들어선 것이다. 인간의 행복은 더 이상 신의 은총이 아니다. 인간은 신의 은총에 의지하는 것이 아니라, 스스로 행복을 만들 수 있는 통찰과 판단력과 수단을 갖추고 있다. 이 점에서 피코는 피치노보다 한 발 더 나아가고 있다고 평가할 수 있다. 인간이 우주적 질서 안에서 핵심적인 위치에 서게 되었으며, 인간에 대한 극단적인 긍정적인 평가와 낙관론이 지배하고 있는 것이다.

피코는 인간이 더 이상 신의 의지에 의하여 결정되지 않고, 자신의 자유 의지에 따라 스스로의 모습을 결정할 수 있다고 보았다. '우리는 우리가 원하는 모습이 될 수 있는 조건으로 태어났다. ……이렇게 우리에게는 신의 은총인 선택의 자유(libero optio)가 주어졌다.'[88] 그렇다면 어떻게 인간은 자기가 원하는 모습이 될 수 있는가? 피코는 이 질문을 던지면서, 그 답을 철학적 지식과 철학적 도야에서 찾았다. 피코는 인간이 자기가 원하는 모습, 신적인 존재가 되는 데 있어서 지천사(智天使)인 체루빔이 매개자로서 돕는다고 보았다.[89] 철학의 수호신이기도 한 지천사가 인간에게 모범을 보인다고 생각하였다.

> 완전성에 도달하기 위하여 우리는 지천사의 삶을 모방하도록 노력하여야 한다. 이 세상에서 지천사를 모방하기 위해서는 먼저 우리의

---

88) Ibid., 33.
89) Ibid., 35.

영혼을 정화하여야 한다. 윤리학은 우리의 감정을 제어하여 영혼을 정화하는 데 도움을 준다. 변증법을 통하여 우리는 오성의 어둠에서 해방되고, 악습과 무지의 쓰레기들을 청산하여야 한다. 그렇게 하여 더 이상 우리의 감정이 미처 날뛰고, 우리의 오성이 잘못된 길로 빠지는 것을 예방할 수 있다. 정화되고 청결하게 된 우리의 영혼에 이제 자연철학의 빛을 비춰 주어야 한다. 그렇게 하면 신적인 것을 인식하고 완전성에 도달할 수 있을 것이다.[90]

피코는 인간의 존재 목적인 완전성에 도달하기 위하여 철학이 도움을 줄 수 있다는 점을 강조하였다. 신의 창조 섭리를 인식하고 그것을 완성하기 위하여 철학이 기여할 수 있다는 점을 강조하고 있는 것이다. 신학과 철학의 통합을 강조한 피치노의 생각을 여기서도 확인할 수 있다. 철학적 지식과 철학적 도야를 통하여 인간은 영혼을 정화하고, 완전성에 도달할 수 있다고 보았다. 피코의 인간에 대한 무한한 신뢰와 낙관적인 이해는 인본주의적 인간 이해의 근간을 이루고 있다. 그리고 인간의 자유와 존엄성과 철학적 도야를 강조한 점은 자유사상과 자유교육사상에 영향을 미치게 된다.[91]

---

90) Ibid., 37.
91) Paul Oskar Kristeller, *Eight Philosophers of the Italian Renaissance*, Stanford, 1964, 70f.

3 이탈리아 인본주의 교육의 특징과 영향

1. 인본주의 교육의 특징

르네상스 시대 인본주의자들은 교육을 통하여 인간성의 완성을 추구하는 것을 시대적인 과제로 받아들였다. 사회의 개혁을 위하여 인간의 개혁이 요청되었고, 그것은 곧 교육의 과제였다. 인본주의자들은 인간성의 도야와 완성을 통하여 새로운 인간 창조가 가능하다고 보았고, 그러한 새로운 인간이 새로운 사회를 만들 수 있다는 신념을 갖고 있었다. 이로부터 인본주의 교육과 도야(humanistische Bildung)란 개념[1]이 탄생하게 된다.

르네상스 시대에 새로운 인본주의 교육 패러다임이 정착하게 된 것은 페트라르카의 영향이 컸다. 페트라르카는 인본주의 도야

---

[1] 일반적으로 교육은 교사가 학생을 가르치고 키우는 행위로 정의되고, 도야란 학생 스스로 갈고 닦는 노력을 경주하는 것을 의미한다. 인본주의 교육이란 교육과 도야의 의미를 모두 포함하고 있다. 여기서는 상황에 맞게 용어를 선택하여 사용하기로 한다.

에서 언어와 도덕성을 핵심 개념으로 제시하였다. 언어는 인간의 정신 세계를 표현하는 수단이요, 인간의 정신을 도야하는 매체다. 언어를 잘 배우고 아름답고 고상하게 사용하는 것은 인간 정신의 도야를 위하여 매우 중요하다고 보았다. 또한 페트라르카는 인간의 도덕성에 주목하였다. 언어가 인간 정신 활동의 기초가 된다면, 도덕성은 인간의 실천적 행위와 관련을 맺는다. 고대 그리스와 로마의 철학적 전통을 유산으로 물려받은 페트라르카는 인간이 추구하여야 할 최상의 가치를 도덕성이라고 보았다.

페트라르카는 이러한 인간성, 언어, 도덕성을 포괄하고 있는 이상적 존재를 '도야인(Gebildete)'이라고 표현하였다.[2] 언어적 존재와 도덕적 존재를 이상적 인간상으로 제시하고, 그 이름을 '도야인'으로 표현한 것이다. 이러한 도야인은 이제 새로운 세계를 이끌어 갈 새로운 인간상인 것이다. '도야인'은 교육과 도야를 통하여 성장하고 발전한다. 교육과 도야를 통하여 인간은 주체적 존재가 되고, 언어적 존재가 되고, 도덕적 존재가 되고, 결국 이상적 인간인 도야인이 된다는 것이 페트라르카의 생각이다. 도야인은 곧 후마니타스(humanitas)를 성취한 인간인 것이다.

바로 여기서 인본주의 교육사상의 전형이 확인되고 있다. 초기 이탈리아 인본주의 교육사상가들은 페트라르카의 사상을 계승하여 언어 교육과 인간 교육을 핵심 과제로 설정한다.

---

2) Günther Böhme, *Bildungsgeschichte des frühen Humanismus*, Darmstadt, 1984, 99.

2. 인본주의 교육 프로그램

르네상스 사상가들은 후마니타스를 실현하기 위한 통로를 스투디아 후마니타티스(studia humanitatis)로 표현하였다. 르네상스 시대에 이 개념을 처음으로 사용한 사람은 구아리노(Battista Guarino)다. 그는 『교수학습규칙(De Ordine Docendi et Studendi)』에서 '인간에게만 학습에 대한 열망이 주어졌다. 이 때문에 우리는 그리스인들이 파이데이아(Paideia)라고 말하는 것을 스투디아 후마니타티스로 부른다.'[3]고 하였다. 스투디아 후마니타티스는 인간 삶의 과제요 교육의 과제인 후마니타스를 실현하기 위한 교육과정을 의미한다.

르네상스 시대 인본주의 교육과정인 스투디아 후마니타티스의 핵심을 정리하여 표현한 사람은 살루타티(Salutati)다. 살루타티는 이몰라(Imola)의 젊은 영주인 알도시(Ludovico degli Aldosi)에게 보낸 편지에서 인본주의 교육과정에 대한 그의 생각을 피력하고 있다.

나는 영주님이 오늘날 많은 사람들이 노력하는 바와 같이, 언어 유희적인 지껄임과 토론에 몰두하지 말고, 말과 글에 대한 지식을 쌓는 데 노력할 것을 요구합니다. 나는 영주님이 도덕철학을 공부할 것을 권면합니다. 도덕철학은 윤리학, 정치학, 경제학으로 구분되어 있습

3) Battista Guarino, "De Ordine Docendi et Studiendi", William Harrison Woodward, *Vittorino da Feltre and other Humanist Educators*, Toronto, 1996, 177.

니다. 도덕철학은 어떻게 살아야 할지에 대하여 가르침을 줍니다.
······그러나 도덕철학은 근본적으로는 소크라테스가 창시한 인간에
대한 철학을 의미합니다. 수많은 훌륭한 연설 내용이 도덕철학에서
부터 연원합니다. ······영주님은 또한 기독교적 가르침이 도덕철학
에 기여한 점을 깨달아야 합니다. 기독교적 가르침은 현명하게 살아
가고 올바르게 언어를 표현하는 것을 통하여 기독교적으로 완전해
지는 데 있어 크게 기여한다는 점을 깨달아야 합니다. ······그리고
마지막으로 영주님은 역사책에 서술되어 있는 바와 같이, 인간의 행
실에 대하여 알아야 합니다. 만약 영주님이 역사서에서 인간 행동과
인간 본성과 열정과 욕망에 대한 지식을 획득한다면, 영주님이 언어
적이고 인간적인 완성에 다다르는 데 부족한 점이 없을 것입니다.
언변술에 대해서는 다른 관점을 가져야 합니다. ······언변술은 신적
이고 인간적인 모든 대상 또는 사물을 대상으로 하고 있습니다. 모
든 진술은 표현 대상을 갖고 있고, 반드시 대상과 관련을 맺어야 합
니다.[4]

살루타티의 이 편지 내용에는 실로 르네상스 시대 인본주의
교육 프로그램의 모든 면이 함축적으로 제시되어 있다.

첫 번째, 인본주의 교육 프로그램은 언어다. 언어, 특히 고대
언어는 인본주의 교육의 핵심 내용이다. 그런데 주목을 끄는 것
은 살루타티가 언어 사용의 역기능을 지적하고 있다는 점이다.
당시 일부 학식 있는 사람들이 라틴어 등 고대 언어를 사용할
때, 유식을 자랑하는 차원에서 현학적으로 사용하는 것을 경계

---

[4] Jürgen von Stackelberg, *Humanistische Geisteswelt von Karl dem Grossen bis Philip Sidney*, Baden-Baden, 1956, 157-159.

하고 있다. 또한 소피스트에게서 확인되는 바와 같이, 내용은
결여된 채 달변술에만 능통하여 지껄이고 토론하는 것을 비판하
고 있다. 살루타티는 소크라테스의 예를 들며 인간적이고 도덕
적인 대화술, 즉 인간 교육의 통로로서 언어를 강조하고 있다.

두 번째 교육 프로그램은 도덕철학이다. 살루타티는 도덕철학
이 윤리학, 정치학, 경제학을 포함하고 있다고 말하고 있다. 이
점에서 도덕철학은 오늘날의 실천철학과 같은 개념이다. 살루타
티는 더 나아가 그것을 한마디로 인간에 관한 철학으로 규정하
고 있다. 인간학으로서 도덕철학은 한편으로 인본주의적 사상과
맥을 같이한다는 측면에서 그 중요성이 인정되지만, 다른 한편
으로는 당시 지배 철학인 스콜라 철학을 간접적으로 비판하고
있다는 점에서 의미를 찾을 수 있다.

중세 말기 스콜라 철학은 가톨릭 교리를 뒷받침하고 있었다.
스콜라 철학은 그 사변적이고 형이상학적인 특징 때문에 가톨릭
신학과 기독교 종교의 공허함과 무미건조함을 가져왔다. 종교적
현실성과 역동성을 상실하였기 때문에 당시 인본주의자들은 스
콜라 철학에 대하여 대단히 비판적이었다. 도덕철학에 대한 관
심을 바탕으로 인본주의자들은 일상적이고 현실적인 삶에 대한
자신들의 관심을 표현하였다. 살루타티가 도덕철학의 내용을 윤
리학, 정치학, 경제학으로 구분한 것은 이러한 인간의 실천적인
삶에 대한 관심을 대변하고 있는 것이다.

세 번째 교육 프로그램을 살루타티는 '기독교적 가르침'으로
표현하고 있다. 살루타티는 교육을 통하여 인간성과 도덕성의
완성을 추구하는 인본주의적 이상이 '기독교적 가르침' 없이는
불가능하다고 보았다. 우리는 여기서 한 가지 점에 유의할 필요가

있다.

인본주의는 분명 그 본질적 특성 때문에 신본주의를 추구하는
기독교와 대립할 수밖에 없다. 그러나 대부분의 인본주의자들은
본질적으로 기독교 자체를 부정하지 않았다. 그들은 현존하는
제도화된 교회와 그것을 뒷받침하는 신학을 비판하였지, 기독교
교리 자체를 부정하지는 않고 있다. 오히려 그들은 기독교의 본
질이 인본주의와 배치되지 않는다고 생각하였다. 인본주의자들
은 고대의 삶의 지혜와 종교적 삶의 경험, 지성과 종교성이 연
합될 때 인간은 완전성에 도달할 수 있다고 보았다.[5]

인본주의자들은 분명 신학자들은 아니었다. 그러나 그들은 쇄
신과 개혁의 정신을 갖고 있었고, 따라서 기독교 세계와 교회의
쇄신을 위해 노력한 기독교도들이었다. 중세의 대표적 신학자
아우구스티누스는 페트라르카의 위대한 정신적 스승이었다. 브
루니(Leonardo Bruni)는 그의 저술 『문학 공부에 대하여(De Studiis
et Literis)』에서 종교와 '좋은 삶'은 모두 중요하다고 하면서, 신
학적인 저술과 세속적인 저술을 모두 공부할 것을 강조하였다.[6]
구아리노는 '종교적 인간(homo christianus)'이란 개념을 사용하
고 있는데, 이를 위해서는 세속 학문에 대한 탐구가 중요한 방
법이라고 말하고 있다.[7] 그렇기 때문에 인본주의자 베기우스
(Mapheus Vegius), 비토리노(Victtrino da Faltre), 실비우스(Aeneas
Sylvius) 등으로 대표되는 초기 이탈리아 인본주의자를 기독교적

5) Günther Böhme, op. cit., 108.
6) Leonardo Bruni, "De Studiis et Literis", William Harrison Woodward,
   Vittorino da Feltre and oher Humanist Educators, New York, 1963, 119-133.
7) Günther Böhme, op. cit., 109.

인본주의(christlicher Humanismus)라고 칭한다.[8]

네 번째 교육 프로그램은 역사다. 르네상스의 특징인 '고대 그리스와 고대 로마의 발견'에서 이미 역사의 중요성을 확인할 수 있다. 인본주의자들은 고대 그리스와 고대 로마에서 위대한 사상가와 예술가를 발견할 수 있었고, 그러한 고전가들은 인본주의자들의 모범이었다. 그러한 모범을 아는 통로로서 역사는 매우 중요하게 취급되었다. 역사를 통하여 그들은 인간이 만든 세계, 인간의 성취, 인간의 위대성을 발견하게 되었다. 인간은 신과 함께 세계와 역사를 창조하고 그것에 책임을 지는 존재라는 사고가 지배하게 되었다. 이렇게 하여 인본주의자들은 역사를 주요 교육 프로그램으로 포함하게 된다.

다섯 번째 교육 프로그램은 수사학이다. 살루타티가 '언변술'로 표현한 수사학은 인본주의자들에게서 일찍부터 중요하게 취급되었다. 수사학은 지식을 적절하게 활용하여 논증하고 설득하는 기술로서 문법, 변증법과 함께 이미 고대 그리스에서 주요 교육 프로그램으로 인정받았다. 언어와 더불어 적절한 언어 사용을 강조한 인본주의자들도 수사학은 주요 교육과정으로 받아들였다.

그러나 여기서 한 가지 주목할 점은, 살루타티는 언변술이 대상 또는 사물과 관련을 맺어야 한다고 주장했다는 것이다. 그리고 대상과 관련 없는 언변술, 학자연하는 학자들의 사이비 언변을 비판하고 있는 점이다. 여기서 우리는 16세기에서 17세기 유럽 교육과정의 핵심 주제였던 인본주의(humanism)와 리얼리즘

---

8) Ibid., 109f.

(realism), 언어(verba)와 사물(res)의 관련성에 주목하게 된다. 이미 살루타티는 언어와 사물(대상)이 불가분의 관계에 있음을 강조하고 있고, 대상 없는 언어와 언변술을 빈 껍데기로서 비판하고 있다. 여기서 우리는 사물 또는 실제로 표현되는 '레스(res)'가 17세기 리얼리즘 교육사상가들의 핵심 관심사였으나, 이미 인본주의자들이 그 중요성을 인식하고 있었음을 확인할 수 있다.[9] 살루타티의 인본주의 교육 프로그램은 거의 대부분 르네상스 시대의 교육사상가들에게서 재확인되고 있다.

3. 언어 교육

살루타티가 인본주의 주요 교육 프로그램에서 언어(수사학), 도덕철학, 기독교, 역사를 제시하고 있지만, 이 가운데 핵심 교육 프로그램은 물론 언어다. 언어 교육은 인본주의 교육의 핵심이다. 여기서는 언어 교육에 대하여 좀 더 자세히 살펴본다.

인본주의자들이 생각한 언어는 일차적으로 고전어다. 물론, 그 가운데 가장 중요한 것은 라틴어였다. 라틴어는 이미 중세시대에도 가톨릭교회의 공용어였다. 페트라르카와 같은 인본주의자들은 고대 로마를 전승하고 부흥시켜야 한다는 생각을 갖고 있었기 때문에, 그들에게 있어 라틴어를 배운다는 것은 매우 중요한 의미를 지니고 있었다. 다음으로 중요한 것은 그리스어다. 그리스어는 유럽의 '모국어'나 다름없다. 고대 로마는 고대 그

---

9) 김창환, 17세기 서구 리얼리즘 교육사상의 역사적 배경과 특징, 한국교육, 제25권 제2호(1998. 11.), 1-31 참조

리스의 정신 세계를 물려받아 발전시켰다. 따라서 유럽 정신 세계의 원천을 이해하기 위해서는 그리스어를 배워야 했다. 세 번째 고전어는 히브리어다. 히브리어의 중요성은 초기 이탈리아 인본주의자들보다는 후기 유럽 인본주의자들에 의해서 강조되었다.

일반적으로 잘 알려지지 않은 사실은 인본주의자들이 고전어만 강조하지는 않았다는 것이다. 초기 이탈리아 인본주의자들은 모국어 교육도 강조하였다. 인본주의자들은 인본주의 교육이 모든 '인간', 즉 모든 사람에게 적용되어야 한다고 보았기 때문에 보통 사람들이 사용하는 모국어 역시 중요하게 취급하였다. 인본주의자들은 고대를 발견하고 고대를 배우는 것에만 관심을 기울인 것이 아니라, 그것을 일반 국민에게 전하는 것에도 관심을 갖고 있었다. 즉, 보통어인 이탈리아어와 피렌체어로 번역하고 가르치는 일에 관심을 기울였다. 따라서 수많은 그리스-라틴 고전들이 보통어로 번역되었다.

그리스어가 소크라테스, 플라톤, 아리스토텔레스 등 위대한 사상가들의 언어요 서구 정신 세계의 원천을 담고 있는 언어라면, 라틴어는 키케로 등 고대 로마 사상가와 예술가들의 언어였다. 그리고 보통어는 정치적 공동체의 언어인 동시에, 일반 대중의 일차적인 감정과 생각을 표현하는 모국어였다. 여기서는 이 세 가지 언어를 중심으로 언어 교육 프로그램에 대하여 살펴본다.

1) 라틴어

라틴어는 일차적으로 학자들의 언어로, 학자들이 토론하고 논쟁할 때 쓰는 언어였다. 중세 시대에 라틴어는 신학자들의 언어요 중세 대학과 스콜라 철학자들의 언어였다. 인본주의자들은 중세 신학자들과 스콜라 철학자들이 사용하던 형식화된 라틴어를 비판하였다. 인본주의자들의 이러한 노력 덕분에 라틴어는 일반 시민 계급에 속하는 학식 있는 시민들의 언어로 바뀌어 갔다.

인본주의자들에게 있어서 라틴어는 먼저 의사소통의 수단이었다. 국경을 초월하여 모든 학자가 의사를 표현하고 상대방의 의견을 청취하며, 의사소통하던 언어였다. 피렌체, 옥스퍼드, 바젤, 제네바, 뮌헨, 빈, 프라하 등 유럽 각지에서 활동하는 모든 학자들의 공통 언어였다. 이렇게 라틴어는 유럽 공동체에 새로운 인본주의 문화를 공유하고 전파하는 언어였다.

인본주의자들에게 언어는 인간성의 완성을 추구하고 도덕성을 실현하며, 인간 정신을 도야하여 인간 교육을 실현하는 수단이었다. 라틴어에 담겨 있는 고대 인본주의 정신은 라틴어 교육과 함께 후세에 전달되었다. 인본주의자 살루타티는 알도시에게 보낸 편지에서 다음과 같이 쓰고 있다.

> 매일 열심히 배워라. 너를 학식 있는 사람으로 이끄는 것이 아니라, 너를 더욱 발전시킬 수 있도록 배워라. 네가 배운 것을 말과 글로 표현할 수 있도록 연습하라. 사람들이 이해한 것을 말로 표현할 수 있을 때, 언어와 지식은 함께 성장한다.[10]

여기서 살루타티는 언어와 언어적 지식이 학식 있는 자로 성

---

10) Jürgen von Stackelberg, *op. cit.*, 154f.

장하기보다는 인간을 발전시키는, 즉 인간 도야를 위하여 중요
하다는 점을 강조하고 있다.

의사소통과 인간 도야의 매체인 라틴어를 배우는 것은 인본주
의자들에게 매우 중요한 작업이었다. 따라서 인본주의자들은 젊
은이에게 라틴어를 가르치는 일에 많은 관심을 기울였다. 라틴
어를 배우는 방법으로는 세 가지 점이 강조되었다. 고전어를 해
석하는 인터프레타치오(interpretatio), 해석한 내용을 모방하는 이
미타치오(imitatio), 그리고 해석과 모방을 통하여 체득하고 실천
에 옮기는 작업인 에물라치오(aemulatio)가 그것이다.[11] 이러한
방법을 통하여 학생들이 라틴어를 완벽하게 구사할 때 라틴어
교육은 종료된다. 뵈메(G. Böhme)는 인본주의자들에게 라틴어가
지니는 의미를 다음과 같이 다섯 가지로 정리하고 있다.[12]

첫째, 라틴어가 도야의 수단이라는 점이다. 사실 모든 언어는
도야의 기능을 지니고 있다. 언어를 통하여 세계를 파악하고 이
해하고 사고하고 판단하는 것이 가능해진다. 특히, 라틴어는 인
본주의자들에게 세 가지 점에서 도야의 기능을 갖는다. 먼저,
라틴어를 배운다는 것은 심미적 세계의 통로를 발견하는 것이
다. 라틴어는 고대 로마의 예술과 만나는 지름길이기 때문이다.
다음으로 라틴어를 배우는 것은 역사를 이해하는 것이다. 고대
그리스와 고대 로마를 통하여 고대를 이해할 뿐만 아니라 근대
세계를 이해할 수 있다. 마지막으로 라틴어를 배우는 것은 도덕
적인 차원과 연결된다. 인간성의 완성과 도덕성의 완성이란 메시

---

11) Hellfried Dahlmann, "Römertum und Humanismus", Hans Oppermann
   (Hrsg.), *Humanismus*, Darmstadt, 1970, 286.
12) Günther Böhme, *op. cit.*, 135-137.

지가 라틴어 문헌에 담겨 있기 때문이다.

둘째, 인본주의자들에게 있어서 라틴어는 식자층의 언어다. 라틴어는 유럽에 거주하고 있는 모든 학자와 지식인의 공용어였다. 중세 말기에 교육받은 새로운 시민 계급의 형성은 라틴어 없이는 불가능하였다. 라틴어를 통하여 식자층이 형성되었고, 그들은 학문과 문화 발전의 선구자로 등장하였다.

셋째, 새로운 계층의 형성과 함께 라틴어는 배타성을 형성하기도 하였다. 일반 대중과는 괴리되는 배타적 언어와 배타적 교육의 형태가 탄생한 것이다. 이를 통하여 배운 자와 못 배운 자, 식자와 무식자의 구분이 탄생하였다. 비록, 인본주의자들이 일반 대중에게도 교육의 문을 열고 그들의 교육을 강조하기는 하였으나 라틴어는 여전히 식자들의 언어였다. 따라서 무식계층과 인본주의적 식자들을 구분하는 결과를 가져왔다.

넷째, 식자층과 무식계층의 구분은 라틴어와 보통어의 구분을 통하여 더욱 강화되었다. 국민 언어인 보통어는 한편으로는 일반 국민의 언어를 의미하였지만, 다른 한편으로는 하층 계급의 언어를 의미하였다. 인본주의자들이 라틴어를 강조하면서 자연스럽게 계층의 구분을 고착시키는 결과를 낳았다고 할 수 있다.

다섯째, 그럼에도 불구하고 인본주의자들이 라틴어를 강조한 이유는 라틴어가 유럽의 문화가 지속적으로 전승되고 발전하는 데 크게 기여하였기 때문이다. 인본주의자들은 라틴어를 통하여 고대의 전통을 계승하였고, 그것을 발전시켰다. 즉, 라틴어는 문화 계승과 발전의 주인공이었던 것이다.

오늘날의 유럽은 크게 세 가지의 문화적 원천을 가지고 있다. 고대 그리스, 고대 로마, 기독교가 그것이다. 라틴어 안에는 고대 로마의 전통과 기독교의 전통이 직접적으로 흐르고 있다. 고대 로마라는 세속적 · 정치적 전통과 기독교라는 종교적 전통이 라틴어를 통하여 전승된 것이다. 따라서 라틴어는 유럽 공동체의 공통 언어요, 공통의 정신 세계요, 공통의 역사라고 표현할 수 있다.

2) 그리스어

인본주의자들이 '고대로 돌아가라.'는 구호를 외칠 때, 고대는 일차적으로 고대 로마였다. 초기 인본주의자들에게 고대 그리스는 낯선 존재였다. 그러나 고대 로마의 문헌을 접하면서, 특히 그들의 우상이었던 키케로를 접하면서 자연스럽게 고대 그리스에 관심을 기울이게 되었다. 스키피오 학파나 키케로가 고대 그리스를 로마의 정신 세계와 도야의 원천으로 묘사하고 있기 때문이다. 따라서 페트라르카 등 초기 인본주의자들에게 고대 그리스는 큰 관심의 대상으로 등장하였다.

그러나 그들에게 고대 그리스를 알 수 있는 가능성은 차단되어 있었다. 당시의 동방교회 및 비잔틴 문화와 교류할 수 있고 그리스 문헌을 접할 수는 있었으나, 그것을 읽을 수가 없었기 때문이다. 따라서 인본주의자들이 가장 먼저 시도한 일은 번역이었다. 번역된 그리스 문헌을 통하여 이탈리아 인본주의자들은 고대 그리스의 휘황찬란한 정신 세계와 만날 수 있었다.

고대 그리스 문화와 본격적으로 접하게 된 것은, 1453년 콘스탄티노플이 오스만튀르크에 의해 함락되고, 그리스 학자들이 대거 이탈리아로 건너오면서부터였다. 그러나 사실상 그 사건보다 1세기 이전부터 그리스와의 접촉은 시작되었다. 페트라르카는 보카치오와 함께 그리스인 필라토(Leonzio Pilato)를 피렌체로 초청하였다. 필라토는 1360~1362년까지 보카치오 집에 머물면서 호머의 『일리아스』와 『오디세이』를 번역하였으나, 필라토의 라틴어 실력이 짧아 큰 역할을 하지는 못하였다.

그리스인으로서 인본주의 연구에 크게 기여한 인물은 크리솔로라스(Manuel Chrysoloras, 1350~1415)였다. 그는 비잔틴 황제 마누엘 2세에 의하여 정치적 원조와 교회의 통일을 목적으로 수많은 사절단과 함께 이탈리아로 건너왔다. 그는 피렌체 수상 살루타티의 초청으로 1397년 피렌체의 그리스어 교사로 부름을 받고 피렌체에서 플라톤의 『국가론』 또는 『폴리테이아(Politeia)』를 라틴어로 번역하고, 이탈리아에서 발행된 최초의 그리스어 문법책인 『에로테마타(Erotemata)』를 발간하게 된다. 크리솔로라스는 이후 피렌체에서 큰 영향력을 행사하며 그리스 문헌을 소개하는 역할을 한다. 인본주의자 베르게리우스, 구아리노, 브루니 등이 그의 제자들이었다. 브루니는 그의 영향을 다음과 같이 표현하였다.

> 7세기 이후 이탈리아에서는 아무도 그리스 문헌을 아는 사람이 없었다. 그러나 오늘 우리는 모든 학문이 그리스에서 시작하였다는 사실을 알고 있다. ……크리솔로라스는 나에게 배움의 열정을 제공해 준 사람이다. 나는 그의 가르침을 낮에는 늘 깨어 있는 정신으로 받아들였고, 잠자리에서도 그의 가르침이 머릿속에 맴돌았다.[13]

몇 십 년 후 또 한 명의 그리스 학자가 피렌체에 당도하였는데,

---

13) Ernesto Grassi, *Verteidigung des individuellen Lebens: Studia humanitatis as philosophische Überlieferung*, Bern, 1946, 24-25.

그가 필렐포(Francesco Filelfo, 1398~1481)다. 그는 젊은 시절 7년 동안 그리스에 머물렀는데, 1429년 피렌체로 돌아올 때 수많은 그리스 문헌을 가지고 왔다. 포이그트(Voigt)는 그를 유창한 그리스어 실력을 갖춘 인물로서 오랫동안 그를 능가할 사람이 없었다고 평가하였다.[14]

크리솔로라스를 통하여 시작된 플라톤에 대한 관심은 곧 많은 인본주의자들로 하여금 플라톤의 저작에 몰두하게 하였다. 그리하여 플라톤의 저작들이 속속 번역되었고, 1463년에는 파도바 대학에 그리스어 전담 교수 자리가 마련되었다. 이탈리아에서 플라톤의 영향은 그리스인 게미스토스(Georgios Gemistos, 1355~1452)에 의하여 더욱 강화되었다. 그는 교황 오이겐 4세의 초청으로 수많은 사절단과 함께 1435년 베니스에 도착하여 여러 해를 이탈리아에 머물렀다. 플라톤주의자였던 게미스토스는 스스로를 '플레톤(Plethon)'으로 불렀다. 그는 그리스에서 인본주의자와 비슷한 역할을 담당하여 플라톤의 사상을 기초로 동방교회를 개혁하는 데 노력을 기울였다. 이탈리아에 온 후 플레톤은 초기 이탈리아 인본주의자들에게 큰 영향을 미쳤다. 당시 피렌체의 실제적인 군주였던 코시모(Cosimo di Medici)를 감동시키기도 하였다.

콘스탄티노플이 함락되면서 그리스는 몰락하였다. 그러나 그리스의 학자들이 이탈리아로 건너오면서 고대 그리스 정신 세계는 인본주의자들에게 계승되었다. 이후 인본주의자들은 고대 로

---

14) Georg Voigt, *Die Wiederbelebung des classischen Alterthums oder das erste Jahrhundert des Humanismus,* Bd. 1, Berlin, ⁴1960, 366.

마의 키케로에게 관심을 기울인 것처럼 그리스의 플라톤에게도
열광하게 되었다.

인본주의자들에 의하여 그리스 문화와 그리스 언어가 계승되
었으며, 이후 그리스어는 유럽의 핵심 교육 프로그램에 포함되
었다. 16세기 유럽에서는 그리스어가 김나지움과 대학의 필수
교육과정이 되었다. 비록, 라틴어만큼 큰 비중을 차지하지는 않
더라도 그리스어는 학자층에 널리 퍼지게 되었다. 그리스어와
함께 유럽 교육의 영역은 확대되고 풍부해졌다. 그리고 고전이
란 개념도 고대 로마와 더불어 고대 그리스의 문헌이란 의미로
확대되었다.

3) 보통어(모국어)

인본주의자들은 인본주의 이념이 대중화되는 것에 관심을 갖
고 있었기 때문에, 인본주의 교육이 모든 국민을 대상으로 실시
되어야 함을 강조하였다. 이를 위하여 그들은 라틴어 고전을 대
중의 언어인 모국어로 번역하기도 하였다. 고대의 위대한 정신
적 · 교육적 유산을 대중 언어에 담아 대중을 계몽하는 데 힘쓰
고자 한 것이다.

북과 피스터(Buck & Pfister)는 이렇게 대중이 참여한 인본주의
를 '속세적 인본주의(Vulgär Humanismus)' 라고 칭하였다.[15] 속세
적 인본주의는 낮은 계층의 저속한 인본주의를 뜻하는 것이 아
니다. 인본주의가 고전어를 매체로 그리스와 로마의 문화적 유산

---

15) August Buck, Max Pfister, *Studien zur Prosa des Florentiner Vulgärhumanismus im 15. Jahrhundert*, München, 1973.

을 회복하여 유럽의 식자층 문화를 형성하는 것에 주안점을 두
었다면, 속세적 인본주의는 모국어(대중어)를 매체로 민족문화를
형성한다는 의미를 지니고 있었다. 바꿔 말하면, 인본주의는 일
차적으로 고전어를 매체로 고대의 정신적 유산을 전승하면서 유
럽의 문화를 쇄신하고 새로운 문화를 창조한다는 의미를 지니고
있었으나, 동시에 속세적 대중 언어를 강조함으로써 유럽 각 지
역 민족 공동체의 언어, 역사, 문화, 사고를 존중함으로써 민족
적 동일성을 형성하는 데에도 큰 영향을 미쳤다. 한편으로 라틴
어를 공용어로 하면서, 다른 한편으로는 지역별로 상이한 대중
언어인 프랑스어, 이탈리아어, 스페인어, 독일어 등을 강조하여
민족적 동일성을 확보하는 기초가 형성된 것이다.

특히, 초기 인본주의가 이탈리아에서 시작된 만큼 일반 대중
이 사용하였던 이탈리아어에 관심이 집중되었다. 초기 인본주의
자들의 이탈리아어에 대한 관심 역시 크게 두 가지 요인이 작용
하였다. 하나는 인본주의를 일반 대중에게도 확산시키기 위한
것이고, 다른 하나는 보다 정치적인 동기로서 '이탈리아'라는
정치적 동일성, 고대 로마의 후계자로서 이탈리아의 우수성을
드러내기 위한 것이었다.

이탈리아의 방언 가운데 특히 피렌체가 속해 있는 '토스카나
언어(Lingua Toscana)'는 인본주의자들의 가장 큰 관심 대상이
되었다. 수많은 초기 인본주의자들이 피렌체에서 활동하였기 때
문에 대중 언어로서 토스카나 언어는 그 중요성이 부각될 수밖
에 없었으며, 토스카나 언어는 이탈리아어를 대표하였다.[16]

---

16) Ibid., 171.

토스카나 언어를 이탈리아의 대표 언어로 만드는 데에는 초기 인본주의 3대 문학가가 앞장을 섰다. 단테(Dante)는 그의 저술 『대중문학(De vulgari eloquentia)』에서 대중 언어가 라틴어보다 중요한 이유를 세 가지로 제시하였다.

이 두 가지 언어 가운데 대중 언어가 더 중요하다. 첫 번째 이유는 대중 언어는 인류가 사용하였던 첫 번째 형태의 언어고, 두 번째 이 유는 모든 세계가 그 단어와 발음은 다르다 할지라도 대중 언어를 사 용하고 있기 때문이고, 세 번째 이유는 라틴어가 보다 인위적이라고 한다면 대중 언어는 자연적이기 때문이다.[17]

단테는 실제로 자신의 시를 통하여 토스카나 언어를 전체 이 탈리아의 보통어가 되도록 노력하였다. 단테를 이어 페트라르카 역시 자신의 시집 『칸초니에레(Canzoniere)』를 대중 언어로 집필 하여 큰 영향을 미쳤다.[18] 마지막으로, 보카치오는 자신의 작품 을 대중 언어로 집필하여 명성을 얻은 경우다. 이 때문에 후이 징가(Huizinga)는 이탈리아에서 '인본주의 형태는 자연스럽게 시 민들의 삶에 침투할 수 있었다.'고 평가하였다.[19]
토스카나 언어가 이탈리아를 대표하는 대중 언어로 자리매김 한 데에는 또 다른 요인도 있었다. 14~15세기 피렌체는 경제적 으로 매우 부유한 도시였다. 무역과 상업과 금융업으로 부를 창

---

17) Alighieri Dante, *Literature in the Vernacular*, Translated by S. Purcell, Manchester, 1981, 15.
18) Francesco Petrarca, *Canzoniere*, Translated by Marb Musa, Bloomington & Indianapolis, 1996.
19) Johan Huizinga, *Herbst des Mittelalters*, München, ²1928, 475.

출한 시민계급이 중심적 역할을 하면서, '상인 문화(Kultur der Geschäftsleute)' [20]를 형성하였다. 그러면서 토스카나 언어는 상업과 무역 등 경제 활동에서 중요한 역할을 담당하게 되었고, 이탈리아의 다른 도시에서도 통용되었다. 특히, 당시 피렌체를 지배하는 메디치 가문은 문화 예술과 인본주의 교육 활동을 적극 지원하여 피렌체를 고대 로마의 후계자로 인정받게 하고, 토스카나 언어가 이탈리아의 공용어로 통용되게 하는 데 크게 기여하였다. 인본주의자 살루타티의 뒤를 이어 1427년부터 1444년까지 피렌체 수상직을 맡았던 브루니(Leonardo Bruni)는 대중 언어로 단테와 페트라르카의 전기를 저술하였다. 또한 그리스 출신의 학자 필렐포(Francesco Filelfo)는 1429년부터 1434년까지 피렌체에 머물면서 키케로의 편지들을 토스카나 언어로 번역하였는데, 이것은 '속세적 인본주의'의 대표작으로 꼽힌다. [21] 알베르티(Leon Battista Alberti)는 15세기 중엽에 당시 큰 영향을 미쳤던 교육 저술인 『가족에 대하여(Della famiglia)』를 보통어인 토스카나 언어로 번역하였다. [22] 로렌조(Lorenzo di Medici)는 단테, 페트라르카, 보카치오를 사례로 들면서 고전적 라틴어와 함께 이탈리아어를 동일하게 중요한 언어로 강조하였다. 그는 세계 각 대중 언어의 상이한 성격을 인정하면서, 3대 문학가가 이룩한 것처럼 이탈리아어를 문학적 · 시적으로 아름다운 언어로 유

---

20) Paul Oskar Kristeller, *Humanismus und Renaissance II: Philosophie, Bildung und Kunst.* Hrsg. v. Eckhard Keßler, München, 1976, 139.
21) Günther Böhme, *op. cit.*, 156.
22) Leon Battista Alberti, *Della Famiglia*, Translated by G. A. Guarino, Lewisburg, 1971.

지하고 발전시킬 것을 과제로 제시하였고, 급기야는 1540년에 '모든 학문을 토스카나 언어로 번역하는 것'을 목적으로 하는 피렌체 아카데미가 설립되기도 하였다.[23]

대중 언어가 인본주의 교육 프로그램에 포함되면서 그 영향은 막대하였다. 이제 교육은 보편적이 될 수 있는 기틀을 마련하게 되어 모든 사람을 위한 교육이 가능하게 된 것이다. 특히, 상업과 무역으로 부를 창출하게 된 새로운 시민계급은, 그들의 문화와 부를 전승하기 위해 교육의 도움을 필요로 하였다. 그래서 당시 대부분의 그리스 문헌과 라틴어 문헌이 이탈리아어로 번역되었다. 수많은 교육적 저술도 대중 언어로 번역되어 다양한 시민 계층에 보급되었다. 교육과 교육학은 이제 인본주의자들과 당시 시민들의 삶의 중심이 되었다. 모든 사람을 위한 인본주의, 고대의 발견과 대중에의 전달, 민족적 자의식의 획득과 전달, 도래하는 시민 사회에서의 새로운 삶에 대한 준비, 도덕적·인간적 완성을 향한 열망, 이 모든 것이 교육의 도움을 필요로 하였다. 대중 언어에 대한 관심은 곧 교육에 대한 관심과 기대로 이어졌다. 이렇게 볼 때, 인본주의자들은 지식인이나 귀족들만을 대상으로 하는 교육이 아니라, 모든 사람을 위한 교육, 즉 일반 교육사상에 지대한 영향을 미쳤다고 볼 수 있다.

---

23) Paul Oskar Kristeller, *Humanismus und Renaissance II: Philosophie, Bildung und Kunst.* Hrsg. v. Eckhard Keßler, München, 1976, 145.

4. 인본주의 시대 이탈리아의 대학

오늘날과 같은 형태의 대학은 중세 말기에 탄생하였다. 12세기 말과 13세기 초에 최초의 대학이 탄생하였다. 볼로냐, 파리, 살레르노, 옥스퍼드 대학 등이 최초의 대학들이다.

이와 같은 중세의 대학들은 두 가지 성격을 지니고 있었다. 첫째, 중세 대학은 수공업조합과 같은 형태, 즉 교수와 학생의 조합과 같은 형태로 만들어졌다. 둘째, 중세 대학은 고등교육 분야의 직업전문 교육기관으로 철학, 신학, 의학, 법학 분야에서 전문가를 양성하는 것을 목적으로 만들어졌다.

파리나 옥스퍼드 등 북부 유럽과는 달리 볼로냐 대학과 같은 이탈리아의 대학은 학생조합으로 출발하였다. 학생들이 교수와 학교 직원(총장 포함)을 선발하고 일을 맡겼다. 후에 교수들이 교수연합회를 형성하면서 학생조합은 점차 그 영향력이 감소하게 되었다. 이탈리아 대학은 황제와 교황으로부터 특권을 부여받았다. 대학을 자율적으로 운영하는 것뿐만 아니라 대학 내에서 사법적 자치권도 인정받았다. 파리 대학은 철학부, 의학부, 법학부, 신학부 등 네 개의 전공이 핵심 교육과정을 이루었으나, 이탈리아 대학은 크게 법학부과 교양학부 두 가지로 구분되었다. 교양학부에는 법학 외의 모든 전공이 포함되었다.[24]

르네상스와 인본주의는 이탈리아 대학에도 영향을 미쳤다. 특히, 교육 프로그램에 변화를 가져다주었다. 14세기 말경 시학,

---

24) Ibid., 215.

라틴어 고전, 그리스어와 그리스 문학이 새로운 교육과정으로 포함되었으며, 동시에 논리학과 자연철학이 교양학부 교육과정에서 확고한 위치를 차지하게 되었다.

초기 이탈리아 인본주의가 정점을 이루었던 15세기에는 시학, 수사학, 그리스어, 도덕철학이 교양학부의 주요 교육과정에 포함되었고, 이 교양과정을 통칭하여 '스투디아 후마니타티스'라고 불렀다.[25] 그리고 15세기 말에는 교양학문을 가르치는 교수를 인본주의자란 의미의 '후마니스트(Humanist)'라고 불렀다.

이렇게 하여 15세기 말에 이탈리아의 대학은 인본주의의 영향을 받아 변화를 맞게 된다. 이탈리아 대학은 한편으로 중세적 전통을 그대로 유지하면서 스콜라 철학의 전통을 이어갔으며, 다른 한편으로는 르네상스와 인본주의의 영향 아래 교육 프로그램이 변화를 맞게 된다. 즉, 아리스토텔레스의 영향 아래 스콜라 철학이 영향을 계속 미치면서, 동시에 문법, 수사학, 시학, 도덕철학, 고대 로마와 그리스 문헌 등 인본주의의 핵심 교육 프로그램이 대학의 주요 교육과정에 포함되게 된다.[26]

---

25) Ibid., 219.
26) Ibid., 221.

제 **3**장

후기 유럽 인본주의 교육사상

유럽의 인본주의 교육은 이탈리아 인본주의의 영향을 받으며 성장하였다. 이탈리아 인본주의자들의 사상은 동유럽부터 시작하여 네덜란드, 스페인, 프랑스, 영국, 독일 등 전 유럽에 퍼져 나갔다.

유럽의 인본주의는 정치사회적으로 큰 변혁기에 전개되었다. 특히, 종교개혁에 사상적 기반을 제공하면서, 유럽이 인간이 중심이 되는 기독교 사회로 발전하는 데 큰 영향을 미쳤다. 이러한 점은 유럽의 인본주의가 기독교적 인본주의로 자리매김하는 데 기여하게 된다.

유럽의 인본주의자들 역시 한결같이 교육과 도야를 중시하였고, 기독교적 인본주의 교육, 언어 교육과 인간 교육을 핵심 과제로 강조하였다.

유럽 인본주의의 성격

1. 시대적 배경

1) 정신사적 배경

앞에서 살펴보았듯이 인본주의는 이탈리아에서 시작하였으며, 페트라르카는 인본주의를 개척한 인물이다. 비토리노가 베로나에 세운 학교와 구아리노가 페라라에 세운 학교는 인본주의 학자들을 배출하는 양성소가 되었고 피렌체에 세워진 피치노의 '플라톤 아카데미'는 이탈리아 지성 세계의 핵심 장소가 되었다. 유럽의 수많은 지식인들은 이탈리아에 와서 인본주의를 배우고 돌아갔다.

이렇게 하여 이탈리아는 유럽의 지식인 양성소가 되었고, 페트라르카, 비토리노, 구아리노, 피치노, 피코 등 이탈리아 인본주의자들은 유럽 지식인들의 교사가 되었다.

초기 이탈리아 인본주의가 유럽으로 확대된 데에는 여러 경로가 있었다.[1] 먼저 앞에서 언급한 바와 같이, 이탈리아는 이미 고대부터 유럽 역사와 문화의 중심지였기 때문에 수많은 사람들이 이탈리아를 여행하거나 방문하였는데, 이들은 이탈리아를 여행하면서 역사와 문화만 접한 것이 아니라, 교육적 경험도 하였다. 이탈리아 여행은 역사 관광이요, 문화 관광이요, 동시에 교육 및 도야 관광이었다. 이 가운데 특히 주목을 끄는 그룹은 대학생들이었다. 당시 이탈리아는 유럽 학문의 중심지였고, 그 가운데 의학 분야의 파도바 대학, 법학 분야의 볼로냐 대학은 최고의 명성을 유지하고 있었다. 따라서 많은 유럽의 학생들이 이탈리아에 유학하면서, 자연스럽게 인본주의를 접하게 되었다.

인본주의가 유럽으로 확대되는 데 이바지한 또 다른 주요 경로는 서신 교환이었다. 페트라르카, 피치노 등 인본주의자들은 유럽의 학자 및 지도층과 활발하게 서신을 교환하였다. 그러한 서신을 통해 고대 그리스와 고대 로마의 학문적 전통, 고대 언어의 중요성을 비롯하여 인본주의의 핵심 정신이 전파되었다. 이 외에도 수기 또는 인쇄된 저술 역시 인본주의를 전파하는 데 중요한 영향을 미쳤다.

이 가운데 주목을 끄는 것은 당시에 개최된 가톨릭 공의회다. 1414년 콘스탄츠에서 시작하여 바젤, 피렌체, 로마, 1563년 트리엔트에 이르기까지 종교개혁을 전후하여 일련의 중요한 공의회가 개최되었다. 이 공의회에 유럽 각지의 사상가들과 기독교학

---

1) 이탈리아 인본주의가 유럽 인본주의에 미친 영향과 과정에 대해서는 Kristeller가 상세하게 정리하고 있다. 참조 Paul Oskar Kristeller, "The European Diffusion of Italian Humanism", Paul Oskar Kristeller, *Renaissance Thoughts II*, New York, 1965, 69-88.

자들이 집합하였고, 서로 사상을 교환하게 되었다. 흥미로운 것은 이 공의회가 개최된 도시들이 대부분 인본주의가 활발한 도시였다는 점이다. 인본주의가 가톨릭교회 지도자들에게 영향을 미쳤음을 확인할 수 있는 대목이다.

　인본주의는 이제 유럽으로 확대되어, 행정 관청과 교회 관청의 행정 관료들에게 새로운 정신 세계를 접하도록 영향을 미쳤다. 인본주의는 유럽의 대학을 개조하였고 새로운 형태의 학교를 만들었으며, 유럽 지식인들의 사고방식을 변화시켰다.

　유럽인들에게 인본주의는 먼저 '인간의 발견'을 의미하였다. 기독교 신앙의 자명성을 문제 삼지 않으면서도 인간을 중세 신학과 철학의 도그마에서 벗어나게 하였고, 중세 교회의 절대적 권위에 의문을 제기하도록 이끌었다. 인간이 자신의 정신적 능력을 재발견하고, 그것을 실현할 수 있는 사상적 기초를 제공하였다. 또한 인본주의는 '학문의 발견'을 의미하였다. 인간이 자기 자신의 이성을 기초로 탐구 활동을 자유롭게 할 수 있도록 사상적 기초를 제공하였다. 더 나아가 인본주의는 '고대 언어의 발견'을 의미하였다. 고대 그리스와 고대 로마의 모범을 배우기 위하여 언어 연구와 언어 교육이 활발히 전개되었다. 마지막으로 인본주의는 '교육과 도야의 발견'을 의미하였다. 교육과 도야를 통한 인간성과 도덕성의 완성을 추구하는 것은 유럽 인본주의자들의 삶의 이상이 되었다. 이탈리아 인본주의가 이탈리아를 암흑의 세계에서 빛의 세계로 바꾼 것처럼, 유럽 인본주의 역시 언어 교육과 역사 교육과 도덕 교육을 통하여 유럽을 빛의 세계로 바꾸어 나가기를 인본주의자들은 기대하였다.

2) 정치사회적 배경

이탈리아 인본주의는 페트라르카가 활동한 14세기 초반부터 메디치 가문이 피렌체에서 추방당하고 로렌조(Lorenzo di Medici)가 죽은 해인 1492년까지 약 200년 동안 전개되었다고 볼 수 있다. 이탈리아 인본주의는 이미 초기부터 유럽의 인본주의자들에게 영향을 미치기 시작하였다. 그러나 유럽 인본주의가 본격적으로 전개된 시기는 대략 1470년대부터 에라스무스가 죽은 해인 1536년까지라고 할 수 있다.[2] 에라스무스가 숨진 16세기 중엽 유럽은 종교전쟁과 교회 분열, 정치적 대립에 휩싸여 인본주의 정신은 더 이상 영향을 미칠 수 없는 상황이 되었다.

유럽의 인본주의는 큰 변혁기에 전개되었다고 할 수 있다. 15세기 말은 유럽의 각 지역에서 정치적 투쟁이 극심해지고, 황제 중심의 우주 국가에서 민족 국가로 분열되는 시기였다. 또한 종교적으로 15세기 말은 가톨릭교회에 대한 개혁이 급격히 요구되던 시기였다. 교회개혁에 대한 요구는 1517년 루터의 종교개혁으로 본격화되었다.

정치사회적으로 보았을 때, 1492년은 서구의 역사에서, 그리고 인본주의와 관련해서도 의미 있는 해다. 1492년은 서구의 역사에서 하나의 전환점과 같은 해라고 할 수 있는데, 이 해에 콜럼버스는 아메리카 대륙을 발견하게 된다. 이것은 새로운 세계의 발견이요, 자연과학, 특히 지리학의 발달을 예고하는 사건이요, 지구와 인간 세계에 대한 새로운 세계관과 우주관을 갖게

---

2) Günther Böhme, *Bildungsgeschichte des europäischen Humanismus*, Darmstadt, 1986, 7.

하는 사건이었다. 그것은 무엇보다 인간의 무한한 가능성을 알
리는 사건이요, 종국적으로 인간이 지구의 중심이요, 세계의 주
인이라는 의식을 갖게 하는 사건이었다. 때문에 많은 역사학자
들은 1492년을 중세를 마감하고 근세가 시작되는 해로 규정하
고 있다. 이제 인간 중심의 새로운 세계가 도래한 것이며, 유럽
에 인본주의 정신이 만개할 수 있는 여건이 조성된 것이다.

1492년은 피렌체 인본주의의 후견인인 로렌조(Lorenzo di
Medici)가 추방되고 죽음을 맞이한 해이기도 하다. 찬란했던 피
렌체의 문명과 인본주의 문화가 박해를 받기 시작한 것이다. 인
본주의 수호자인 메디치 가문의 추방과 죽음은 인본주의의 중심
이 이제 이탈리아에서 유럽으로 옮겨지는 상징적 사건이 되었
다. 더불어 이탈리아 인본주의의 수호자였던 피코가 1494년에,
피치노는 1499년에 숨을 거두면서 찬란했던 이탈리아 인본주의
가 점차 그 영향력을 잃게 된다.

또한 1492년은 초기 유럽 인본주의의 중심 인물인 켈티스
(Conrad Celtis)가 잉골슈타트(Ingolstadt) 대학에 수사학과 시학 교
수로 초빙되는 해이기도 하다. 피렌체에서 인본주의를 공부하였
던 켈티스는 인본주의적 경험과 지식을 이제 알프스를 넘어 유
럽으로 가지고 와 인본주의의 전도자가 된다. 그러므로 1492년
은 꺼져 가던 이탈리아 인본주의의 빛을 유럽에서 다시 지피게
되는 의미 있는 해로 기록되고 있다.

3) 인본주의와 종교개혁

중세는 크게 황제 권력과 교회 권력이 절대 권력을 행사하던

시기였다. 이 두 권력은 때로는 연합하고 때로는 대립하며 유럽을 지배하였다. 중세 말기로 오면서 두 권력의 대립은 극심해져, 유럽 사회에 전쟁과 폭력과 박해를 가져왔다. 특히, 르네상스 시대로 접어들면서 영국과 프랑스 등 민족주의적 절대국가가 탄생하면서, 국가 간의 대립과 전쟁은 격화되었다.

이러한 가운데 가톨릭교회는 도그마에 사로잡혀 시대의 변화에 쫓아가지 못하고 있었다. 많은 사람이 종교적 쇄신을 요구하고 종교개혁운동을 전개하였으나, 가톨릭교회는 그러한 요구에 박해로 응답하였다. 그러다가 1517년 루터의 종교개혁이 시작되었다. 루터의 종교개혁은 이전의 종교개혁과는 달리 수많은 지지자를 얻게 된다. 그리하여 루터교라는 개신교가 탄생하고 종교개혁이 이루어진다.

루터의 종교개혁의 성공은 곧 가톨릭교회의 패배를 의미하였다. 종교쇄신운동을 시발점으로 종교계의 갈등과 대립은 드디어 최악의 분열로 종결되었다. 신교와 구교의 분열은 단지 교회만의 분열을 의미하지 않았다. 그것은 유럽 전체 국가의 분열을 가져왔다. 이제 교황은 모든 교회 위에 군림하는 독점적 절대권력을 상실하였으며, 영국 국가와 영국 교회도 잃게 되었다. 최종적으로는 북부 유럽을 중심으로 하는 개신교 국가들을 잃게 되는 참담한 결과였다. 요엘(Joël)은 당시의 교황에 대하여 '알렉산더 6세는 비도덕적이었고, 율리우스 2세는 호전적이었고, 레오 10세는 호위호식하고 자유분방하였다.'[3]고 표현하였다.

---

3) Karl Joël, *Wandlungen der Weltanschauung: Eine Philosophiegeschichte als Geschichtsphilosophie*, Bd. 1, Tübingen, 1928, 272.

  종교개혁이 성공한 유럽의 16세기는 해방의 세기였다. 모든 종교적 도그마의 속박에서 해방되어 자유로운 신앙 생활을 할 수 있는 가능성이 열렸으며, 그와 함께 정신의 해방이 가능해졌다. 교회의 권위와 지침에 의존하지 않고 누구나 자유롭게 정신 활동을 할 수 있게 되었다. 이런 점에서 종교개혁과 인본주의는 사상적 유사성을 갖고 있다. 종교개혁과 인본주의 모두 도그마에 빠진 교회, 스스로의 힘으로 쇄신할 능력을 상실한 교회, 교회지도자의 허위성, 비도덕성, 비정직성 등으로부터 인간을 해방시킬 것을 강조하였다는 점에서 그 유사성을 찾을 수 있다. 인본주의의 비판정신으로 무장한 종교개혁가들은 속박에서의 해방을 통하여 모든 인간은 이제 스스로의 노력으로 독자적으로 하나님 앞에 설 수 있으며, 하나님과 직접 교제할 수 있으며, 개인적인 신앙 체험을 할 수 있다고 주장하였다.

  에라스무스와 유럽의 인본주의자들은 이제 시대를 대표하는 대립하는 이념들 속에 놓이게 되었다. 가톨릭 신학자들과 종교개혁 신학자들, 말씀의 선포를 강조하는 신학자들과 개인의 영성에 기초한 신앙을 강조하는 기독교인 사이에 놓였다. 당시 대부분 가톨릭 신자였던 인본주의자들은 이러한 입장에서 의견을 달리하기도 하였다. 스페인의 비베스와 같이 가톨릭교회에 충실한 사람도 있었고, 독일의 멜란히톤과 같이 종교개혁의 입장에 적극 동조하는 인물도 있었다. 그러나 그들은 대체적으로 성경을 교회의 기준으로 삼고, 성경의 내용을 교인들에게 가르치고 전달하여 각 개인들이 신학의 가르침을 비판적으로 이해하는 것이 바람직하다는 데 의견의 일치를 보았다. 모든 인본주의자들은 분열된 교회가 화해하고 균형을 이룰 것을 강조하였다. 그리

고 인간 교육을 통하여 도그마에서 벗어나게 하고 주체적 인간
으로 키우는 것에 동의하였다.

이렇게 볼 때, 16세기는 개인주의 시대로 규정할 수 있다. '개
인'이 발견되고 '개인'의 주체성과 주관적 판단, 주체적 삶이
중요해진 시기였다. 모든 개인은 이제 스스로의 양심에 따라 하
나님과 세상 앞에서 독자적으로 판단하고 행동할 것을 요청받게
되었다. 영국의 대표적 인본주의자 모루스(Thomas Morus)는 시
대의 모순 속에서 이러한 요청에 부름받고 양심에 따라 죽음을
선택한 대표적 사례에 해당한다. 그러나 그러한 요청은 종교개
혁가들에게 새로운 과제를 부여하였다. 모든 개인이 그러한 요
청에 부응하도록 그들을 정신적으로 무장시켜야 하는 것이다.
종교적 도그마가 아니라, 스스로 하나님의 명령을 알고 그것을
기초로 종교적 판단을 할 수 있도록 돕는 것이다. 모든 사람이
죄와 오류와 불의에 빠지지 않고 자유롭고도 책임 있게 판단하
고 행동하도록 돕는 것이다. 그것을 위해서 교육이 중시되었다.
인본주의가 탄생시킨 '개인'은 교육을 통하여 종교적 주체자로
서의 '개인'으로 변화될 수 있었기 때문이다.

중세 이후 인본주의와 종교개혁은 유럽의 정신 세계를 결정하
는 시대정신이었다. 인본주의와 종교개혁은 직접적인 관련성은
없다. 인본주의자들은 인본주의와 기독교를 통합하여 인간 중심
적인 새로운 가치관과 새로운 세계를 건설하기를 희망하였을
뿐, 새로운 종교 공동체를 만들려고 한 것은 아니었다.[4] 때문에

---

4) August Buck, "Christlicher Humanismus in Italien", *Renaissance-
Reformation. Gegensätze und Gemeinsamkeiten*, Hrsg. v. August Buck,
Wiesbaden, 1984, 24.

인본주의자 대부분은 가톨릭 신앙을 포기하지 않았다.

그러나 인본주의와 종교개혁은 공유하고 있는 점도 있었다. 먼저, 인본주의가 종교개혁 자체에는 직접적인 영향을 미치지 않았지만, 종교개혁의 정신적 기반이 되었다는 점이다. 종교개혁은 르네상스운동의 영향을 받아 나타난 첫 번째 결실이었다. 르네상스 정신을 이어받은 종교개혁은 인간의 독자성과 자율성을 강조하며, 전통과 중세적 질서에서 인간을 해방시키는 움직임을 강화하였다. 오직 믿음(sola fide), 오직 은총(sola gratia), 오직 말씀(sola scriptura)으로 확인되는 종교개혁적인 특징은 신과 인간의 개인적이고 직접적인 관계와 내면적인 신앙만이 종교적 삶의 바탕이 된다는 점을 강조하며, 개인의 체험과 양심과 이성적 판단과 종교적 책임을 중요시하였다. 이에 따라 제도적 교회의 전통과 권위는 더 이상 힘을 발휘할 수 없게 되었다.

이렇게 볼 때 종교개혁은 '인간의 발견'이란 르네상스의 일반적 성격을 이어받아 '종교적 주체로서의 인간의 발견'이란 성격으로 승화시켰고, 인간이 중심이 되는 기독교 사회로 이행되는 데 큰 역할을 담당하였다.

다음으로 이 둘은 중세 스콜라 철학에 대한 비판에서 공통점을 갖고 있었다. 인본주의자들은 당시 가톨릭교회의 사상적 지주였던 스콜라 철학을 비판하였다. 그리고 당시 가톨릭교회의 도그마와 부패에 대하여 비판하고 개혁을 요구하였다. 종교개혁가 루터 역시 인본주의자들과 마찬가지로 가톨릭교회의 사상적 지주였던 스콜라 철학을 혹독히 비판하였다.[5]

---

5) Bengt Hägglund, "Die Frage der Willensfreiheit in der Auseinandersetzung

마지막으로, '근원으로 돌아가자(ad fontes)!'라는 주장에서 인
본주의와 종교개혁은 공통점을 지니고 있었다. 인본주의자들은
고대 그리스와 고대 로마에서 사상적 원천을 찾고 그것을 연구
하고 새로운 사상과 새로운 세계를 만들어 가려고 하였다. 종교
개혁가인 루터 역시 오염되지 않은 순수한 기독교 사상의 원천,
즉 성서로 돌아갈 것을 강조하였다. 그리고 최초로 성서가 기록
되었던 원전을 접할 것을 강조하였고, 이를 위하여 고대 언어(히
브리어, 그리스어, 라틴어)를 배울 것을 강조하였다.

역설적인 것은 종교개혁이 일차적으로 종교의 개혁임에도 불
구하고 결과적으로 세속적 삶에 대한 관심을 불러일으켰고, 세
속화 과정을 촉진시켰으며, 생활과 의식의 개혁에 큰 영향을 미
쳤다는 점이다. 종교개혁의 본 고장인 독일에서는 사실 르네상
스나 인본주의보다 종교개혁이 사람들의 삶에 더 큰 영향을 미
쳤다. 국민의 삶과 문화, 언어, 학문, 그리고 교육에까지 국민의
전체 삶의 영역에 침투해 그것을 변화시켰다. 모든 국민이 종교
적인 영역에서뿐만 아니라 일상적인 삶의 영역에서도 주체적으
로 참여하고 활동하도록 이끌었다. 즉, 종교개혁은 유럽에 개신
교회의 탄생을 가져온 것뿐만 아니라 정치, 사회, 문화, 사상, 교
육 전반에 걸친 개혁을 함께 수반하였다. 때문에 종교개혁은 당
시의 르네상스, 인본주의 문화운동과 나란히 중세의 종말과 근
세의 시작을 가져온 역사적 운동으로 평가되고 있다.

종교개혁가들의 세속적 삶에 대한 관심은 그들의 신학적 논리

zwischen Erasmus und Luther", *Renaissance-Reformation. Gegensätze und
Gemeinsamkeiten*, Hrsg. v. August Buck, Wiesbaden, 1984, 181.

가 뒷받침하였다. 그들은 세계의 구원이 단지 교회 내의 영의 세계의 구원만을 의미하는 것이 아니며, 속세의 구원도 중요하다고 보았다. 그리고 속세의 구원은 이 세상에서 이루어져야 한다고 보았다. 기독교인들이 속세에서 여러 직업에 종사하며 그곳의 구원을 위해 힘써야 한다고 보았던 것이다. 르네상스운동이 시민 계층의 일부 정신적 엘리트들에 의해 주도되었다면, 종교개혁은 모든 대중이 관련되고 참여하였다는 점에서 정신사적이고 교육사적으로 차지하는 의미가 과소평가되어서는 안 된다.

2. 유럽 인본주의의 성격

이탈리아 인본주의의 영향을 받은 유럽의 인본주의는 '인간의 발견', '언어의 발견', '학문의 발견', '교육과 도야의 발견'이라는 점에서 이탈리아 인본주의와 유사하다. 그러나 유럽 인본주의는 15세기 후반의 정치사회적 배경과 함께 고유한 특징을 갖는다. 특히, 16세기 내내 전개된 종교개혁과 반종교개혁 간의 투쟁 사이에서 정신적인 힘으로 작용하게 된다.

언어와 교육의 쇄신을 통하여 인간과 세계의 개선을 도모하고자 한 유럽의 인본주의는 자연스럽게 종교개혁운동에 영향을 미치게 된다. 유럽 인본주의는 초기 이탈리아 인본주의보다 더욱더 철저한 기독교적 인본주의(Christlicher Humanismus)였다. 유럽의 인본주의자들은 스스로를 기독교인으로 고백하였고, 교회 간의 투쟁에서 자신들의 목소리를 적극적으로 표현하려고 하였다. 특히, 그들은 교회를 인본주의 정신으로 쇄신하려고 노력하였다. 츠빙글리, 칼뱅은 인본주의와 뗄 수 없는 종교개혁가들이다.
루터는 인본주의자로 보기는 어려우나 인본주의자인 멜란히톤
의 영향을 많이 받았다. 유럽 인본주의자들에게 인본주의적 쇄
신은 곧 기독교 세계의 쇄신을 의미하였다.

유럽 인본주의자들 역시 고대를 중요시하였다. 고전어와 고대
문예 작품을 읽는 것은 인본주의의 본질이었다. 고대 그리스와
고대 로마 사상가들의 사고와 지식을 배움으로써 인본주의 사상
의 재생을 도모하였다. 특징적인 것은 유럽 인본주의자들이 고
대를 단순히 모방하기보다는 자신들의 관점과 필요에 의해 고전
을 재해석하고 재구성하려고 노력하였다는 점이다.

유럽 인본주의자들은 '인간'에 대하여 깊은 관심을 기울였다.
피치노와 피코의 영향 아래 그들은 인간의 가치와 존엄성을 강
조하고, 신과의 관계, 세계와의 관계 정립을 새롭게 하려고 시도
하였다. 인간은 그가 소유하고 있는 정신 덕분에 고귀한 위치에
있다는 점을 강조하고자 하였다.

뵈메(G. Böhme)는 유럽 인본주의의 성격을 크게 세 가지로 정
리하고 있다.[6] 첫째, 유럽 인본주의는 무엇보다 도야운동에 초
점을 맞추었다. 초기 이탈리아 인본주의에서도 교육과 도야가
중요한 의미를 차지하였지만, 유럽 인본주의에서는 그 중요성이
훨씬 강조되었다. 유럽의 인본주의는 인간의 교육과 도야를 통
하여 인본주의를 확산하려고 노력하였다. 교육을 통하여 인간을
계몽시키고, 지식을 매개하여 정신을 각성시키고, 인간을 주체
적 존재로 성장·발달시키는 데 큰 관심을 가졌다. 인본주의가

---

6) Günther Böhme, *op. cit.*, 23-35.

이탈리아에서 시작하여 유럽에 이르기까지 약 3세기 동안 서구 정신 세계에 큰 영향을 미친 데에는 인본주의가 교육운동이었다는 점이 큰 기여를 하였다. 교육은 시대를 초월한 인류의 기본적인 관심사요, 삶의 필수 조건으로 인식되었기 때문이다.

  인본주의 교육을 위하여 우선 언어가 중시되었다. 언어, 특히 고대 언어는 인간 공동체와 인간 교육에서 필수적인 매체로 인정되었다. 언어 교육을 통하여 얻은 지식과 지혜는 인간적이고 도덕적인 생활을 영위하는 기초가 되었다. 그러므로 유럽 인본주의자들 역시 인간의 도덕성을 강조하였다. 즉, 언어(시 또는 수사학) 연구와 언어 교육을 도덕 교육의 매체로 인식한 것이다. 이렇게 볼 때, 유럽 인본주의자들에게 인간은 언어적 존재인 동시에 도덕적 존재였다. 그들은 인간의 언어를 의사를 전달하고, 자기를 계발하고, 세계를 올바로 이해하게 하는, 결과적으로 도덕적인 존재가 되는 중요한 매체로 인식하였다.

  둘째, 유럽 인본주의는 정치사회적인 성격을 지니고 있었다. 중세에는 크게 세 가지 권력, 즉 교회 권력(sacerdotium), 세속 권력(imperium), 학문 권력(studium)이 존재하였다. 학문 권력은 중세 후기에 새롭게 형성된 권력이다. 첫 번째 권력은 교회와 교황청이, 두 번째 권력은 황제와 행정기관이, 세 번째 권력은 대학이 소유하고 있었다. 유럽 인본주의는 이 세 가지 권력에서 자신의 영향력을 점차 확대하여 나갔다. 인본주의는 먼저 각 사회 영역의 지식인층에게 영향을 미쳤다. 지식인들은 학문과 교육의 중요성을 알고 있었고, 따라서 인본주의 정신에 쉽게 동화될 수 있었다. 다음으로 세속 권력에 그 영향력을 행사하였다. 유럽 각지의 세속적 권력을 뒷받침하고 있는 주요 관직자, 예를 들어

행정 관료와 외교관 등의 지식인들이 우선적으로 인본주의의 영향을 받게 되었다. 그 다음으로 교회 관청의 성직자 역시 점차적으로 인본주의의 영향을 받게 되었다. 마지막으로 중세 대학 역시 당시 스콜라 철학이 지배하고 있었으나, 점차적으로 인본주의라는 새로운 흐름에 영향을 받게 되었다. 이렇게 하여 중세의 3대 지배 권력이 점차 인본주의의 영향을 받게 되고, 그 결과 종교와 세속적 영역에서의 개혁운동이 일어나게 되고, 대학역시 인본주의의 영향 아래 개혁을 맞게 되었다. 특히, 인본주의의 개혁적 정신은 당시 개혁의 필요성을 느끼던 많은 지식인들의 공감을 불러왔다. 교회 권력에 대한 인본주의의 비판은 종교개혁의 불을 지피는 기초가 된 것이다.

셋째, 유럽 인본주의는 사회문화적인 성격을 지니고 있었다. 지식인과 도야인이 사회의 주요 계층으로 등장하면서 새로운 시민사회 문화가 형성되었다. 인간의 존엄성과 가치가 더 이상 계층에 의하여 결정되는 것이 아니라, 후천적인 노력에 의하여 결정된다는 사고가 새로운 시민 문화 창조의 기초가 되었다. 그러한 새로운 인간 이해와 인간 이념을 인본주의가 제공하였다. 인본주의자들이 추구하는 이상적 인간의 모습으로서 도야인, 지식인은 이제 새로운 사회와 문화를 건설하는 주체로 인식되게 되었다. 음악, 미술, 건축 등 사회, 문화 각 영역에서 인본주의 정신이 영향을 미쳐 새로운 문화를 태동시켰다.

이와 같은 성격을 지니고 있는 유럽 인본주의는 이탈리아 인본주의와 비교할 때 그 특징이 더욱 분명히 나타난다. 초기 이탈리아 인본주의가 페트라르카에서 시작하였고 그가 핵심 인물이라고 한다면, 유럽 인본주의에서는 네덜란드의 에라스무스가 인본주의적 사상을 가장 대표적으로 표현한 인물이었다. 이탈리아 인본주의의 중심지는 피렌체인 반면, 유럽 인본주의에서는 중심지가 없다. 단지, 에라스무스가 유럽에서 체류하던 곳이 중심지라고 표현할 수 있다. 이탈리아 인본주의는 대단히 창의적이었다. 인본성의 이념을 창안하였고, 새로운 학문을 제시하였으며, 정신의 재생과 철학적 사색을 강조하였다. 반면, 유럽 인본주의는 창의적이라기보다는 이탈리아 인본주의를 전수받는데 치중하였고, 정치적 투쟁과 교회 투쟁과 밀접히 관련되었으며, 이러한 사회정치적 영향 때문에 철학적 천착이 부족하였다. 이탈리아 인본주의는 대중문화의 토양에서 발전하였다. 고대 로마 문화라는 고유한 역사적 전통 아래서의 개혁이 주된 관심사였다. 그러나 유럽 인본주의는 고대 그리스와 고대 로마의 직접적인 역사적 전통을 잇지 못하였고, 개혁보다는 혁명적인 흐름 안에 서 있었다. 코페르니쿠스의 혁명적 세계관, 츠빙글리, 칼뱅, 루터의 혁명적인 종교개혁 등 사회변혁기의 사상적 흐름이 유럽 인본주의와 함께 공존하였다. 때문에 유럽의 인본주의는 인간의 주체성과 독립성, 전통적 권위에 대한 부정, 교회 권력으로부터의 독립, 시민의 해방 등 급진적인 개혁과 혁명의 분위기 속에서 그 정체성을 찾아야 하는 과제를 안게 되었다.

2 동유럽의 인본주의 교육

1. 보헤미아

초기 이탈리아 인본주의의 영향은 보헤미아(Bohemia)로부터
시작된다. 당시 보헤미아는 카를 4세(Charles, 1316~1378)가 지배
하던 신성로마제국의 중심지였다. 카를 4세는 보헤미아의 왕이
었다가 나중에 황제가 된다. 그는 당시 최고 수준의 교육을 받
은 전형적인 도야인이었다. 그는 여러 언어를 구사할 수 있었
고, 풍부한 지식을 소유하고 있었고, 사려 깊고 치밀한 정치가였
다. 14세기 중엽 그는 페트라르카와 서신을 교환하였다. 1355년
로마에서 개최되는 자신의 대관식에 참석하려고 로마로 가는 도
중 그는 1354년 만투아(Mantua)에서 페트라르카를 만나게 된다.
당시 페트라르카는 고대 로마의 이상을 현실 세계에서 구현하
는 일에 깊은 관심을 갖고 있었기 때문에, 지식인이고 도야인이
었던 카를 4세에게 큰 기대를 품고 있었다. 그는 고대 로마의
재건이라는 자신의 생각을 서신과 대화를 통하여 황제에게 전하

였다. 페트라르카는 고대 로마의 이상 실현이 신성로마제국을 견고히 하는 데 도움을 줄 것이라는 점을 설득하려고 노력하였다. 그러나 카를 4세는 이상적인 정치가라기보다는 현실적이고 실리적인 정치가였다. 그는 페트라르카의 생각이 현실정치적이라기보다는 인본주의적인 이상이라고 보았다. 따라서 그는 고대 로마를 재건한다는 생각보다는 자신의 제국이 있는 도시를 고대 로마와 같이 강건하게 만드는 것이 보다 현실적이라고 생각하였다. 이렇게 하여 페트라르카의 정치적 인본주의는 한계를 드러내게 된다.

페트라르카가 그러한 이상을 품게 된 데에는 이탈리아인 리엔조(Cola di Rienzo)의 영향이 컸다. 그는 정치적 인본주의에 충실한 인물로서, 고대 로마의 이상을 실현하여 고대 로마의 영광을 재현하려는 꿈을 갖고 민중봉기를 시도하였다. 그러나 그것이 실패하자 1350년 카를 4세에게로 피신하고자 프라하로 오게 된다. 카를 4세는 그에게 피신처를 제공하였다. 리엔조는 괴팍한 성격의 소유자였지만, 라틴어를 유창하게 구사하였다. 프라하의 관료들은 이에 매료되었고, 인본주의적 라틴어가 프라하 관청의 공용어가 되는 데 결정적인 영향을 미쳤다. 특히 주목할 만한 점은, 당시 제국의 수상이었던 노이마르크트(Johann von Neumarkt, ca. 1315/1320~1380)가 인본주의자가 되는 데 리엔조가 큰 영향을 미쳤다는 점이다.[1]

보헤미아의 호헨무트(Hohenmuth)에서 태어난 노이마르크트는

---

1) Günther Böhme, *Bildungsgeschichte des europäischen Humanismus*, Darmstadt, 1986, 43.

1353년 라이토미츨(Leitomischl)의 주교인 동시에 신성로마제국의 수상으로 부름을 받았다. 그 역시 페트라르카와 서신 교환을 통해 인본주의적 학식을 쌓았고, 고대 언어와 고대 저술의 중요성을 발견하였으며, 라틴어 쇄신의 필요성을 알게 되었다. 그 결과 그는 이탈리아 숭배자가 되었다. 노이마르크트는 인본주의가 이탈리아를 넘어 유럽에 뿌리를 내리게 하는 데 중요한 역할을 담당하였다. 그는 카를 4세가 대관식 참석차 로마로 갈 때 동행하여 페트라르카를 만나게 되고, 페트라르카가 죽기 전에 우디네(Udine)에서 재회하여 그에게서 라틴어와 수사학과 시학을 배우게 된다.

노이마르크트와 관련하여 흥미 있는 점은 그가 히에로니무스(Hieronymus)의 전기와 서신을 독일어로 번역한 것이다. 초대 교회 교부 히에로니무스는 아우구스티누스와 더불어 초기 인본주의자들이 인본주의적 사상가로서 추종하는 인물이었다. 히에로니무스는 라틴어와 그리스어, 히브리어에 정통한 사상가로서 성경을 라틴어로 번역하여, 당시 대중이 성경을 읽을 수 있도록 한 인물이다. 언어와 기독교 교리를 모두 강조한 그를 초기 인본주의자들은 학자의 전형으로 존경하였다.

이러한 히에로니무스를 재발견하면서 노이마르크트는 자신의 인본주의의 성격을 분명히 하였다. 그는 히에로니무스의 전기와 서신을 독일어로 번역하면서 대중 언어에 깊은 관심을 표명하였고, 독일어를 발전시키는 데 크게 기여하였다.[2] 그는 지식인의

---

2) Roland Böhm, "Johann von Neumarkt", *Biographisch-Bibliographisches Kirchenlexikon*, Bd. III, 129f, www.bautz.de/bbkl에서 인용.

언어인 라틴어로만 글을 쓴 것이 아니라, 인본주의적 발견과 인
본주의적 지식을 대중 언어로 표현하여 일반인들이 인본주의를
접하도록 하였다. 즉, 그는 대중적 인본주의, 속세적 인본주의를
강조한 것이다. 그의 이러한 인본주의 성격에는 정치적 동기가
내재되어 있다. 새로운 민족 국가 의식과 민족 국가를 건설하기
위해서는 민족 언어가 중요시되었고, 따라서 민족 언어를 발전
시킬 필요성을 느꼈기 때문이다.

주목할 사항은 노이마르크트 주변에 보헤미아 종교개혁과 관
련된 주요 인사들이 있었다는 점이다. 이는 인본주의가 종교개
혁에 영향을 미쳤음을 확인시켜 준다. 이들은 영국의 종교개혁
가 위클리프(Wyclif)의 영향을 받아 초기 종교개혁운동을 주도하
였다. 발트하우저(Konrad Waldhauser, ca. 1326~1369)는 이탈리아
에서 공부하고 돌아와 1364년부터 프라하의 교회에서 사제로
임직하면서 종교개혁에 참여하였다. 그의 영향을 받은 밀리치
(Militsch von Kremsier, 1325~1374) 역시 사제로서 활동하였는데,
그는 대중 언어인 체코어로 설교하였다. '보헤미아 종교개혁의
아버지'[3]라 부르는 그는 1372년 프라하에 '새로운 예루살렘', 즉
종교 공동체를 건설하여 빈자와 여성과 고아의 선교에 힘썼다.[4]
밀리치의 종교개혁과 공동체운동은 당시 프라하에 머물고 있던
네덜란드인 그로테(Geert Groote, 1340~1384)에게 영향을 미쳤
다.[5] 그로테는 후에 네덜란드에서 '데보티오 모데르나(Devotio

---

3) Josef L. Hromáka, *Von der Reformation zum Morgen*, Leipzig, 1959, 63.
4) Ibid., 64f.
5) Ibid., 70.

Moderna)' 라는 이름의 형제단 공동체를 만들어, 빈민구제와 교육에 힘썼다.[6] 공동체 건설을 통하여 초대 교회를 재건하려는 사고는 자연스럽게 종교개혁적 사고와 연결되었다. 그리고 빈민에 대한 관심과 교육을 강조하면서 인본주의적 전통과도 연결되어 있었다. 이러한 분위기 속에서 후스(Jan Hus, 1371~1415)라는 종교개혁가가 배출되었다. 후스는 보헤미아 대중운동과 종교개혁운동의 중심 인물이었다. 그는 프라하 대학을 졸업하고 1398년 동 대학 교수가 되었으며, 1409년에는 프라하 대학 총장이 된다. 그 역시 영국의 위클리프의 사상에 영향을 받아 종교개혁운동을 펼쳤다.

2. 헝가리

헝가리는 지리적으로 보헤미아 인근에 위치하여 인본주의를 접하기가 상대적으로 쉬웠다. 보헤미아의 카를 4세와 같이 헝가리에서도 코르비누스(Matthias Corvinus, 1443~1490) 국왕이 정신적 지주 역할을 하였다. 그는 어렸을 때 이탈리아에서 교육을 받는 등 일찍부터 이탈리아 르네상스와 인본주의를 접하였다. 코르비누스가 1458년 헝가리 왕으로 선출되자 이탈리아 학자들과 예술가들이 헝가리로 초청되고, 르네상스 예술과 인본주의 문화가 헝가리에서도 꽃을 피우게 된다. 그의 도서관(Bibliotheca Corviniana)은 역사, 철학, 과학 분야에서 당시 유럽 최고였으며,

---

6) Albert Hyma, *The Brethren of the Common Life*, Grand Rapids, 1950, 49.

규모 면에서도 바티칸 도서관 다음으로 컸다. 코르비누스는 유
럽의 그 어떤 군주보다도 학식있는 군주였다. 그는 헝가리어,
루마니아어, 크로아티아어, 라틴어, 독일어, 체코어, 슬로바키아
어와 더불어 슬라브 언어를 구사할 수 있었고 문헌을 읽을 수
있었다.[7]

코르비누스 국왕 시절 수상이었던 비테츠(Johannes Vitez)는 이
탈리아에서 수학한 인본주의자였다. 그는 '헝가리 고전 연구의
실질적 창시자'[8]로 불린다. 그는 왕을 설득하여 고전을 번역하
는 작업에 착수하였고, 1472년에는 헝가리 최초의 인쇄소를 세
웠다.

자신의 조카인 체츠미체(Johannes von Czezmicze, 1434~1472)[9]
를 이탈리아로 보내, 구아리노 학교에서 라틴어와 그리스어를
배우게 하였다. 체츠미체는 이탈리아에 7년 동안 머물면서 피렌
체를 방문하여 코시모(Cosimo di Medici)와 인본주의자 아르기로
풀로스(Argyropulos), 포기오(Poggio), 피치노 등을 알게 된다. 이
후 파도바 대학에서 법학을 공부하고, 삼촌인 비테츠의 요청으
로 1459년 25세의 나이에 퓐프키르헨(Fünfkirchen)의 주교가 되
었다. 그는 헝가리에 머물면서 인본주의적 정신을 갖고, 조국에
인본주의 문화가 만개하도록 노력하였다.

종교개혁의 여파가 헝가리에도 밀려들어 오면서, 인본주의에
도 영향을 미치게 된다. 인본주의적 교육을 받은 교회개혁가 실

---

7) http://en.wikipedia.org/wiki/Matthias_Corvinus
8) Georg Voigt, *Die Wiederbelebung des classischen Alterthums oder das
   erste Jahrhundert des Humanismus*, Bd. II, Berlin, [4]1960, 316.
9) 그는 Janus Pannonius로 널리 알려졌다.

베스터(Johannes Sylvester, ca.1504~1552)는 폴란드 크라쿠프에서 수학하였는데, 이때 에라스무스를 알게 된다. 그는 라틴어 문법을 공부하고 그것을 헝가리어로 펴냈다. 이 때문에 그는 '헝가리 문법의 창시자' 10)로 이름을 떨치게 된다. 그는 에라스무스의 제자였으므로 교회와의 관계에서도 루터보다는 에라스무스의 정신에 충실하였다. 1541년 그는 라틴어 성경을 헝가리어로 번역하였는데, 에라스무스의 주해를 충실하게 반영하였다. 1529년 그가 비텐베르크 대학에서 수학할 때 멜란히톤을 알게 되고, 그로부터 큰 영향을 받게 된다. 비텐베르크에서 학업을 종료한 후 그는 고향인 헝가리에서 학교장으로 재직하였다. 그는 고향에서 문법책을 펴내고, 성경을 번역하는 등 인본주의 활동을 본격적으로 추진하였다.

3. 폴란드

폴란드 역시 보헤미아에 인접한 국가로서 인본주의를 일찍부터 접하게 되었다. 폴란드는 '북부의 이탈리아' 11)라는 명예로운 칭호를 얻을 정도로 이탈리아 르네상스와 인본주의를 받아들이는 데 열정적이었다. 보헤미아나 헝가리와 마찬가지로 인본주의가 폴란드에 영향을 미치는 데에는 역시 군주의 역할이 지대했

---

10) János Balázs, "Johannes Sylvester und der Humanismus in Mittel-und Osteuropa", *Renaissance und Humanismus im Mittel-und Osteuropa*, Bd. II, besorgt von Johannes Irmscher, Berlin, 1962, 22.
11) Günther Böhme, *op. cit.*, 124.

다. 크라쿠프 대학을 설립하기도 하였던 폴란드 국왕 카시미르 3세(Casimir III, 1310~1370)는 자신의 신하들을 이탈리아에 파견하여 이탈리아 대학과 인본주의자들 밑에서 인본주의 교육을 받도록 하였다.

크라쿠프 인본주의를 대표하였던 코르비누스(Laurentius Corvinus, ca. 1462~1527)는 크라쿠프 대학에서 수학하고 동 대학에서 철학, 지리학, 시학 교수로 재직하면서 인본주의 활동을 하였다. 그는 '슐레지엔 초기 인본주의의 대표자' [12]라는 명성을 얻을 정도로 인본주의자로서 저술 활동과 교육 활동을 활발히 하였다. 그가 교수로 재직하였던 1491년부터 1495년까지 코페르니쿠스가 크라쿠프 대학에서 인본주의 학문과 더불어 수학-천문학을 공부하였다. 코르비누스는 코페르니쿠스와 크라쿠프에서, 그리고 그 이후에도 서신 교환을 하는 등 깊은 친분 관계를 맺었다. 1489년부터 1491년에는 독일의 인본주의자 켈티스(Conrad Celtis, 1459~1508)가 크라쿠프에 머물면서 인본주의 활동을 하기도 하였다. 코르비누스는 켈티스의 정신적 스승이었다. 인본주의자로서의 명성 덕분에 그는 1497년부터 브레스라우 대학의 학장으로 초빙되었고, 그곳에서 라틴어 교과서를 집필하였다. 그는 피렌체의 플라톤 아카데미의 영향을 받아 플라톤주의에 가까웠고, 동시에 그의 사상에는 기독교적·종교개혁적 요소가 내포되어 있었다.

라스키(Johannes Laski, 1499~1560)[13]는 인본주의자요, 정치가

---

12) Jerzy Krókowski, "Laurentius Corvinus und seine Beziehungen zu Polen", *Renaissance und Humanismus im Mittel-und Osteuropa*, Bd. II, besorgt von Johannes Irmscher, Berlin, 1962, 154.

13) Adolf Henschel, *Johannes Laski-der Reformator der Polen*, Halle, 1890.

요, 외교관이요, 평화주의자였다. 그는 에라스무스적 인본주의
를 폴란드에 유입하였다. 그는 로마, 볼로냐, 파도바, 바젤, 파리
등 거의 모든 유럽을 다니며 학업에 열중하였다. 그는 먼저 볼
로냐 대학에서 신학을 공부하였고, 에라스무스가 바젤에 머물
때 그곳으로 가서 수학하였다. 그는 여러 해를 바젤에 있는 에
라스무스 곁에서 머물렀다. 1526년 폴란드로 돌아온 그는 에라
스무스의 정신에 기초하여 교회개혁에 참여하였다. 그러나 그의
노력은 좌절되었고, 칼뱅주의자였던 그는 1539년 오스트프리스
란트(Ostfriesland)로 이주하여 그곳에서 다시 종교개혁을 위하여
노력하였고, 이를 위하여 1548년 교리문답서를 저술하였다. 그
러다 다음 해에 영국으로 이주하였다가, 다시 독일 프랑크푸르
트에서 1년간 장학관으로 일하고, 1556년 다시 폴란드로 이주하
여 개혁교회의 연합을 위하여 노력하였다. 그는 1560년 숨을 거
둘 때까지 인본주의와 종교개혁의 연합, 개혁교회의 연합, 종교
세력 간의 관용을 강조하며 그것을 위하여 노력하였다. 에라스
무스의 인본주의는 라스키를 거쳐서 보헤미아 형제교단의 코메
니우스에게로 전달되었다.

4. 러시아

동유럽의 보헤미아, 헝가리, 폴란드와는 달리 러시아는 유럽과
는 다른 길을 걷고 있었다. 전통적으로 러시아 정교회는 동방
정교회로부터 갈라져 독자적인 길을 가고 있었다. 러시아 정교
회는 서로마제국이 멸망하면서 서방의 로마교회와는 다른 교회
전통을 수호하고 있다고 생각하였다. 그러다가 콘스탄티노플이

함락되자, 러시아 정교회는 자신들만이 유일한 정통성을 계승하고 있다고 주장하였다.

이러한 상황에서 러시아 황제 이반 4세(Ivan IV)는 제국의 수도인 모스크바를 '세 번째 로마'로 칭하였다.[14] 첫 번째 로마인 서로마 제국은 476년 멸망하면서 상실되었고, 두 번째 로마인 동로마 제국은 수도 콘스탄티노플이 1453년 오스만튀르크에 의하여 함락되면서 사라졌고, 이제 초대 로마교회의 정통성을 이어받은 모스크바가 세 번째 로마라는 것이다. 그리고 차르 황제는 고대 로마의 카이사르 황제의 후계자라는 것이다. 이반 4세는 이러한 사상을 기반으로 신정정치를 펴고, 제국을 공고히 하려 하였다.

사실 러시아는 전통적으로 유럽의 다른 나라와 교류가 거의 없었다. 종교적으로도 유럽의 기독교 국가와는 다른 전통을 갖고 있었고, 지리적으로도 유럽의 중심부와 멀리 떨어져 있었다. 따라서 인본주의와 종교개혁은 러시아와는 거리가 먼 사상적 흐름이었다. 이러한 상황에서 이탈리아의 인본주의가 러시아에 영향을 미치는 것은 대단히 어려운 일이었다. 동유럽 인본주의에서 군주가 차지하였던 영향력을 고려하면, 러시아는 정반대의 상황인 것이다.

이러한 가운데 막심(Maksim Grek, 1470~1556)이라는 그리스인이 러시아로 들어왔다. 그는 1470년 그리스의 아르타(Arta)에서 트리볼리스(Michael Trivolis)라는 이름으로 태어났다. 그의 아버지는 고위급 군인으로서, 그는 어렸을 때부터 최상의 교육을 받으며 성장하였다. 이후 막심은 이탈리아의 피렌체에 가서 공부

---

14) Hildegard Schaeder, *Moskau−Das dritte Rom*, Darmstadt, ²1957, 213.

하게 되었다. 그곳에서 그는 피코의 영향을 받게 되고, 피코가
죽은 해인 1494년 볼로냐로 이주하였다가 1496년 다시 베네치
아로 이주한다. 인본주의의 핵심 도시에서 인본주의를 배우게
된 것이다. 이후 그는 이탈리아를 떠나 고향으로 돌아가 아토스
(Athos) 수도원에서 지내며 고대 문헌을 공부하였다.

1516년 러시아의 대영주인 바실리에프 3세가 아토스 수도원에
서신을 보내 그리스 문헌을 번역할 사람을 보내 달라는 요청을
하였다. 아토스 수도원에서는 막심을 추천하였고, 1518년 막심
은 러시아로 가게 된다.

그는 유럽의 문화와 인본주의적 정신 세계를 러시아에 전달
한 중개자였다. 그는 러시아 철학적 사고의 출발점이었으며,[15]
동시에 러시아 언어학과 문법의 창시자였다. 그는 러시아에서
고대 문헌을 번역하고, 잘못된 번역 오류를 수정하는 일을 하
게 된다. 이와 더불어 성서를 러시아어로 번역하면서 러시아
교회를 정화하는 역할을 수행한다. 교회 간의 논쟁과 투쟁이
강한 시기에 막심의 행동은 교회개혁을 추진하는 것으로 인식
되어 오랫동안 재판을 받고 구속당하는 등 핍박을 받기도 하
였다.

인본주의자인 막심은 러시아에도 인본주의 사상이 전달되고,
교회의 개혁이 이루어지길 소망하였다. 그의 다방면의 풍부한
지식은 당시 러시아 사상계에 큰 영향을 미쳤다. 그의 기독교적
인본주의는 러시아에서 새로운 정신 세계를 일깨우는 데 큰 기

---

15) Friedrich Heer, *Europäische Geistesgeschichte*, Hrsg. v. Sigurd Paul
　　Scheichl, Wien, 2004, 253.

여를 하였다.[16] 그러나 그는 군주의 절대 권력이 강화되는 시기
에, 그리고 교회 간의 투쟁이 강화되는 시기에 자신의 생각을
제대로 전달할 수가 없었다. 오히려 과격한 개혁자로 오해받고
박해를 받게 되었으며, 그의 영향력도 제한될 수밖에 없었다.
이 때문에 막심이 죽은 이후 러시아에서는 더 이상 인본주의적
사상이 퍼질 수 없게 되었다.

---

16) Ibid., 260.

3 네덜란드의 인본주의 교육

1. 개 관

네덜란드는 유럽 인본주의의 대표자였던 에라스무스의 모국이다. 에라스무스(Desiderius Erasmus)는 유럽 각국을 돌아다니며 인본주의 활동을 벌였기 때문에 그의 인본주의가 네덜란드라는 공간에 제한되지는 않았지만, 그의 성장 과정을 이해하기 위해서는 배경이 되는 네덜란드의 인본주의를 살펴보는 것이 좋을 듯하다.

네덜란드의 인본주의는 기독교적 성격이 강하다. 유럽 대부분의 인본주의자들이 기독교적 인본주의와 무관하지 않으나, 네덜란드에서는 '데보티오 모데르나(Devotio Moderna)'라는 신앙쇄신 운동과 인본주의가 결합되면서 기독교적인 성격이 강하게 각인되어 있었다. 앞에서 보헤미아 인본주의를 살펴보면서 잠시 언급한 것처럼 '데보티오 모데르나' 신앙공동체는 네덜란드인 그로테(Geert Groote, 1340~1384)가 주도한 단체였다. 이 단체는 당

시 유럽의 종교계와 많은 인본주의자들에게 영향을 미쳤다. 에
라스무스 역시 성장기에 이 신앙공동체가 관리하는 학교에서 교
육을 받으며 직접적인 영향을 받았다.

그로테는 1340년 네덜란드의 데벤터(Deventer)에서 태어났다.
당시 스콜라 철학이 지배하던 파리 대학에서 공부하고, 프라하
에서 인본주의운동을 접하게 된다. 그는 프라하에서 종교개혁 운
동을 체험하고 돌아와 '데보티오 모데르나' 신앙공동체를 세운
다. 이 신앙공동체는 기독교의 근원인 초대 교회를 모범으로 하
여 그 정신으로 돌아가는 것을 목적으로 하고 있었다.[1] 이 신앙
공동체의 근본 정신은 세 가지로 요약할 수 있다. 어려운 이웃을
돕는 사마리아인 정신, 학교를 세워 후세를 교육하는 교사 정신,
그리고 참된 신앙을 촉구하는 설교자 정신이 그것이다.[2] 동시에
미신, 무식, 게으름을 사회를 타락시키는 요소로 보고, 그것을 추
방하기 위하여 노력하였다.[3] 경건성과 인간성을 근본으로 하는
그로테의 기독교적 인본주의 사상은 후에 에라스무스 등 인본주
의자들의 사고에 커다란 영향을 미치게 된다.

'데보티오 모데르나'는 공동체운동인 동시에 개인의 신앙쇄신
운동이기도 하였다. '인간은 참된 인간으로 변화되어야 하는데,
어떻게 새로운 인간으로 변화될 수 있는가?' 이 질문이 공동체
구성원의 핵심 관심사였다. '어떻게 개인의 재생, 개인의 르네

---

1) Rudolf Pfeiffer, "Von den geschichtlichen Begegnungen der kritischen
   Philologie mit dem Humanismus", Winfried Bühler (Hrsg.), *Rudolf
   Pfeiffer. Ausgewählte Schriften*, München, 1960, 165.
2) Ernst Hoffmann, *Pädagogischer Humanismus*, Zürich, 1955, 226.
3) Ibid., 226.

상스가 가능한가? 이 물음에 대한 답을 신앙공동체는 겸손과
헌신과 단순성에서 찾았다.[4] 이는 당시 수도사들이 추구하는 이
상과 같은 것이었다. 즉, '데보티오 모데르나'는 기독교적 영성
을 삶에서 실천하는 데 관심을 갖고 있었다. 따라서 그들에게
기독교 윤리는 매우 중요한 비중을 차지하였다.

그로테는 신앙의 쇄신과 더불어 교육에도 깊은 관심을 갖고 있
었다. 예수 그리스도의 모범에 따라 인간의 영혼을 도야하고, 기
독교적 가르침을 실천에 옮기는 것을 교육의 과제라고 보았다.[5]
'데보티오 모데르나' 신앙공동체 수도사들은 개인적이고 사회적
인 신앙 활동과 더불어 학문 연구와 자기 도야에도 힘썼다. 성경
의 원전과 교부들의 문헌, 특히 성 히에로니무스(ca. 345~419)의
문헌, 이와 더불어 고대 그리스와 고대 로마의 도덕철학 문헌들
을 읽었다.[6] 동시에 그들은 네덜란드와 북부 독일 여러 곳에 학
교를 세우고, 교사로서 교육 활동에 참여하였다. 그로테 자신도
교사로서 직접 가르치기도 하였다.[7] 쿠사누스(Nicolaus Cusanus),
켐피스(Thomas à Kempis), 에라스무스가 데벤터 학교에서 배우
며 성장하였다. 그리고 이 학교에서 공부를 한 또 한 사람의 위
대한 인본주의자가 있었는데, 바로 아그리콜라였다.

---

4) Ibid., 229.
5) Josef Sellmair, *Humanitas Christiana. Geschichte des christlichen Humanismus*, München, 1948, 291.
6) Rudolf Pfeiffer, *Die Klassische Philologie von Petrarca bis Mommsen*, München, 1982, 93.
7) Albert Hyma, *The Brethren of the Common Life*, Grand Rapids, 1950, 44.

2. 아그리콜라

아그리콜라(Rudolph Agricola, 1443~1485)는 비토리노나 헤기우스(Hegius)와 같은 위대한 교사도 아니었고, 멜란히톤(Philipp Melanchthon)과 같은 학교조직가 및 학교행정가도 아니었으며, 로이힐린(Johannes Reuchlin)과 같은 논쟁의 대가도 아니었다. 그러나 에라스무스와 같은 유럽의 많은 인본주의자들이 인정하는 바와 같이 그는 이탈리아 인본주의를 알프스 넘어 유럽으로 전달하는 데 독보적인 공헌을 하였다.[8]

그는 1443년 그로닝겐 인근의 바플로(Bafloo)에서 태어났다. 어렸을 때 그는 '데보티오 모데르나' 형제교단에서 교육을 받았는데, 그의 교사 가운데 한 사람이 켐피스였다. 1456년 그는 에르푸르트 대학에서 공부하여 학사학위를 받았으며, 1458년 루뱅 대학에서 공부하여 석사학위를 받았다. 그 후 쾰른과 파리에서 지내며 로이힐린과 친분을 쌓았다. 1468년부터 1475년까지 그는 이탈리아 파비아 대학에서 법률학을 공부하였고, 1475년부터 1479년까지는 페라라로 옮겨 인문학과 고대 그리스 사상가들에 대해 공부하였다. 그는 이탈리아에서 회화, 조각, 음악 등의 다양한 활동을 하였다. 이탈리아를 떠나 고향으로 돌아가기 전에 그는 가장 중요한 저서인 『세 권으로 펴낸 변증법 이야기(De dialectica inventione libri tres)』를 쓰기 시작하여 1479년 독일에서 완성하였다. 이 책에서 그는 수사학과 변증법을 비교하면서, 수

---

8) William Harrison Woodward, *Studies in Education during the Age of the Renaissance 1400-1600*, New York, 1965, 80.

사학의 관심은 언어(verba)인 반면, 변증법의 관심은 사물(res)이
라고 말하면서 사물이 언어의 근원이라는 점을 밝히고 있다.[9]
이후 고향인 네덜란드로 돌아와 1480년부터 1484년까지 그로닝
겐 시의회의 행정 관료로 일하였고, 1484년 하이델베르크 대학
에서 가르치다가 이듬해인 1485년 생을 마치게 된다.

아그리콜라는 많은 글을 저술하지는 않았다. 『세 권으로 펴낸
변증법』 외에 시, 연설, 전기, 평론 등 단편적인 글들을 저술하였
고, 그리스 문헌을 번역하기도 하였다. 그는 편지를 많이 썼는데,
페트라르카 이후 편지는 인본주의자들에게 있어서 자신의 사상을
표현하는 주요 도구로 활용되었기 때문이다. 아그리콜라 역시 편
지 안에서 자신의 인본주의 사상을 표현하였다. 그의 교육 분야
핵심 저술이라 할 수 있는 『교육과정에 대하여(De formando
studio)』 역시 친구 바르비리아누스(Jacob Barbirianus)에게 보내는 편
지였다. 이 글은 아그리콜라의 두 번째로 중요한 저술로 꼽힌다.

이 글에서 그는 학문의 쇄신과 학문하는 방법에 대하여 자신
의 생각을 펼치고 있다. 그는 먼저 새로운 교육을 위해서 중세
의 학문을 배제하여야 한다고 주장하였다. 스콜라 철학은 그 현
실성은 차치하고라도, 교묘한 언어 활용과 논리적 폐쇄성으로
인해 무의미하고 무가치하며, 이러한 정신 훈련은 언어를 더럽
히는 쓸모없는 것이라고 주장하였다.[10] 그러면서 새로운 학문으
로서 '철학'을 배울 것을 강조한다. '다른 말로 하면, 올바로 생

---

9) Walter J. Ong, *Ramus-Method, and the Decay of Dialogue from the Art of Discourse to the Art of Reason*, Cambridge, 1958, 129.
10) Rudolph Agricola, *Letters*, Edited and translated by Adrie van der Laan & Fokke Akkerman, Tempe, 2002, 205.

각하기 위하여 노력하여야 하며, 생각을 적절한 방법으로 표현할 수 있도록 하여야 한다.' [11]는 것이다.

그에 의하면 철학은 크게 두 가지 내용을 담고 있다. 하나는, 올바로 생각하는 것이고, 또 하나는 올바른 생각을 바르게 표현하는 것이다. 그는 철학의 첫 번째 내용인 올바로 생각하는 것에 다음과 같은 두 가지 측면이 있다고 보았다. 먼저, 인간의 행동 또는 도덕과 관련된 것이다. 그에게 있어서 윤리학은 인간의 삶을 올바르고 적절하게 디자인 하는 것으로 가장 중요한 것이었다.[12] 학생들은 아리스토텔레스, 키케로, 세네카 등 철학자들뿐 아니라, 역사가, 시인, 연설가들이 윤리학에 대하여 언급한 것에 대해서도 공부하여야 한다고 주장하였다. 특히, 성경은 인간의 구원뿐만 아니라 윤리적 교훈을 얻는 데 매우 중요하고 유용하다고 보았다. 다음으로 올바로 생각하는 것이란 연구 대상에 대하여 탐구하는 것이다. 우리가 어떤 분야를 공부하든 대상의 본질을 파악하기 위해서는 정확한 탐구가 중요하다. 지리학은 자연현상에 대하여, 의학은 인간의 신체에 대하여, 역사는 과거의 사실에 대하여, 그 외에도 건축, 회화, 조각 등 모든 분야는 고유한 탐구 대상을 지니고 있고, 그 본질에 대하여 탐구하여야 한다고 주장하였다.[13]

철학의 두 번째 내용은 올바로 표현하는 것이다. 여기서는 두 가지 점이 고려된다. 하나는 표현하는 언어다. 아그리콜라는 사고와 인식을 정확히 표현하는 것이 중요하고, 그러기 위해서는

---

11) Ibid., 205.
12) Ibid., 205.
13) Ibid., 207f.

3. 네덜란드의 인본주의 교육 175

학생들에게 익숙한 모국어를 활용할 것을 주장하였다. 그는 모
국어는 학생들의 일차적인 언어요, 자연스럽게 활용하는 언어이
기 때문에 라틴어보다 유용하다고 보았다.[14] 당시에 인본주의자
들이 라틴어를 강조하였던 점을 고려한다면, 그의 이런 생각은
파격적이라고 볼 수 있다. 그러나 그의 논지를 살펴보면, 모국
어를 강조하는 것은 자연스럽고 설득력이 있다. 언어를 정확하
고 잘 표현하는 것이 중요하지, 어떤 언어로 표현하는가 하는
점은 부차적인 문제이기 때문이다. 다음으로 고려하여야 할 점
은 올바로 정확하게 표현하는 것이다. 즉, 표현하는 방법이다.
이를 위하여 아그리콜라는 수사학과 논리학을 강조하였다. 그는
『세 권으로 펴낸 변증법 이야기』에서 모든 연설은 세 가지 구성
요소가 있는데, 하나는 연설하는 사람이요, 다른 하나는 연설하
는 내용이요, 마지막으로 연설을 듣는 청중이라고 보았다. 연설
하는 사람이 표현을 정확히 하기 위하여 문법이 필요하고, 내용
을 잘 정리하기 위해서는 논리학이 필요하고, 청중의 설득력을
확보하기 위해서는 수사학이 필요하다고 보았다.[15]

　이렇게 볼 때, 아그리콜라에게 있어서 철학은 세 가지 차원을
포함하고 있다고 할 수 있다. 윤리와 진리 탐구와 언어 표현이
그것이다. 이로부터 교육과 도야의 내용이 연역된다. 즉, 윤리
교육과 지식 교육과 언어 교육이 그것이다. 그는 학생들이 이
세 가지 교육과 도야를 통하여 새로운 시대의 적합한 인물로 성
장할 것이라고 생각하였다.

---

14) Ibid., 209.
15) William Harrison Woodward, op. cit., 101f.

3. 에라스무스

유럽 인본주의의 흔적을 찾아가는 곳마다 우리는 에라스무스 (Desiderius Erasmus von Rotterdam, 1466(1469)~1536)라는 인물을 만나게 된다. 유럽 인본주의는 물론 이탈리아 인본주의의 영향을 많이 받았으나 에라스무스는 이탈리아 인본주의와 다른 유럽 인본주의의 고유한 모습을 만들었다. 유럽 인본주의의 형태와 성격이 형성되는 데 에라스무스의 영향은 결정적이었다고 해도 과언이 아니다. 때문에 그는 유럽 인본주의 운동의 수장이라고 평가받고 있다.

인본주의자로서 에라스무스는 일평생 진리를 추구하며 살았다. 그가 추구한 진리는 한편으로는 종교적 진리였다. 그는 독실한 가톨릭 교인으로서 기독교의 참된 진리가 무엇인지에 대한 물음을 던지며, 그 답을 찾기 위하여 노력하였다. 다른 한편으로 그는 세속 사회에서 책임 있는 인간으로 살아가기 위한 기반이라고 할 수 있는 정신적 진리를 추구하였다. 에라스무스는 이 두 가지 진리를 구분되거나 대립되는 것으로 보지 않고, 이 두 가지 진리를 통합하는 것이 그의 주요 관심사였다. 어떻게 하면 신앙과 지식을 통합할 수 있는가? 어떻게 하면, 종교적 신념과 학문적 진리를 통합할 수 있는가? 이것이 에라스무스의 주요 관심사였다.

1) 인본주의적 생애

에라스무스는 네덜란드의 로테르담에서 태어났다. 에라스무스가 태어난 해는 정확하지 않으며, 생일도 분명하지 않다. 에라

스무스 역시 그 점에 대하여 분명한 답을 주고 있지 않다. 그는
성직자와 의사의 딸 사이에서 태어났는데 당시에 성직자는 결혼
이 금지시 되었기 때문에 에라스무스의 출생은 불법적인 것이었
다. 이런 불법적인 관계에서 태어난 사생아라는 낙인은 평생을
따라가며 에라스무스를 괴롭히는 원인이 되었다.

　에라스무스의 본명은 게에르트 게에르츠(Geert Geertsz)다. 네덜
란드어 게에르트(geert)는 '열망하다'는 뜻이고, 라틴어로 번역하
면 데시데리우스(desiderius)고, 그리스어로 번역하면 에라스무스
다. 그래서 데시데리우스 에라스무스 폰 로테르담(Desiderius
Erasmus von Rotterdam)이란 이름이 주어졌다.

　당시에 불법적인 사생아는 수도원에서 키우도록 되어 있었다.
에라스무스 역시 데벤터에 있는 레브윈(St. Lebwin) 학교에서 교
육을 받게 되었다. 이 학교는 공동체 생활을 하던 수도사들이 운
영하였는데, 당시에 2,200명이 다니는 대형 학교였다.[16] 이 수도
사들은 '데보티오 모데르나' 신앙운동에 참여하였던 수도사들이
었다. 이 신앙공동체는 기독교인으로서의 삶, 즉 헌신하고 섬기
는 겸손한 삶에 중점을 두었다. 특히, 이 신앙공동체는 학교교육
을 중요시하여, 당시 여러 곳에서 학교를 운영하는 등 학교운동
을 전개하였다. 이 학교운동은 1374년 그로테(Geert Groote)가
기독교적인 정신을 바탕으로 가난하고 잘못된 길로 빠지고, 어
려움에 처한 소년들을 모아서 공동체 생활을 하며 기독교적인
생활을 가르치는 운동에서 시작되었다.[17]

16) Albert Hyma, *op. cit.*, 119.
17) Ibid., 115-126.

이러한 전통과 정신을 갖고 있는 '데보티오 모데르나' 라는 신
앙공동체를 에라스무스가 어렸을 때부터 경험하게 된 것은 이후
에라스무스의 삶에 큰 영향을 미치게 된다. 물론 '데보티오 모
데르나' 신앙운동이 인본주의와 직접적인 관계를 맺고 있는 것
은 아니었다. 그러나 이 신앙운동은 인본주의적 정신을 갖고 있
는 측면이 분명히 있었다. '데보티오 모데르나' 에서는 신분과
계층의 구별 없이 모든 사람에 대한 교육을 실시하였고, 교육을
통하여 인간성을 고양하고자 하는 노력을 기울였다. 그리고 이
신앙공동체는 성경 해석에서 종교개혁적인 사고를 갖고 있었다.
그들은 모국어로 설교하였고, 모든 사람들이 성경을 접하고 읽
고 이해하도록 하였다. 또한 서적을 모으는 데 힘썼는데, 그것
은 인간 세계를 폭넓게 이해하는 방법이었다.

이러한 공동체의 정신은 에라스무스의 정신 세계와 신앙 생활
에 영향을 미쳤다. 그러한 경험은 결국 에라스무스의 최대 관심
사인 '그리스도 철학(Philosophia Christi)' 사상을 탄생시켰다.
'그리스도 철학' 사상은 초기 인본주의자인 아그리콜라에게서
시작되었다. 아그리콜라는 그의 저술 『교육과정에 대하여』(1484)
에서 자신의 사상을 표현하는 핵심 개념으로 '그리스도 철학' 을
제시하였는데, 그 안에서 고대인의 지혜와 기독교인의 신앙을
접목하려고 하였다.[18] 즉, 고대의 '후마니타스(humanitas)' 정신
과 기독교의 '복음적 진리' 를 통합하려고 시도한 것이다.[19] 아

---

18) Rudolf Pfeiffer, "Erasmus und die Einheit der klassischen und der
christlichen Renaissance", Winfried Bühler (Hrsg.), *Rudolf Pfeiffer.
Ausgewählte Schriften*, München, 1960, 211.
19) Rudolf Pfeiffer, "Von den geschichtlichen Begegnungen der kritischen

그리콜라의 이러한 사상은 소년 에라스무스에게 매우 큰 영향을 미쳤다. 그리하여 에라스무스는 '그리스도 철학'을 그의 평생의 과제로 삼게 된다.[20] 에라스무스는 예수 그리스도가 전하려고 하였던 성경의 진리를 기독교적 윤리로 이해하였으며, 종교성에서 가장 중요한 것이 윤리라고 생각하였다.[21] 그리고 기독교 윤리의 가장 중요한 목적은 예수 그리스도를 닮는 것이라고 생각하였다. 루터가 강조한 '오직 믿음(sola fide)'은 에라스무스에게 있어서 윤리적인 삶이 뒷받침되지 않으면 충분치 않았다. 그는 그리스도인들이 예수 그리스도를 본받아 그의 삶을 실천할 것을 강조하였으며, 기독교적 윤리를 인식하고 실천하는 것이 참된 경건성이라고 보았다. 이렇게 하여 그의 '그리스도 철학'의 윤곽이 형성되었다.

아그리콜라는 에라스무스의 스승인 헤기우스(Alexander Hegius, 1433~1498)의 절친한 친구였다. 헤기우스는 에라스무스가 다니던 학교의 교장이었으며, 초기 유럽 인본주의의 지도자 가운데 한 사람이었다. 그는 학교장으로서 '15세기 유럽의 최고 교육자'[22]로서 칭송받기도 하였다. 그는 자신이 운영하던 수도원 학교에서 학생들이 고전어를 배우도록 하고, 기독교적 인본성을

Philologie mit dem Humanismus", Winfried Bühler (Hrsg.), *Rudolf Pfeiffer. Ausgewählte Schriften*, München, 1960, 165.

20) Rudolf Pfeiffer, "Erasmus und die Einheit der klassischen und der christlichen Renaissance", Winfried Bühler (Hrsg.), *Rudolf Pfeiffer. Ausgewählte Schriften*, München, 1960, 214.

21) 후일에 그가 저술한 기독교 전사들을 위한 핸드북(*enchiridion militis christiani*)에서 에라스무스의 기독교적 윤리 사상이 자세히 드러나 있다.

22) Albert Hyma, *op. cit.*, 119.

함양하는 것을 교육의 목적으로 삼았다. 이곳에서 에라스무스는
헤기우스의 영향을 받으며 성장하였다.

　수도원에서 운영하던 학교를 졸업하고 1478년 에라스무스는
슈타인(Steyn)에 소재하고 있는 아우구스티누스 수도원에서 수도
사가 된다. 그는 수도원이 좋아서 이곳에 왔다기보다는 나중에
성직자가 되어 사회적으로 인정을 받으려는 의도를 갖고 있었
다. 사실 수도사는 그가 일평생 수많은 저작 활동을 하면서 교
회와 함께 가장 자주 비판하는 대상이 될 정도로 부정적이었다.
물론 그가 '데보티오 모데르나' 신앙공동체에서 경험하였던 경
건한 정신이 그를 수도사가 되도록 자극한 사실을 부인할 수는
없다.

　중요한 것은 이 수도원 생활에서 에라스무스는 인본주의 세계
를 경험하게 된다는 점이다. 그는 수도원 생활에서 라틴어 문헌
을 접할 수 있었고, 필렐포(Filelfo), 포기오(Poggio), 구아리노 등
초기 이탈리아 인본주의자들의 문헌도 접할 수가 있었다. 무엇
보다 발라(Laurentius Valla, 1407~1457)의 저술과 만날 수 있었는
데, 이는 에라스무스에게 큰 영향을 미친다. 발라는 15세기 중
엽 이탈리아 최고의 언어학자였으며, 라틴어 쇄신자였다.[23] 그
의 세련된 문체와 정밀한 언어는 에라스무스에게 깊은 인상을
남겼다. 1489년 에라스무스는 '언어 스타일의 정교함에 있어서
나는 누구보다도 발라를 신뢰한다. 날카로운 정신과 지적인 능
력에 있어서 그는 누구와도 비교가 될 수 없다.'[24]고 발라를 칭

---

23) Rudolf Pfeiffer, *Die Klassische Philologie von Petrarca bis Mommsen*,
　　München, 1982, 60.
24) *The Collected Works of Erasmus: The Correspondence of Erasmus*, Vol.

송하였다. 에라스무스는 발라의 언어 이론을 받아들여, 언어의
정화를 통하여 인격을 정화하고 도덕적이고 종교적인 쇄신이 가
능한 점에 관심을 갖게 되었다. 발라는 성서비평학에서도 두각
을 나타냈는데, 에라스무스 이전에 성서비평학과 성서해석학 분
야에서 가치 있는 업적을 남긴 유일한 학자였다. 이러한 발라의
성서비평학 역시 에라스무스의 성서비평학에 큰 영향을 미쳤
다.[25]

에라스무스가 발라의 철학적 성서비평학을 처음 접한 것은 발
라가 신약성서를 라틴어로 번역한 이후였다. 1504년 그는 발라가
저술한 『신약성서 주해서(Annotationes im Novum Testamentum)』를
읽게 되고, 그에 의해 비판적 신학으로 인도된다. 즉, 에라스무스
로 하여금 전승되는 도그마에 사로잡히지 말고, 자기 스스로의
결정과 판단 능력, 그리고 자신의 고전어 연구를 통하여 얻은
비판 능력을 기초로 성서를 직접 연구하고 활용하도록 깨닫게
하였다. 무엇보다 발라는 에라스무스로 하여금 라틴어 성경이
아니라, 그리스어 성경이 하나님의 말씀을 보다 직접적으로 반
영하고 있기 때문에 그리스어 성경을 접하는 것이 더 필요하다
는 사실을 깨닫게 하였다. 이리하여 10년 후인 1515년에 에라스
무스에 의하여 철저히 그리스어로 작업된 『신약성서』가 발간된
다. 이 성경은 에라스무스가 번역한 라틴어 성경과 함께 그의
신학적 업적을 대표하는 작품으로 꼽힌다. 그는 그리스어로 발간
된 「신약성서 서문(In Novum Testamentum Praefationes)」에서 발

1, translated by R. A. B. Mynors and D. F. S. Thomson, annotated by
Wallace K. Ferguson, Toronto, Vol. i, 1974.
25) Rudolf Pfeiffer, *op. cit.*, 101.

라에 대한 고마움을 표현하고 있다.[26]

그리스어로 발간된 에라스무스의 『신약성서』는 인본주의자들에게 최초로 성경을 원어인 그리스어로 접하도록 하였다. 이와 함께 언어학과 성서 연구를 접합하는 인본주의적 프로그램이 성취되었다. 인본주의와 기독교의 통합이라는 에라스무스의 구상이 여기서도 실현되고 있는 것이다. 언어학은 또한 성경 본래의 의미를 보다 정확히 밝혀 주어 성경의 권위를 복원시켜 주고, 이를 통하여 신앙의 쇄신을 도모하는 것이 가능해졌다. 그것이 에라스무스가 추구한 목적이었다. 또한 결국 교회의 쇄신을 꿈꾸는 에라스무스의 생각이 반영된 것이기도 하였다.

유럽의 역사에서 의미가 큰 해인 1492년 에라스무스는 우트레히트(Utrecht)에서 사제로 서품을 받고 1493년에는 캄브라이(Cambrai) 주교의 비서가 된다. 1495년에는 몽테규 대학(Collège Montaigu)에서 학업을 시작하지만, 대학의 엄격한 훈육 방식에 적응하지 못하고 다시 고향으로 돌아간다. 그리고 다시 파리의 소르본 대학에서 공부를 시작하여 1498년 바칼로레아 학위를 취득한다. 이후 파리 대학에서 강의를 하는 등 한동안 대학 강사와 가정교사로서 활동하였다.

1499(1500)년에 영국으로 건너간 에라스무스는 영국의 매력에 흠뻑 빠지게 돼 평생 총 3회에 걸쳐 영국을 방문하고 체류하게 되는데, 영국에서 그는 인본주의 정신 세계를 익히고 자신의 정신 세계를 풍부하게 하는 유익한 경험을 하게 된다. 또한 영국

---

26) *Erasmus von Rotterdam. Ausgewählte Schriften*, Hrsg. v. Werner Welzig, Bd. III, Darmstadt, 1967, 115.

생활은 그에게 있어서 가장 편안한 시간이었고, 동시에 학문에
몰두할 수 있는 행복한 시간이었다. 그는 영국에서 소중한 친구
들을 사귀게 되는데, 대표적인 인물이 모루스(Thomas Morus)였
다. 그는 에라스무스와 아주 가까운 절친한 친구요 정신적인 형
제에 가까웠다. 에라스무스는 오랫동안 모루스의 집에 머물면서
함께 연구하고 대화하는 등 돈독한 친분관계를 쌓았다. 또한 영
국 인본주의를 이끌었던 존 콜레(John Colet)와도 가깝게 지냈는
데, 특히 콜레의 신학사상은 에라스무스에게 큰 영향을 미친다.
콜레는 바울 서신을 해석하며 실제적인 삶에서 참된 경건성을
회복하는 것이 핵심 메시지라고 해석하였다.[27] 경건한 삶은 그
가 유소년 시절 '데보티오 모데르나' 신앙운동에서 몸소 체험하
였던 것이고, 그의 '그리스도 철학'의 핵심 내용이기도 하였는
데, 콜레의 해석을 통해 그 중요성을 재차 확인하게 된다.

　영국은 이탈리아 인본주의가 번성하던 곳이었다. 많은 영국의
인본주의자들은 직접 이탈리아에서 수학하고 돌아와 영국에서
활동하였다. 이 때문에 에라스무스에게 있어서 영국은 인본주의
정신을 쉽게 접하고, 영감을 얻을 수 있는 곳이었다. 1499년 에
라스무스는 안드렐리니(Fausto Andrelini)에게 보내는 편지에서
"만약 네가 영국이 무엇을 제공할 수 있는지 알았다면, 너는 아
마 날아갈 수 있는 신발을 신고 신속하게 이곳으로 왔을 것이
다."[28]라고 하였다.

---

27) Rudolf Pfeiffer, "Erasmus und die Einheit der klassischen und der
　　christlichen Renaissance", Winfried Bühler (Hrsg.), *Rudolf Pfeiffer.
　　Ausgewählte Schriften*, München, 1960, 210.
28) *The Collected Works of Erasmus: The Correspondence of Erasmus, Vol.*

영국 체류 후 에라스무스는 프랑스에 머물다가 고향으로 돌아와 여러 해를 머물고는 다시 파리로 간다. 이 시기에 그의 첫 번째 인본주의 저술인 『기독교 전사들을 위한 핸드북(Enchiridion militis christiani)』이 1503년에 출간된다. 이 저술은 기독교인 삶에 대한 그의 사고를 체계적으로 정리한 것이다. 기독교인으로서 삶에 지침을 주고자 한 것으로, 신학 서적이라기보다는 기독교 윤리학 서적이라고 할 수 있다. 이 작품에서는 기독교인의 생활을 지속적인 투쟁으로 묘사한다. 즉, '무엇보다 너는 인간의 삶은 지속적인 투쟁과 다를 것이 없다는 점을 항상 명심하여야 한다.' [29] 그리고 인간은 이러한 투쟁에서 두 가지 무기, 즉 '기도와 지식'을 통해서만 살아남을 수 있다는 점을 기독교 전사들에게 말한다. [30] 에라스무스는 여기서 인간의 자기 인식을 요청하고, 인간에게 주어진 이성을 사용할 것을 강조하고 있다. [31] 왜냐하면, 이성은 하나님이 주신 하나님과 유사한 인간의 특성이기 때문이다.

> 인간의 정신은 신적인 특성이고, 인간의 육체는 동물적 특성이다. 인간의 영혼은 인간을 인간으로 만들고, 인간의 정신은 인간을 경건하게 만들고, 육체는 인간을 악하게 만든다. [32]

1, translated by R. A. B. Mynors and D. F. S. Thomson, annotated by Wallace K. Ferguson, Toronto, 1974, 193.

29) Erasmus von Rotterdam, *Enchiridion−Handbüchlein eines christlichen Streiters*, Hrsg. v. Werner Welzig, Graz, 1961, 19.

30) Ibid., 25.

31) Ibid., 38.

32) Ibid., 48.

에라스무스는 인간이 자신의 정신을 활용하여 기독교인으로서의 삶에 충실할 때, 기독교인의 투쟁적 삶에서 영적 승리를 거둘 수 있다고 주장하였다. 특히, 인간의 무지를 비판하고 인간의 정신을 활용하여 참된 진리를 깨우칠 것을 강조하고 있다는 점에서 인본주의적 정신을 확인할 수 있다.

1505(1506)년 에라스무스는 두 번째로 영국을 방문하여 피셔(John Fisher) 주교와 친분을 쌓게 된다. 피셔는 에라스무스에게 캠브리지 대학 교수직을 권하였으나, 에라스무스는 이를 거절한다. 반면, 영국에서 박사학위를 취득하기를 원하였으나, 영국의 대학들은 이를 거절하였다.

이에 에라스무스는 실망하고 1506년 이탈리아로 갔다. 이곳에서 1509년까지 머물면서 피에몬테(Piemonte), 롬바르디아(Lombardia), 토스카나(Toscana), 나폴리, 베네치아, 로마 등 여러 곳을 여행한다. 에라스무스는 이곳에서도 박사학위를 받으려고 노력하였으나, 그의 출생의 적법성이 문제가 되어 거절당한다. 그러다가 마침내 당시 신생 대학이었던 토리노 대학에서 박사학위를 받는다. 이탈리아에서 에라스무스는 자신의 언어학 공부를 완성하였다. 그리고 베네치아에서는 마누티우스(Aldus Manutius)라는 인쇄업자를 만나게 되는데, 그는 뛰어난 인본주의 학자였다. 에라스무스는 그와 함께 지내면서 수많은 고전들을 접하고 정신적으로 풍부한 시간을 보낸다.

에라스무스는 이탈리아에서 또 다른 중요한 경험을 하게 된다. 당시 교황이었던 율리우스 2세는 호전적인 인물이었으며, 이탈리아는 여러 개의 국가로 나뉘어져 있었다. 교황은 이탈리아 다른 지역을 정복하는 전쟁을 벌인다. 에라스무스는 교회가

무력을 사용하는 모습을 보면서, 교회와 교황청에 대하여 깊은
회의를 갖게 된다. 그러한 생각을 담아 1513년 『하늘 문 앞에
서 있는 율리우스(Julius exclusus e coelis)』라는 글을 쓴다. 이 글
에서 에라스무스는 무력의 사용에 대하여 율리우스의 입장에서
질문을 제기하고, 베드로의 말을 인용하여 '나는 이 관직을 수행
하기 때문에, 하나님의 말씀이라는 영적인 검 외에는 그 어떤 칼
도 알지 못한다.' [33]고 답한다. 즉, 교황 율리우스의 무력 사용에
대하여 비판하고 있는 것이다. 동시에 이 글에서 에라스무스는
로마 교회에 대한 자신의 기본적인 입장을 표명한다. 그는 먼저
로마 가톨릭교회에 끝까지 머물기로 결심한다. 동시에 교회의
쇄신을 위하여 헌신할 것을 표명한다. 그는 종교개혁가들과는
달리 새로운 교회를 만들어 교회가 분열되는 것을 원치 않았고,
가톨릭교회의 개혁과 거듭남을 희망하였다.

1509년부터 1514년까지 에라스무스는 세 번째로 영국에 체류
하는데, 이때 그는 『우신예찬(Encomium Moriae)』을 저술하였
다.[34] 이 책은 해학적 저술로서 에라스무스의 해박한 지식과 인
본주의적 정신이 잘 드러나 있다. 이 책의 주 내용은 '어리석음
의 여신(女神)'이 세상에는 얼마나 어리석은 짓이 많은가를 열거
하며 자랑을 늘어 놓는 형식을 취하여 철학자와 신학자의 공허
한 논의, 성직자의 위선 등에 대하여 날카롭게 풍자하고 있다.
이 책에서는 이 세상을 다스리는 사람들의 어리석음뿐만 아니라
기독교 세계에서 벌어지는 우둔함에 대해서도 주제로 삼고 있

---

33) *Erasmus von Rotterdam. Ausgewählte Schriften*, Hrsg. v. Werner Welzig,
   Bd. V, Darmstadt, 1968, 31.
34) Desiderius Erasmus, *The Praise of Fully*, New York, 1942.

다. '기독교 종교는 밖으로 나타나는 모습을 보면 지혜로움과
관련되기보다는 어리석음과 관련되어 있다.' [35]

이후 그는 바젤과 프랑스에서 머물다가 1517년부터 1521년까
지 루뱅에 체류한다. 이 시기에 에라스무스는 이미 유럽의 저명
인사가 되어 있었다. 유럽의 정치가와 교회지도자, 그리고 학자
들은 에라스무스의 현답을 듣기를 원하였다. 특히, 정치적 투쟁
과 교회 투쟁의 시기에 난제에 대한 답을 그에게 청하였으나,
에라스무스는 그러한 논쟁과 투쟁에 휘말리지 않으려고 하였다.
그는 특정한 정파나 종파에 속하지 않고, 그것을 초월하는 세계
시민이 되기를 희망하였다. 1522년 종교개혁가 츠빙글리에게 보
낸 편지에서 그는 '나는 세계 시민이 되기를 원한다. 나는 모든
곳에 속하기를 원한다. 아니 그보다 나는 어디에도 속하지 않기
를 희망한다. 내가 만약 행운이 있다면, 하늘나라의 시민 명단
에 이름을 올리고 싶다.' [36]고 하였다. 이것은 분명 정치적 · 신
학적 논쟁에 휘말리지 않겠다는 거절의 표시였다.

당시의 시대적 상황과 에라스무스의 명성을 생각하면, 세계
시민이 되고자 하는 그의 소망은 분명 이상적 희망 사항에 불과
하다. 1517년 루터의 종교개혁 선언 이후 종교개혁이 급속히 진
행되면서 에라스무스는 자신의 입장을 표명하여야 할 상황에 몰
리게 되었다.

35) Erasmus von Rotterdam, "Das Lob der Torheit", Anton J. Gail,
   Erasmus-Auswahl aus seinen Schriften, Düsseldorf, 1948, 266.
36) *The Collected Works of Erasmus: The Correspondence of Erasmus*, Vol.
   9, translated by R. A. B. Mynors, annotated by James M. Estes, Toronto,
   1989, 185.

에라스무스는 평신도의 종교적 경건성과 독자적인 신학적 사고, 그리고 편견 없이 비판적으로 성경을 대하도록 하는 것을 중요하게 생각하고 있었고, 이 점에서 그는 종교개혁적인 사고를 갖고 있었다. 그는 인본주의적 정신에 따라 성경을 대중 언어로 번역하기도 하였고, 로마 가톨릭교회에 대하여 혹독한 비판을 가하기도 하였다. 그러나 그는 혁명을 원한 것이 아니라, 점진적인 개혁과 쇄신을 희망하였다.

1521년부터 1529년까지 그는 바젤에 체류하였다. 이때가 그의 생애에서 가장 행복한 시절이었다. 그는 책을 쓰고, 편집하고, 출판하는 일에 전념하였으며, 동시에 수많은 사람과 서신 교환을 하였다. 당시 교황이었던 레오 10세, 하드리안 6세, 클레멘스 7세, 그리고 신성로마제국 황제 카를 5세, 영국 왕 헨리 8세 등 유럽 각국의 군주들과 서신을 교환하였다. 종교개혁 직후 작센 왕 프리드리히가 루터를 보호해 주어야 하는지에 대한 물음을 서신을 통하여 제기하였을 때, 그는 루터를 보호해 줄 것을 권면하기도 하였다.

그는 인생의 말년에 『기독교적 왕자 교육(Institutio principis christiani)』이란 저술을 펴낸다. 이 글은 나중에 신성로마제국의 황제가 될 카를 5세를 위한 것이었다. 이 글에서 에라스무스는 군주가 어떻게 나라를 다스려야 하는지, 어떤 덕목을 소유하여야 하는지에 대하여 서술하고 있다. 여기서 에라스무스의 기본적 사상은 공동선(common good), 즉 군주와 국민 사이의 관계가 공동의 선과 공동의 복지를 위하여 맺어져야 한다는 것이었다. 여기서 군주는 정치적 능력보다는 인간적인 자질이 중시되었다. '지도자는 군주적인 성품을 지녀야 하는데, 공동의 선을 위하여 지혜, 정의, 절제, 호의와 열정이 필요하다.'[37] 이로부터 에라스무스는 군주가 지켜야 할 행동의 원칙을 이끌어 낸다. 그것은 에라스무스의 일평생의 관심인 '그리스도 철학(philosophia christi)'에서 추출한 내용이기도 하다. 철학보다는 삶의 지혜, 철학적 윤리학보다는 기독교적인 삶의 지혜와 행동이 그것이다. 그는 여기서 정치와 도덕, 정치술과 철학적 지혜를 통합하려고 시도하였다. 도덕성이란 덕목에 기초한다면 선한 공동체가 이루어질 수 있다고 믿은 것이다.

이러한 모든 정치적·종교적 목적은 교육의 도움 없이는 이루어질 수 없다. 이 때문에 에라스무스 역시 다른 모든 인본주의자들과 마찬가지로 교육에 깊은 관심을 갖게 된다.

> 좋은 왕자의 탄생을 위한 가장 중요한 희망은 교육에서 온다.[38]
> ……도덕성의 씨앗은 왕자의 영혼이 탄생한 직후에 바로 심어져야
> 한다. 그렇게 되면 도덕성의 씨앗은 시간이 흐르고 경험이 쌓이면서
> 조금씩 자라고 성숙해져, 나중에는 왕자의 삶에 확고하게 뿌리를 내
> 려 견고하게 된다. 생의 초기에 학습한 것보다 깊이 있게 뿌리를 내
> 리고 견고하게 지탱하는 것은 없다.[39]

여기서 에라스무스는 인간학적인 관찰을 바탕으로 조기교육의 중요성을 강조한다. 특히, 군주의 가장 중요한 덕목인 도덕성을

---

37) Desiderius Erasmus, *The Education of a Christian Prince*, translated by Lester K. Born, New York, 1936, 140.
38) Ibid., 140.
39) Ibid., 140.

생의 초기부터 왕자의 삶을 지배하도록 강조하고 있다는 점에서 그가 교육을 매우 중시하였다는 사실을 확인할 수 있다. 또한, 훌륭한 왕자의 교육을 통하여 인간 세계의 개선이 가능하다는 그의 생각도 확인할 수 있다.

에라스무스는 평생 기독교적인 인간 이해에 기초한 인간의 선성(善性)과 교육의 필요성에 대한 신념을 포기하지 않았다. 그는 인간의 선한 바탕을 기초로 교육을 통하여 선한 인간과 선한 사회가 도래할 것임을 의심하지 않았으며, 그러한 믿음과 희망을 갖고 일평생 기독교적 인본주의자로서 살았다. 종교개혁 이후 종교적 투쟁이 더욱 극심해지자 그는 생의 마지막에 다다르면서 더욱 가톨릭교회를 옹호하는 입장에 섰다. 그러다가 절친한 친구 모루스(Thomas Morus)가 가톨릭 신앙을 지키면서 순교하자, 그는 세속적이고 공적인 일에 더욱 거리를 두게 되었다. 그는 마지막으로 『기독교 교회의 통일에 대하여(Über die Einheit der christlichen Kirche)』라는 저술을 쓰면서, 끝까지 교회의 연합과 화해를 강조하고 소망하다가 1536년 7월 12일 파란만장한 생을 마감하였다.

에라스무스는 철학자도 아니었고 천재도 아니었으며, 혁명가도 아니었다. 그러나 그는 인본주의적 정신 세계의 원천이요, 진실된 기독교인으로서 인간의 선성에 대한 큰 신뢰와 함께 인간의 이성과 도야에 큰 희망을 갖고 그것을 실현하기 위하여 일평생 헌신하며 살았던 위대한 인본주의자였다. 이 때문에 그는 후세에 '인본주의의 군주'라는 별칭을 얻기도 하였다.

2) 루터와 에라스무스

루터와 에라스무스는 15, 16세기 유럽 사상계를 대표하는 사람이다. 루터는 종교개혁의 수장이요, 에라스무스는 인본주의의 수장이다. 두 사람은 모두 가톨릭 사제였고, 교육을 강조하였다는 점에서 공통점을 가지고 있었다. 그러나 인간에 대한 이해, 신학적 입장, 가톨릭교회에 대한 이해에서 상충하여 대립하기도 하였다. 무엇보다 루터는 급진적인 교회의 개혁을 요구한 반면, 에라스무스는 점진적인 교회의 개혁을 추진한 점에서 차이점을 발견할 수 있다.

루터와 에라스무스의 논쟁은 당시 사회의 뜨거운 관심사이기도 하였지만, 오늘날의 관점에서도 해결되지 않은, 아마도 영원히 해결할 수 없는 논쟁거리로 보인다. 때문에 두 사람은 근본적으로 이 세계의 개선이라는 목적이 같았음에도 불구하고, 의견의 일치는 불가능하였다. 그리고 두 사람 사이의 논쟁에서 우리는 종교개혁가로서의 루터와 인본주의자로서의 에라스무스의 성격이 분명히 확인되고 있음을 알 수 있다.

루터는 신앙과 하나님의 은총을 강조한 반면, 에라스무스는 기독교적인 경건성과 도덕성을 강조하였다. 루터는 종교적인 열정과 함께 교회의 개혁을 위하여 투쟁을 두려워하지 않은 반면, 에라스무스는 전형적인 학자로서 온유하고 감성적인 성품을 지녔으며 투쟁보다는 화해와 평화를 강조하였다. 루터는 하나님에 대한 철저한 복종을 강조하였고, 교육은 이차적인 의미를 지니고 있었으나, 에라스무스는 기독교적인 경건성이 교육과 도야를 통하여 가능하다는 생각을 가지고 있었다. 요약하면, 종교개혁가 루터는 신 중심적 사고와 함께 신앙과 은총을 강조한 반면, 인본

주의자 에라스무스는 인간 중심적 사고와 함께 이 세계의 개선
을 위한 인간의 적극적 노력이 중요하다는 점을 강조하였다.

루터는 자신의 『탁상담화(Tischreden)』에서 당시의 대표적 사
상가인 에라스무스와 멜란히톤과 자신의 사상을 비교하면서, 에
라스무스의 특징을 '사물 없는 언어(verba sine re)'로 규정하고,
멜란히톤의 특징을 '사물과 언어(res et verba)'로 규정하고, 자신
의 특징을 '언어 없는 사물(res sine verbis)'이라고 규정하였다.
통상적으로 라틴어 베르바(verba)는 언어를 의미하고, 레스(res)
는 사물이나 실제를 의미하는데, 여기서 루터는 베르바(verba)를
인본주의로, 레스(res)를 종교적 진리로 표현하고 있다. 그 뜻을
풀이하면 루터에게는 '종교적 진리만이 중요하고, 멜란히톤에게
는 인본주의와 성서적 진리를 통합하는 것이 중요하고, 에라스
무스에게는 종교적 진리보다는 인본주의가 월등히 중요하다.'[40]
는 것이다. 에라스무스는 언어를 지나치게 강조하기 때문에 내
용적 측면인 종교적 진리에 대한 탐구가 미흡하다는 것이고, 멜
란히톤은 언어를 통한 인본주의적 도야를 강조함과 더불어 언어
의 획득은 사물(여기서는 신앙)을 통하여 가능하다는 통합적인
시각을 갖고 있다는 것이다. 반면 루터에게는 사물 그 자체, 즉
종교적 진리를 탐구하여 교회를 정화하고 신앙을 정화하는 것이
핵심 관심사라는 것이다.

어쨌든 종교개혁 직후인 1530년대에 루터와 에라스무스의 논
쟁은 유럽 사상계의 주목을 끌었다. 처음에 에라스무스는 루터

---

40) Rudolf Padberg, *Personaler Humanismus. Das Bildungsverständnis des
Erasmus von Rotterdam und seine Bedeutung für die Gegenwart*,
Paderborn, 1964, 96.

의 편에 섰다. 1518년 10월 프레데릭(Frederick) 공작에게 보내는 편지에서 그는 "나는 루터에 대하여 잘 모릅니다. ……그러나 그를 아는 많은 사람은 그의 삶을 높이 평가합니다. 그는 탐욕이나 명예심에 의하여 움직이는 사람과는 거리가 멉니다. 그의 도덕성은 그를 반대하는 사람들에게도 인정받고 있습니다."[41]라고 평하였다. 루터의 개혁에 대한 지지의 입장이 표현되고 있다. 1519년 멜란히톤에게 보내는 편지에서 에라스무스는 '마르틴 루터의 삶에 대해서는 우리 모두 동의하고 인정하지만, 그의 생각에 대해서는 의견이 엇갈린다. 나는 루터의 책을 아직 읽지는 못하였다. 어떤 면에서 루터가 경고하는 것은 옳다. 그의 주장이 솔직한 것처럼 그의 경고가 모든 사람에게 좋은 결과를 낳았으면 좋겠다.'[42]고 하였다. 이후 루터의 주장이 신성로마제국 차원의 중대 이슈가 되어 루터에 대한 박해가 시작될 때, 에라스무스는 작센의 군주인 프리드리히 2세에게 루터를 보호해 줄 것을 요청하기도 하였다.[43]

에라스무스는 논쟁을 즐기는 사람이 아니었으며, 투쟁가도 아니었다. 그는 공적인 영향력을 즐기는 사람도 아니었으며, 교회정치가도 아니었다. 그는 인본주의적 도덕군자요, 인본주의적 학자였다. 학자적 양심에 따라 살아가려고 노력했으며, 인간의

---

41) The Collected Works of Erasmus: The Correspondence of Erasmus, Vol. 6, translated by R. A. B. Mynors and D. F. S. Thomson, annotated by G. Bietenholz, Toronto, 1982, 297.
42) Ibid., 309.
43) Heinz Holeczek, "Erasmus' Stellung zur Reformation: Studia humanitatis und Kirchenreform", Renaissance-Reformation. Gegensätze und Gemeinsamkeiten, Hrsg. v. August Buck, Wiesbaden, 1984, 137.

이성에 대한 신뢰를 바탕으로 교육과 도야를 통하여 인간 세계
의 개선을 꿈꾸던 사람이었다. 그는 절제 있고 균형 있게 이성
적인 삶을 꾸려 나가는 사람이었으며, 인간의 이성적 판단에 따
르는 것을 의무로 생각한 사람이었다.

그러나 유럽의 사회와 사상계가 종교개혁의 여파에 큰 영향을
받게 되면서, 에라스무스도 자신의 이성과 학자적 양심에 따라
목소리를 내야 하는 형편에 놓이게 되었다. 그는 중립적인 입장
에만 있을 수 있는 형편이 못되었다. 그래서 그는 평생에서 처
음이자 마지막으로 공격적인 입장에서 논쟁을 펴게 된다. 루터
가 불러일으킨 폭풍우를 잠재우고, 루터를 다시 균형으로 이끌
어야 하는 과제를 갖게 된 것이다.

1524년 그는 『자유의지(De libero arbitrio)』라는 글을 쓰면서 루
터에게 도전장을 낸다. 그러자 루터는 이에 대한 반론으로 『노
예의지(De servo arbitrio)』라는 글을 쓰게 된다. 자유의지와 노예
의지의 논쟁의 핵심은 기독교적인 인간 이해에 관한 것이었다.
인본주의자인 에라스무스는 인간을 자유의지를 지닌 존재로 이
해한 반면, 종교개혁가인 루터는 인간을 노예의지를 지닌 존재
로 이해하였다. 에라스무스가 인간의 자유와 존엄성을 강조하였
다면, 루터는 인간의 무기력과 신의 은총을 강조하였다. 에라스
무스가 인간의 이성과 능력에 대하여 깊은 신뢰와 낙관적인 견
해를 가졌다면, 루터는 인간의 가능성에 대한 부정적이고 비관
적인 견해를 가졌다. 에라스무스가 인간의 지식이 올바른 신앙
으로 이끈다고 보았다면, 루터는 인간의 지식에 앞선 신앙의 우
선성을 강조하였다. 에라스무스가 이 세상을 구원하는 하나님의
구속 역사에서 인간의 역할을 강조하였다면, 루터는 신의 절대

적 은총과 그 범주 내에서 인간의 책임을 강조하였다.

인간에 대한 상충된 이해와 더불어 인본주의자인 에라스무스와 종교개혁가 루터의 대립은 성서에 대한 물음에서도 계속되었다. 성경이 스스로를 해석하도록 위임할 것인지, 아니면 인간이 자신의 고유한 이성을 바탕으로 성경을 독자적으로 해석할 것인지에 대한 질문, 그리고 성경 말씀이 정확히 이해하는 데 아무 문제가 없을 정도로 분명하여 단지 올바로 읽기만 하면 되는 것인지, 아니면 철학적 성찰과 깊이 있는 숙고를 바탕으로 하는 해석이 필요한 것인지에 대한 물음이 그것이다.

마지막으로 신학적인 물음에서도 입장 차이를 확인할 수 있다. 인간은 신의 명령에 절대적으로 복종하는 노예의지를 갖고 자신을 신의 은총에 내맡기는 것 외에는 아무것도 할 수 없는 것인지, 아니면 자신의 삶의 중요한 사항을 결정하는 데 있어서 자유로운 공간이 보장되어 있는 것인지에 대한 물음이다. 루터는 '자유로운 의지의 힘이라는 개념을 성령이 충만하고 하나님의 은총에 사로잡혀 있는 인간의 능력이라는 것으로 이해한다면, 그것은 옳다. ……자유로운 의지의 힘은 신의 은총 없이는 아무것도 아니고, 아무런 선(善)도 실현할 수도 없고 실현할 능력도 없다는 점은 분명하다.' [44]고 말하였다. 반면, 에라스무스는 인간이 자유의지를 갖고 있는 자체도 하나님의 은총이라고 강조하였다.

---

44) Martin Luther, *Vom unfreien Willen. Eine Kampfschrift gegen den Mythus aller Zeiten aus dem Jahre 1525*, nach dem Urtext neu verdeutscht von Otto Schumacher, Göttingen, 1937, 55.

'하나님은 태초에 인간을 창조하였고, 인간이 자신의 고유한 의지
를 갖고 결정하도록 하였다. ……인간 앞에는 삶과 죽음, 선과 악이
놓여 있다. 인간이 원하는 것을 인간은 가질 수 있다.' [45]

그는 한 걸음 더 나아가 자유의지라는 개념을 다음과 같이 규
정한다.

자유의지라는 개념을 여기서는 폭넓게 인간의 의지의 능력으로 규
정하도록 하자. 그러한 의지의 능력을 통하여 인간은 영원한 구원으
로 이끄는 것을 지향할 수도 있고, 아니면 그 반대되는 것을 지향할
수도 있다. [46]

여기서 우리는 에라스무스의 개방적인 사고를 확인하게 된다.
에라스무스에게 있어 자유는 인간의 본성적 특성이다. 물론, 여
기서 에라스무스가 인간의 자유의지를 절대적인 것으로 본 것은
아니다. 그는 루터의 주장과 같이 기독교인들이 하나님의 은총
을 구하여야 하고, 자신의 자유의지에 따라 절대자에게 복종하
여야 한다고 말한다. 자유의지의 긍정적인 차원을 강조한 점에
서는 루터와 에라스무스는 차이가 없다. 에라스무스는 인간이
무엇이든 할 수 있는 것이 아니라, 절대자의 명령에 자신을 맡
겨야 한다고 보았다. 동시에 그러한 자유의지를 갖고 이성적인

45) Bengt Hägglund, "Die Frage der Willensfreiheit in der Auseinandersetzung
    zwischen Erasmus und Luther", *Renaissance-Reformation. Gegensätze
    und Gemeinsamkeiten*, Hrsg. v. August Buck, Wiesbaden, 1984, 186.
46) *Erasmus von Rotterdam. Ausgewählte Schriften*, Hrsg. v. Werner Welzig,
    Bd. IV, Darmstadt, 1969, 37.

판단을 기초로 선택할 수 있음을 분명히 한다. 인간은 자신에게
주어진 자유를 갖고, 궁극적으로는 다른 결정을 할 수도 있어야
한다는 것이다. 그러나 이러한 부정적인 차원의 자유의지를 루
터는 인정하지 않았다.

3) 에라스무스의 교육사상

에라스무스는 체계적으로 교육사상을 전개하지는 않았으나,
교육과 관련된 여러 글에서 자신의 사상을 표현하고 있다. 여기
서는 그의 교육과 관련된 핵심 저술 세 가지를 살펴보면서, 그의
교육사상을 살펴보도록 한다. 첫 번째는 1511년에 쓰인 『학문 연
구의 방법에 대하여(Über die Methode des Studiums)』다. 두 번
째는 1529년에 쓴 『청소년들의 예절 교육(De civilitate morum
puerilium)』이다. 이 책은 영국 왕의 11세 된 왕자를 교육하는 것을
목적으로 저술된 것으로, 에라스무스 생존 당시에만 30여 판이
인쇄되었고, 오늘날까지 130여 판이 인쇄될 정도로 선풍적인 인
기를 끌었다. 그리고 발간 직후 여러 나라 언어로 번역되어 출
간되었다. 세 번째 교육 저술은 1529년에 출간된 『어린이의 일
반적인 인격 도야와 정신 도야의 필요성에 대하여(Über die
Notwendigkeit einer frühzeitigen allgemeinen Charakter- und
Geistesbildung der Kinder)』다. 이 글 역시 군주 자녀의 교육을 목
적으로 쓰였다. 여기서는 특히 당시의 억압적 교육방식에 대한
비판과 더불어 새로운 인본주의적 교육방법에 대하여 서술되고
있다.

에라스무스는 인간을 인간 그 자체로 이해함으로써 신과의 관

련성 속에서만 인간의 존재 가치를 찾는 중세적 이해를 거부한
다.[47] 그에게 있어서 인간의 삶이란 신적이고 초자연적인 것이
아니라 자연적인 것이며, 자연적인 것은 인간의 고유한 특성이
요 선한 것이다. 자연성은 중세 시대에 이해된 것과 같이 악의
세계, 저주의 세계, 사탄의 세계, 극복되어야 할 세계에 속한 것
이 아니다. 자연성은 신이 인간을 창조할 때 인간에게 부여한
'배아'와 같은 것이다. 이 배아 때문에 인간은 자신과 삶에 대
한 긍정적인 이해를 갖게 되고, 완전과 완성을 향해 자신을 끊
임없이 개선시키는 것이 가능하다. 이렇게 에라스무스는 인간을
그에게 주어진 자연성으로 이해하려 하였으며, 인간의 가능성에
대한 긍정적이고 낙관적인 생각을 갖고 있었다.

그는 인간을 동물로부터 구별되게 하고, 인간을 인간으로 규
정하는 가장 본질적인 특징을 이성이라고 보았다. 이성은 인간
을 궁극적으로 인간이 되게 하는 지적이고 영적이며 실용적인
힘이라고 주장하였다.[48] 이성은 선과 악을 판단하는 기준의 역
할을 하기 때문에 인간 안의 신적인 것이라고 생각하였다. 그래
서 인간은 이성의 통로로 하나님을 알 수 있다고 보았다. 이성
은 실천과도 연결되는데, 단순히 선과 악을 구별하는 것에서 더
나아가 인간이 가지고 있는 죄에 대한 경향성 및 악을 저지르려
하는 마음과 적극적으로 대결하고 이를 극복하게 하는 힘이 된
다는 것이다.

47) Bernhard Groethuysen, *Philosophische Anthropologie*, München, Berlin,
1928, 185.
48) Desiderius Erasmus, *Enchiridion−Handbüchlein eines christlichen
Streiters*, Übersetzt u. eingel. v. W. Welzig, Darmstadt, 1968, 133.

에라스무스는 인간을 '이성의 동물'로 이해하였다. 그러나 이성이 인간에게 처음부터 어떤 완성된 모습으로 주어진 것이라고는 생각하지 않았다. 그는 모든 인간이 내부적으로 '이성을 씨앗처럼 품고 있다.'고 보았다.[49] 인간 안에 이성은 '씨앗'처럼 주어져 이것이 시간이 지나면서 완성을 향하여 성숙되고 개발된다는 것이다. 여기서 교육의 필요성이 제기된다. 에라스무스는 교육 없이 이성은 이성으로서의 기능을 할 수 없다고 보았다. 그래서 그는 "인간은 인간으로 태어나는 것이 아니고 인간으로 교육되는 것이다."라고 하였다.[50] 인간의 모습을 갖고 태어났다고 하여 모두 인간이 되는 것이 아니라, 교육과 도야를 통하여 인간성을 지닌 인간으로 성장한다는 것이다. 즉, 인간에게는 교육과 도야가 필연적으로 요청된다는 것이다.

에라스무스가 교육에 대하여 부여하는 무한한 가능성에 대한 확신이 단지 인간의 선한 바탕 때문만은 아니다. 그는 어린이를 왁스, 새 잔, 양털, 휘기 쉬운 어린 나무, 빈 밭, 가공되지 않은 재료, 좋은 밭 등과 같이 무엇으로든지 만들어질 수 있는 가소성(可塑性)을 가진 존재로 이해하였다. 그는 인간 초기의 경험에 의해 어린이는 '짐승'과 같은 존재도 되고, '신적인' 존재로도 될 수 있다고 하였다. 어린이의 초기 경험을 각인하는 힘과 어린이 자체가 가지고 있는 가소성이 그로 하여금 교육의 중요성과

49) Desiderius Erasmus, "Über die Notwendigkeit einer frühzeitigen allgemeinen Charakter-und Geistesbildung der Kinder", *Erasmus von Rotterdam. Ausgewählte pädagogische Schriften*, Besorgt v. Anton J. Gail, Paderborn, 1963, 107.
50) Ibid., 115.

교육의 힘에 대한 확신을 갖게 하는 데 중요한 역할을 하였다.

에라스무스 사상의 핵심은 기독교와 인본주의를 통합하는 것이다. 인본주의가 인간의 존엄성과 자유를 회복하는 것에 관심을 두고 개인의 자유와 이성을 중요시하였다면, 기독교는 경건한 삶을 강조한다. 서로 다른 가치를 지향하는 것처럼 보이는 기독교와 인본주의를 에라스무스는 모순과 대립의 관계로 보지 않았다. 예를 들어, 그는 복음이란 하나님의 최고의 계시인 동시에 인본주의 휴머니즘 사상의 극치(꽃)라고 보았다. 자유의 이념 역시 인본주의자들에게는 인간 삶의 최고의 원칙인 동시에 기독교적 인간 이해의 기초라고 보았다. 즉, 기독교인은 근본적으로 자유인이라고 주장하였다.

이로부터 그는 교육의 근본적인 과제를 인간성(humanitas)과 종교성(경건성, pietas)의 통합에서 찾고 있다. 그는 이를 세 가지 통로를 통해 실현될 수 있다고 보았다.

첫째는, 경건 교육이다. 에라스무스는 인간을 참된 경건성으로 이끄는 것을 인간 삶의 목적이요, 동시에 교육의 목적이라고 보았다.[51] 에라스무스가 청소년 시절 '데보티오 모데르나'에서 배운 경건한 삶은 그에게 매우 중요한 경험이었다. 그에게 있어서 경건성이란 성경의 정신에 따라 사는 것이요, '그리스도 철학'에 따라 살아가도록 이끄는 것을 말한다.

둘째는, 개인의 인간성을 함양하고 자유인으로 도야하는 인간 교육이다. 이를 위하여 기독교적인 생활과 세속적인 생활에서 개인의 주체성이 강조되었다.

---

51) Rudolf Padberg, *op. cit.*, 112.

3. 네덜란드의 인본주의 교육 **201**

셋째는, 언어 교육이다. 그는 언어와 함께 정신적이고 도덕적인
쇄신이 시작된다고 보았으며,[52] 언어 교육을 통하여 인간의 정신
을 쇄신하고자 하였다. 이러한 정신의 쇄신을 통하여 인간의 쇄
신과 인간 세계의 개선을 도모하고자 하였다. 그리고 교회적 전
통이나 교리적 독단에서 벗어나 성서의 본래적 의미를 충실히 이
해하여, 이성적이고 지혜롭고 경건한 삶을 위해서도 언어 교육이
중요하다고 보았다. 언어 교육에서는 특히 문법이 강조되었다.

맨 먼저 문법을 가르쳐야 한다. 청소년들은 그리스어 문법과 라틴
어 문법을 동시에 배워야 한다. 모든 배워야 할 가치 있는 것들이 이
두 가지 언어에 담겨 있을 뿐 아니라, 두 가지 언어 사이에는 깊은 관
련성이 있어 따로 공부하는 것보다 동시에 공부하는 것이 훨씬 빨리
배울 수 있기 때문이다.[53]

그리고 그리스어와 라틴어는 '가급적 조기에 가장 좋은 선생
님을 통하여 배워야 한다.' [54]고 주장하였다. 문법적 규칙을 배
우는 것은 반드시 필요하기는 하지만, 그것은 요점 중심으로 최
소화하여야 한다. 에라스무스는 수년 동안 학생들에게 문법을
주입식으로 가르치는 것을 절대로 인정할 수 없다고 하였다.[55]

---

52) Rudolf Pfeiffer, *Die Klassische Philologie von Petrarca bis Mommsen*,
München, 1982, 98.
53) Desiderius Erasmus, "Über die Methode des Studiums", *Erasmus von
Rotterdam. Ausgewählte pädagogische Schriften*, Besorgt v. Anton J.
Gail, Paderborn, 1963, 30.
54) Ibid., 31.
55) Ibid., 31.

암기 위주의 학습이 아니라, '제대로 말하는 사람과의 대화와
교제를 통하여, 그리고 훌륭한 문필가의 작품을 열심히 읽는 것
을 통하여'[56] 살아 있는 언어를 습득하여야 한다고 주장하였다.

여기서 우리는 언어 교육의 내용뿐 아니라 그 방법에 있어서
인본주의적 방법과 중세 스콜라 철학의 방법과는 차이가 있음을
확인하게 된다. 먼저, 여기서 교사와 학생은 새로운 관계에 서
게 된다. 수직적·권위주의적 관계가 아니라, 살아 있는 대화와
교제가 이루어지는 생동적인 관계가 강조되고 있다. 특히, 교사
는 여기서 충분한 지식을 쌓아야 하고, 설득력 있게 가르치고
대화하는 것을 통하여 권위를 얻는 존재로 이해되고 있다. 교사
는 '청소년들이 일찍부터 모든 경우에 독자적인 판단에 익숙해
지도록 이끌어야 한다.'[57]고 에라스무스는 말하였다. 자유 정신
과 비판 이성이 교사와 학생의 관계에서 강조되고 있다.

다음으로 '원천으로 돌아가라!'라는 르네상스 인본주의의 명
제는 단지 그것을 맹목적으로 받아들이고 모방하고 따라하려는
목적이 아니라, 인간의 정신 세계를 도야하기 위한 것이었다.
그의 글 『키케로주의자(Ciceronianus)』에서 그는 '누구든지 키케
로를 모방한다는 것은 그를 단순히 복사하는 것을 의미하는 것
이 아니라, 그와 똑같이 행동하고 더 나아가 그와 경쟁하여 더
나은 사람이 되려고 노력하는 것을 의미한다.'[58]고 하였다. 언
어와 함께 정신은 도야된다. 그리고 도야된 정신은 올바른 판단

---

56) Ibid., 31.
57) Ibid., 45.
58) *Erasmus von Rotterdam. Ausgewählte Schriften*, Hrsg. v. Werner Welzig,
    Bd. VII, Darmstadt, 1972, 347.

과 행동으로 인간을 이끌게 되고, 개인은 더욱 성숙되고 발전된
다는 것이 에라스무스의 생각이었다.

비록, 충분하지는 않더라도 확실하게 언어를 익혔다면, 이제 사물
의 실제를 이해하도록 이끌어야 한다.[59] ……모든 지식은 언어에 대
한 지식과 사물에 대한 지식 두 가지로 구분할 수 있다는 점을 먼저
분명히 하고 싶다. 언어적 지식이 우선하지만, 사물적 지식은 더욱
중요하다.[60]

에라스무스는 언어 교육을 기초로 이제 사물 세계를 알아가는
교육이 필요하다는 점을 제시한다. 에라스무스가 강조한 사물
관련 교과는 철학, 신학, 역사, 시학, 실과, 자연과학 등이다.[61].

무엇보다 어린이의 연약한 마음에 경건성을 심어 주어야 한다. 다
음으로는 어린이가 즐겁고 사랑하는 마음으로 7자유 교과를 접하도
록 배려하여야 한다. 세 번째로는 어린이가 자신의 삶을 완전히 익히
도록 배워야 한다. 네 번째로는 어릴 때부터 문명인으로서 예절바른
삶을 살아가는 방법을 익혀야 한다.[62]

---

59) Desiderius Erasmus, "Über die Methode des Studiums", *Erasmus von
    Rotterdam. Ausgewählte pädagogische Schriften*, Besorgt v. Anton J.
    Gail, Paderborn, 1963, 31.
60) Ibid., 30.
61) Ibid., 34f.
62) Desiderius Erasmus, "Über die Umgangserziehung der Kinder", *Erasmus
    von Rotterdam. Ausgewählte pädagogische Schriften*, Besorgt v. Anton
    J. Gail, Paderborn, 1963, 89.

이 구절에서 에라스무스는 자신이 생각하는 교육의 주안점에 대하여 함축적으로 서술하고 있다. 먼저, 기독교와 인본주의의 핵심 내용이 교육과정에 포함되어야 한다는 점을 강조하고 있다. 기독교적인 경건성과 인본주의적 7자유 교과의 교육과정이 그것이다. 다음으로 중요한 점은 어린이에게 죽은 지식, 교과서적인 지식을 가르치기보다는 삶을 가르쳐야 한다는 것이다. 인간의 삶에 영향을 미치는 생동적인 지식을 강조하고 있는 것이다. 이와 함께 에라스무스적인 인본주의 교육 프로그램이 완성된다.

교육방법에 대한 에라스무스의 새로운 이해는 그의 어린이 이해와 밀접한 관련을 맺고 있다. 그는 기본적으로 어린이를 '자유인'으로 보았다. 그에게 있어서 어린이는 교육자의 손에 맡겨진 노예가 아니다. 어린이는 고상한 영혼을 지닌 존재이기 때문에 지나친 억압이나 체벌만으로 교육하는 것은 옳지 않다고 보았다.

어린이에게는 매질에 익숙해지는 것보다 더 해로운 것은 없다. ……우리가 사용하는 회초리는 솔직한 경고와 질책이 되어야 하고 부드럽게 사용되어야 하지, 적개심을 불러일으키는 강력한 억압이 되어서는 안 된다.[63]

그는 자유자인 어린이를 노예 대하듯 체벌하지 말고 부드러움

---

63) Desiderius Erasmus, "Über die Notwendigkeit einer frÜhzeitigen allgemeinen Charakter-und Geistesbildung der Kinder", *Erasmus von Rotterdam. Ausgewählte pädagogische Schriften*, Besorgt v. Anton J. Gail, Paderborn, 1963, 144.

으로 대해야 하고, 존중과 칭찬으로 교육하는 것이 효과적임을
강조하였다.[64] 여기서는 교사의 절대적 권위와 학생들의 절대적
순종을 특징으로 하는 억압적 교육학이 부정되고 있다. 에라스
무스는 그 대신 어린이의 독자성을 신장시키는 어린이의 자기책
임을 강조하는 교육을 권장하고 있다.

에라스무스의 이러한 생각은 교육방법을 논하면서 더욱 분명
해진다.

> 인간의 행운은 자연적 소질, 가르침, 연습 세 가지에 기초한다.
> ……자연적 소질은 이론적인 가르침이 필요하고, 연습은 가르침의
> 지도를 받지 못하면 다양한 위험과 오류에 빠지게 된다.[65]

여기서 에라스무스는 아리스토텔레스의 『니코마코스 윤리학』
의 내용을 참고하여, 세 가지 교육적 요소를 제시한다. 자연적
소질, 가르침과 훈계가 행해지는 수업, 그리고 수업을 통하여 얻
은 지식을 행동으로 실천하고 습관화하는 연습이 그것이다.

> 이 세 가지 요소를 서로 연결시키자. 그렇게 되면 가르침이 자연적
> 소질에 방향을 제시하게 되고, 연습은 가르침을 실행에 옮기게 한
> 다.[66]

외적인 교화나 억압이 아니라, 인간의 자연적 소질을 키워 주

---

64) Ibid., 139 and 144f.
65) Ibid., 122.
66) Ibid., 123.

고 종교성과 인본성을 키우는 내용을 가르치고, 그것을 실천하
도록 하는 것이 에라스무스가 생각한 교육방법이다.

여기서 우리는 에라스무스가 '자연'을 교육방법의 핵심 개념
으로 수용하고 있음을 확인할 수 있으며, 에라스무스가 생각한
교육방법은 자연적 교육방법이라고 표현할 수 있다. 즉, 자연의
원리에 따라 교육이 이루어지는 것이다. 동물이나 식물의 존재
와 성장에서 확인되는 자연적 특성이 어린이의 자연성 또는 자
연적 소질을 계발하는 데 적용할 수 있다고 본 것이다. 그는 자
연의 원리에 따라 어린이의 이해 능력에 맞는 교육이 행해져야
하고, 무리하게 어려운 교육을 시키는 것을 반대하였다. 그리고
학습이 강제적으로 이루어져서는 안 되고, 어린이가 학습에 흥
미를 느끼고 애정을 가질 뿐만 아니라 교사의 지도를 거역하는
것을 스스로 부끄럽게 느낄 수 있도록 이끄는 것이 중요하다고
보았다.[67] 그는 자연의 원리에 따라 적기에 적합한 교육을 시행
하는 것을 강조한다. 즉, '적합한 시기에 배울 때 사람들은 가장
쉽게 배운다.' [68]는 것이다. 오늘날의 발달심리학에서 말하는 것
과 유사하게 인간의 지적 · 도덕적 발달을 고려하여 교육하여야
한다는 것이다. 특히, 어린이의 '놀이'가 어린이 삶의 중요한 특
성임을 강조하며, 학습도 놀이와 흥미가 동반될 때 효과적임을
지적하였다.[69]

---

67) Ibid., 108, 129, 147.
68) Ibid., 155.
69) Ibid., 154 and 159.

4. 에라스무스 인본주의의 특징

에라스무스는 일평생 인본주의자로서의 삶에 충실하였다. 그
는 교회의 분열과 정치적 대립이라는 모순된 시대에서 살았지
만, 인간에 대한 무한한 신뢰를 바탕으로 교육과 도야를 통하여
인간의 쇄신과 인간 세계의 쇄신이 가능하다고 믿었고 그것을
위해 평생 노력하였다. 그는 분열과 대립의 시대에서 투사가 아
니라 화해와 평화의 전도자로 살기를 희망하였고, 또 노력하였
다. 그의 인본주의 사상은 그 시대뿐만 아니라 이후 유럽의 정
신 세계와 교육에 지대한 영향을 미쳤다.

유럽의 정신 세계에서 에라스무스의 특별한 공헌 가운데 하나
는, 그가 인간을 이성적 존재로 파악하고 인간의 개인성을 진지
하게 수용한 점이다.

> 먼저 네 자신을 아는 것이 은총의 삶으로 이끄는 길이다. 다음에
> 너는 자신의 정열에 따라 행하지 말고, 이성의 판단에 따라 행동할
> 때 너는 은총의 삶을 살게 될 것이다.[70]

그의 인간의 이성에 대한 신뢰는 나중에 합리주의가 유럽의
정신 세계를 지배하는 밑거름이 되었다.

에라스무스적 사고의 원칙은 인간의 자유의지에 대하여 인정
하는 것과 그것에 기초하여 책임감 있게 행동하는 것에 놓여 있

---

70) Erasmus von Rotterdam, *Enchiridion—Handbüchlein eines christlichen Streiters*, Hrsg. v. Werner Welzig, Graz, 1961, 41.

다고 할 수 있다.[71] 그의 모든 이론과 저작 활동은 이 원칙에 기
초하고 있다. 자유로운 의지는 자유로운 정신을 기초로 하고 있
다. 이것은 올바른 정신이 올바른 행동을 이끌기 때문이다. 따
라서 그에게 있어서 정신을 도야하는 일은 매우 중요하다. 무지
와 투쟁하여 무지로부터 해방되고, 올바른 지식을 쌓는 것은 정
신적 타락, 곧 악과 대항하여 싸우는 것과 같다. 인간의 정신을
도야하는 데 있어서 언어는 가장 중요한 매체다. 언어를 활용하
여 자유롭게 사고하고, 책임 있게 결정하고 행동하는 것이 그가
생각하는 이상적인 인간의 모습이었다. 자유롭게 사고할 때 인
간은 비판할 수 있고, 결국 참된 진리에 도달할 수 있다고 보았
다.[72]

에라스무스는 인간의 자연성에 대한 깊은 신뢰를 갖고 있었
다. 그는 인간은 선천적으로 선한 존재는 아니지만 선한 존재가
될 수 있는 소질이 내재되어 있다고 보았다. 그리고 여기서 인
간 세계의 개선에 대한 희망의 빛을 보았다. 그의 글 『평화에
대한 호소(Die Klage des Friedens)』에서 '인간은 선천적으로 지식
과 도덕의 씨와 부드럽고 사랑스러운 성격이 내재되어 있다.'고
말하였다.[73] 그리고 그러한 선천적 소질을 키워 주는 것을 교육
과 도야의 과제로 보았다. 때문에 그는 교육과 도야에서 인류의

---

71) Rudolf Pfeiffer, "Erasmus und die Einheit der klassischen und der
christlichen Renaissance", Winfried Bühler (Hrsg.), *Rudolf Pfeiffer.
Ausgewählte Schriften, München*, 1960, 212.
72) Ibid., 214.
73) *Erasmus von Rotterdam. Ausgewählte Schriften*, Hrsg. v. Werner Welzig,
Bd. V, Darmstadt, 1968, 367.

궁극적인 구원의 가능성을 보게 된 것이다. 인류의 평화와 화해
와 행복은 교육과 도야를 통하여 가능한 것이다. 당시 사회의 대
립과 분열은 곧 인간 안의 대립과 분열에서 기인한다고 보았다.
따라서 개별적 인간이 그러한 대립과 모순에서 해방되면, 사회
의 대립과 모순도 극복될 것이라고 보았다. '인간은 자기 자신
과 투쟁한다. 이성은 열정과 투쟁하고, 열정은 열정과 서로 투쟁
한다.' [74]

에라스무스의 인본주의는 기독교적 인본주의다. 그의 인본주
의는 '그리스도 철학'을 좇는 것이다. '그리스도 철학', 즉 '복
음'이란 인본주의 정신인 인본성을 그 핵심 내용으로 하고 있
다. 온유, 절제, 이웃 사랑, 선한 행동 등이 복음의 주요 내용이
고, 그것은 인본주의의 주요 특성이기도 하다. 따라서 그에게
있어서 기독교와 인본주의는 같은 진리를 추구하는 정신 세계
인 것이다. 에라스무스는 신앙과 지식, 경건(pietas)과 도야
(eruditio)를 통합하려는 노력을 통하여 인본성과 종교성을 통합
하려고 하였고, 기독교와 인본주의의 통합을 위하여 노력하였
다. 그러한 통합이 결국 인간 세계의 개선과 쇄신을 가져온다고
믿었다.

---

74) Ibid., 379.

스페인의 인본주의 교육

1. 개 관

스페인은 역사적으로 볼 때, 유럽의 다른 나라와는 조금 다른 전통을 갖고 있었다. 스페인은 지리적으로 북아프리카와 가까워서 일찍부터 이슬람 문화와 접촉하게 되었다. 따라서 스페인은 기독교, 이슬람교, 유대교 등 다양한 종교적 전통이 공존하는 이상적인 공간이었다. 이러한 환경은 스페인에 인본주의가 꽃필 수 있는 좋은 여건을 마련하였다. 스페인은 당시 카스틸(Castille), 아라곤(Aragon), 그라나다(Granada) 등 여러 나라로 나뉘어 있었는데, 그 가운데 아라곤 왕국은 이탈리아의 시실리 왕국과 정치적으로 가까워 이탈리아의 인본주의가 쉽게 전해질 수 있는 여건이 잘 갖추어져 있었다. 그리하여 동유럽과 마찬가지로 스페인에도 일찍부터 인본주의가 전해졌다.

이미 14세기에 이탈리아 인본주의가 스페인에도 영향을 미쳤다. 단테, 페트라르카, 보카치오 등 초기 이탈리아 인본주의 3대

문학가의 작품들이 스페인에서 읽혔고 연구되었다. 이 외에도 오비드, 세네카 등 고대 로마의 작품들이 번역되었고, 투키디데스, 플루타르크가 저술한 역사서도 스페인어로 번역되었다. 또한 아리스토텔레스, 키케로, 세네카, 카이사르 등의 철학, 윤리학 저서도 14세기 말에 이미 번역 출간되었다. 1428(1429)년에는 단테의 『신곡』이 유럽 최초로 스페인어로 번역되었다.

초기 스페인 인본주의에 가장 큰 영향력을 행사한 사람은 당시 스페인의 정신 세계에 큰 영향을 미쳤던 시메네스(Francisco Ximénes de Cisneros, 1436~1517) 추기경이다. 그는 1492년부터 이사벨라 여왕의 고해신부였고, 1495년 스페인 최고 권력자가 되었으며, 1507년에는 스페인 종교 재판의 수장이 된다. 그는 교회의 최고 지도자로서 가톨릭교회의 질서 수호를 위해서 최선을 다하였다.

동시에 그는 인본주의자로 학문을 장려한 인물이었다. 그는 1498년 알칼라(Alcalá) 대학을 설립하였다. 수도원 개혁가, 국가의 재상, 종교재판가이면서 동시에 학문의 장려자인 시메네스 추기경은 대학의 설립을 통하여 인본주의의 기초를 닦았다.[1] 그는 교회와 성직자들의 개혁이 필요하다고 보고, 그 임무를 완수하기 위해서는 교육개혁이 필수적이라고 생각하였다. 그리하여 대학을 세우고, 인본주의 학문인 언어학, 수사학 강좌를 설치하였다. 물론, 그가 세운 대학은 당시에 세워진 인본주의 대학과는 설립 정신에서 구별되었다. 그는 인본주의가 신학을 위해서

---

1) Lieselotte Linnhoff, *Spanische Protestanten und England*, Emsdetten, 1934, 5.

기여하여야 한다고 보았다. 즉, 스콜라 철학을 대신하여 인본주의가 신학을 지탱하는 새로운 학문적 기반이 되어 주기를 희망한 것이다. 이를 위하여 에라스무스 제자인 알론소(Hernando Alonso de Herrera)를 수사학 교수로 초빙하였다. 시메네스는 더 나아가 당대 최고의 인본주의 학자인 에라스무스와 서신을 교환하고, 알칼라 대학에 초빙하기까지 하였다. 비록, 에라스무스가 그의 제의를 거부하여 성사되지는 않았지만, 여기서 시메네스가 인본주의를 얼마나 중요하게 여겼는지 짐작할 수 있다.

특히 눈에 띄는 것은 시메네스가 알칼라 대학에서 다언어 성경을 펴내는 작업을 시도한 것이다. 1502년부터 1517년까지 15년 동안 히브리어, 라틴어, 그리스어를 나란히 함께 담은 성경을 펴내었다. 그리고 알칼라 대학에는 히브리어, 그리스어, 라틴어 교수뿐만 아니라 아랍어 교수와 시리아어 교수 자리도 마련하였다. 또한 알칼라 대학에서는 페트라르카, 키케로, 보에티우스, 세네카 등의 작품을 번역하는 일에도 힘썼다. 이렇게 볼 때, 시메네스는 한편으로는 교회의 실권자로서 교회의 질서를 수호하는 일에 전력하였을 뿐 아니라, 동시에 인본주의의 힘을 신뢰하였던 모순된 삶을 산 지식인이요 종교인이라고 평가할 수 있다. 그러한 모순은 당시 스페인 사회가 가지고 있던 모순이기도 하였다.

1492년 스페인에서 가톨릭교회가 이슬람과 유대교를 박해하면서 인본주의에도 영향을 미치게 된다. 이후 스페인에는 스콜라 철학이 다시 큰 영향을 미치고, 유럽의 다른 나라와는 정반대 방향으로 교회의 도그마가 가장 큰 영향력을 행사하는 공간으로 바뀐다.

이후 스페인의 인본주의는 철저히 기독교적 인본주의로 그 성격을 명확하게 한다. 라스 카사스(Las Casas, 1474~1566)는 1492년 콜럼버스와 함께 아메리카 대륙을 발견하는 항해를 하였다. 도미니카 수도회의 수도사였고, 나중에 주교가 되는 그는 식민지 정복의 비인간성을 규탄하고, 아메리카 인디언의 구원과 인간적인 삶을 위하여 노력하였다. 라스 카사스는 나중에 스페인의 대학자 세풀베다(Sepulveda, 1490~1574)와 논쟁을 벌인다. 세풀베다는 아메리카 인디언이 기독교 신앙을 갖고 있지 않았기 때문에, 그들에게 동정심을 갖는 것을 비판하고 그들이 기독교 신앙으로 개종하지 않으면 그들을 파멸시키는 것이 신의 심판이라고 주장하였다. 당시의 대학자인 세풀베다는 이렇게 인디언 정복의 정당성을 주장하고, 폭력을 옹호하였으며 인디언의 도덕적 열등성은 그들이 바로 이교도이기 때문이라고 생각하였다. 반면에 라스 카사스 등 도미니카 수도사들은 인디언에게도 인권이 있음을 강조하였다. 그들은 인디언도 신 앞에서 자유롭게 태어났고, 그들도 기독교인들과 같이 평등한 권리를 소유하고 있다고 주장하였다. 라스 카사스의 주장은 많은 사람의 지지를 얻었고, 1537년 교황 파울루스 3세는 인디언들의 세례가 옳다고 선포하였다.[2]

오히려 르네상스와 인본주의의 영향으로 세속화되어 가는 유럽의 시대정신에 맞지 않게 스페인은 교회의 도그마를 강화하고, 종교 재판으로 가톨릭교회를 수호하고 이교도를 배척하는

---

2) Hellmuth Rössler, *Europa im Zeitalter von Renaissance, Reformation und Gegenreformation 1450−1650*, München, 1956, 131

나라가 된다. 이러한 비관용과 대립, 모순의 사회에서 세르반테
스(Miguel de Cerbantes, 1547~1616)는 『돈키호테(Don Quijote)』라
는 작품을 저술하였다. 그는 이 작품에서 돈키호테라는 기사를
등장시켜 이상적 세계, 인간적인 세계를 갈망하는 인간의 염원
을 표현한다. 스콜라 철학을 비판하면서 자유롭고 인간적이고
경건한 인간과 세계를 그린 것이다.[3]

2. 이그나티우스

시메네스의 영향 아래 또 한 사람의 종교가이면서 인본주의자
가 탄생하는데, 바로 이그나티우스(Ignatius de Loyola, 1491~1556)
다. 이그나티우스는 스페인의 변혁을 경험하면서 성장하였다.
그는 귀족 가문에서 태어나 군인으로 복무하다가, 1521년 팜플
로나(Pamplona)에서 중상을 입고 회심 경험을 하게 된다. 그는
회심을 통하여 기독교적인 세계를 개혁하겠다는 꿈을 갖고 전
혀 새로운 삶을 살게 된다. 그는 이후 자신의 종교적 경험에 학
문적 기초를 다지기 위하여 바르셀로나(Barcelona), 알칼라
(Alcalá), 살라만카(Salamanca) 대학에서 수학하고, 마지막으로 파
리 대학에서 신학을 공부하는데, 여기서 인본주의적 학문을 접
하게 된다.

파리에서 신학을 공부할 때인 1534년 그는 동료 신학생들과
더불어 이교도에 대한 선교와 교황청에 대한 절대적인 순종을

---

3) Friedrich Heer, *Europäische Geistesgeschichte*, Hrsg. v. Sigurd Paul
   Scheichl, Wien, 2004, 307.

골자로 하는 신앙운동을 펼쳤다. '예수회'라 부르는 이 신앙운동은 도그마에 빠져 있는 가톨릭교회의 쇄신을 추구하면서 점차 그 세력을 확대하여 나갔다. 이 수도회에서 이그나티우스는 가난한 자의 구원에 대한 서약, 성결에 대한 서약, 성지순례, 성부에 대한 복종과 더불어 고차원의 학문적 수양을 강조하였다. 반면, 교회 관직을 갖는 것을 거부하였고, 수도회와는 달리 선교를 위하여 자유로운 영성 훈련을 강조하였다. 이그나티우스가 저술한 『영성 훈련(Exercitia spiritualia)』[4]은 제목과 같이 영성 훈련을 위한 내용과 방법에 대하여 정리한 것으로, 예수회의 종령과 같은 기능을 수행하였다. 이그나티우스는 군인으로서의 경험을 교회 생활에서도 응용하여, 평생 군인 정신을 갖고 훈련된 규칙적인 신앙 생활을 하였다. 그는 스스로 절대적으로 순종하는 생활을 하였고, 교회의 교리에 절대 복종할 것을 요구하였다.

이그나티우스를 늘 사로잡았던 물음은 '나는 누구인가?', '인간은 누구인가?', '어떻게 새로운 인간을 창조할 것인가?'라는 것이었다. '어떻게 인간은 새롭게 되는가?'라는 질문을 던지며, 모순과 분열과 논쟁과 박해의 시대에서 새로운 희망과 가능성을 찾았던 것이다. 그가 찾은 대답은, 새로운 인간은 폐쇄된 교회나 수도원의 밀실에서 찾을 수 없다는 것이다. 대신 '새로운 인간'은 그가 믿는 기독교를 이 세상에서 구현하는 사람이라고 보았다. 이그나티우스가 강조한 '영성 훈련'은 일차적으로 자기 이해와 자기 구원을 목표로 하지만, 그것은 동시에 다른 사람의

---

4) Ignatius de Loyola, *The Spritual Exercises*, Translated by W. H. Longridge, London, 1930.

영혼을 구원하는 것을 돕는 것, 즉 세상에 봉사하는 것을 목표
로 하고 있다.[5] 그리고 교회는 이 세상과 논쟁하며 이 세상을
적극적으로 구원하여야 한다고 보았다.

더욱 중요한 점은, 이그나티우스는 새로운 인간은 교육과 학
습과 지식을 통하여 창조될 수 있다고 본 것이다. 올바른 삶에
대한 지식, 그러한 지식으로부터 신앙이 탄생하며, 지식을 통하
여 신앙을 다른 사람들에게 매개할 수 있다는 점을 인식한 것이
그에게 중요한 사실이었다.

예수회 교리에는 스콜라 철학이 큰 영향을 미쳤다. 그러나 그
안에는 인본주의적인 정신도 스며들어 있었다. 1551년 이그나티
우스가 세운 예수회의 첫 번째 대학인 로마노 대학(Collegio
Romano)의 설립 이념은 '문법의 학교, 인본성의 학교, 기독교 교
리의 학교, 그리고 은총' 등 네 가지였다.[6] 이그나티우스는 대
학 설립을 위한 기초 헌법에서도 예수회 대학이 인본주의에 기
초한 기독교 교육을 추구하고 있다는 점을 밝히고 있다.[7] 이 대
학은 성직자들의 고등교육을 위하여 세워졌다. 교육과 선교를
강조한 예수회는 빠르게 전 세계로 퍼져 나갔다. 1542년에는 인
도에, 그 후 일본과 브라질에, 1563년부터는 중국에서 예수회의
활동이 시작되었다.

이그나티우스를 인본주의자라고 규정하는 문제에 대해서는 논
란의 여지가 있다. 그는 스페인의 가톨릭교회에 충성하였고, 일

5) Ronald E. Modras, *Ignatian Humanism,* Chicago, 2004, 45-47.
6) Ibid., 80.
7) George E. Ganss, *Saint Ignatius' Idea of a Jesuit University,* Milwaukee, 1954, 185-193.

평생 교회의 쇄신과 선교와 교육에 헌신하였다. 그러나 그에게
서 우리는 학문과 종교를 통합하려는 노력을 확인할 수 있다.
그리고 언어학과 라틴어를 강조한 점, 고등교육을 강조한 점, 기
독교가 이 세상에 봉사하여야 한다고 강조한 점, 무엇보다도 인
간의 교육을 위하여 헌신한 점은 인본주의적 요소라고 평가할
수 있다.

3. 비베스

1) 인본주의적 생애

유럽의 인본주의를 고찰할 때 우리는 스페인 출신의 위대한 인
본주의자 한 사람을 만나게 되는데, 그가 비베스(Juan Luis Vives,
1492~1540)다. 이그나티우스가 스페인 내에서 주로 활약하였다
면, 비베스는 유럽을 무대로 인본주의 활동을 하였다. 그는 특
히 당시 인본주의자들의 일반적 수준을 뛰어넘을 정도로 교육
사상에 대하여 체계적으로 정리하여 르네상스 시대의 위대한
교육사상가로 알려지게 되었다. 그는 인간학적인 기반을 기초
로 하는 교육사상을 정리하였다. 또한 시대를 앞선 교육적 지혜
와 인본주의적 학식을 접목시킨 인본주의 교육사상가로 평가받
고 있다.

비베스는 1492년 발렌시아(Valencia)에서 태어났다. 발렌시아
대학에서 공부를 시작하여 1509년 파리의 소르본 대학에서 공
부를 마쳤다. 발렌시아 대학에서 이탈리아 인본주의를 접한 그
는 파리 대학에서 인본주의 언어학 연구에 몰두하게 된다. 특

히, 파리에서 에라스무스의 인본주의에 크게 감동을 받아, 1512년 에라스무스 곁에 있기 위하여 브뤼게(Brügge)로 간다. 그는 당시 인본주의의 중심으로 이름난 루뱅 대학에서 버질과 키케로를 가르치면서 에라스무스와 절친한 친분 관계를 맺었다.

이 당시에 비베스는 신학 분야, 철학 분야, 인본주의 학문 분야에서 활발한 저술 활동을 펼쳤다. 특히, 1519년에는 『유사변증법(In Pseudo-dialecticos)』이라는 책을 펴내, 비판적인 관점에서 고전가들을 평가하려고 시도하였다. 그는 특히 스콜라 철학자들을 '사이비 철학자'로 규정하고 그들이 교부들의 사상을 왜곡하고 있다고 비판하였다.[8]

비베스는 일평생 가톨릭교회에 충실하였다. 그는 루터의 급진적인 종교개혁에 전혀 관심을 두지 않았으나 가톨릭교회 개혁의 필요성에서는 입장을 같이하였다. 특히, 가톨릭 신학과 학문의 개혁을 요구하였다.[9] 즉, 인본주의적인 학문의 도움으로 가톨릭교회의 개혁이 가능하다고 본 것이다. 이렇게 볼 때, 그 역시 다른 스페인 인본주의자들과 마찬가지로 기독교적 인본주의에 충실하였다고 말할 수 있다. 페트라르카가 아우구스티누스를 높이 평가한 것처럼 그 역시 아우구스티누스의 『신국론(De civitate Dei)』의 해설서를 펴내기도 하였다.

1523년에 그는 여성 기독교인들의 교육을 위한 『여성 기독교인 교육(De institutione feminae christianae)』을 저술하였는데, 이 저술은 당시에 큰 호응을 얻었다. 영국의 캐서린(Catherine) 왕비

---

8) *Johannes Ludovicus Vives' pädagogische Schriften*, Hrsg. v. Friedrich Kayser, Freiburg, 1896, 135.
9) Ibid., 138.

역시 이 책을 높이 평가하여, 자신의 딸 마리아의 교육을 위하여 비베스를 영국으로 초빙한다. 이에 그는 5년 동안 영국에 머문다. 당시는 소녀들을 위한 교육이 행해지기는 하였지만 아직여성에 대한 교육의 중요성이 인식되지 않았던 실정이었으므로이러한 점을 고려한다면 비베스가 이 저술을 통하여 여성들을위한 교육에 기여한 공로는 높이 평가할 수 있다. 그는 르네상스와 함께 여성의 사회적 지위가 신장되는 상황을 배경으로 이글을 저술하였는데, 그의 주장은 유럽의 여성 도야 이념의 모범사례로 받아들였다. 비베스는 '내 생각으로는, 여자 어린이의교육을 위해서는 일반적으로 사람들이 생각하는 것보다 더 많은주의와 배려가 필요하다.' [10]고 말하며, 실제적인 조언을 제안하는 동시에 역사적으로 확인되는 학식 있고 도덕적으로 순결하고기독교적으로 나무랄 데 없는 모범적인 여성들을 사례로 제시하여 이를 본받도록 하였다. 이 책은 당시에 널리 보급되지는 않았으나, 역사적으로 볼 때 성과 신분과 계층의 차별 없이 '모든사람을 위한 일반 교육'을 강조한 인본주의자들의 정신을 구현한 중요한 사례로 평가할 수 있다.

영국에서 비베스는 옥스퍼드 대학에서 교수로 재직하였다. 이때 그는 영국의 인본주의자인 모루스(Thomas Morus, 1478~1535), 그로신(William Grocyn, ca. 1446~1519), 리나크르(Thomas Linacre, 1460~1524)와 돈독한 친분을 쌓았다. 그리고 1523년에는 그의유명한 교육 저술인 『아동교육의 올바른 방법(De ratione studii puerilis)』이 출간된다. 1524년 그가 잠시 브뤼게(Brügge)에 머물

---

10) Ibid., 370.

때 이그나티우스와 만나게 되는데, 서로 친밀한 관계를 맺지는
못한다. 브뤼게에서 비베스는 『가난한 자에 대한 지원(De
subventione pauperum)』을 저술하는데, 국가와 공공기관이 가난
한 사람들을 돌보아야 한다는 생각을 담고 있다.[11] 이 저술은
인본주의적 관점에서 시대를 비판하는 태도가 담겨 있는 동시에
교육적인 희망을 담고 있는 책이다. 이 저술에서 비베스는 희망
없는 가난한 어린이들을 돌보는 데 있어서 교육의 중요성을 역
설하며, 사회교육적인 의의를 밝히고 있다. 이 책 역시 당시에
는 크게 주목을 받지 못하였으나, 나중에 스트라스부르크, 베네
치아, 리용, 안트베르펜, 파리 등에서 가난한 자를 국가적으로
돌보는 데 있어 지침서가 되었다.[12]

당시 영국 왕 헨리 8세가 캐서린 왕비와의 결혼에 대한 법적
정당성 문제를 제기하자, 가톨릭 신자로서 결혼의 신성성을 주
장하던 비베스는 영국을 떠날 수밖에 없었다. 그는 다시 브뤼게
로 가서 머물게 된다. 그리고 1528년 에라스무스에게 보낸 편지
에서 '군주들 사이에는 전쟁이, 학자들 사이에는 논쟁이, 인본
주의자들 사이에는 광란이, 종교에는 기독교적인 사랑보다는 분
열과 원한이 지배하고 있다.'[13]고 하면서 인본주의 정신의 무력
성, 당시 사회의 불합리와 완악성을 토로한다.

1531년에는 그의 가장 중요한 저작인 『학문에 대하여(De

---

11) Juan Luis Vives, *On Assistance to the Poor*, Translated by Alice Tobriner,
   Toronto, 1999.
12) Friedrich Heer, *op. cit.*, 280.
13) *Johannes Ludovicus Vives' pädagogische Schriften*, Hrsg. v. Friedrich
   Kayser, Freiburg, 1896, 153.

disciplinis)』가 완성되었다. 이 책은 학문에 관한 저술로서, 제2부
는 『학문에 대한 교육 또는 기독교 교육에 대하여(De tradendis
disciplinis seu de institutione christiana)』라는 제목으로 비베스의
교육학적인 신념을 담고 있다. 이 외에도 수많은 저술들, 특히
신학적 저술을 통하여 자신의 기독교적 인본주의 사상을 표현하
였다. 마지막으로 비베스는 그의 기독교 신앙을 담고 있는 『기
독교의 진리(De veritate christiana)』라는 책을 저술하기도 하였다.
그는 파리와 베다(Beda) 등에 머물다가 마지막으로 다시 브뤼게
로 돌아와 생을 마감한다.

비베스는 한편으로는 인본주의자로서, 다른 한편으로는 기독
교 사상가로서 살았다. 그는 자신을 인본주의자라고 여겼으며
새로운 학문을 연구하는 것에 몰두하였지만, 동시에 충직한 가
톨릭 교인으로서 종교개혁을 비판하고 교회에 봉사하는 삶을 살
았다. 그는 많은 책을 저술하였는데, 이 가운데 교육학적 저술
이 가장 돋보인다. 그의 생에서 에라스무스의 영향은 지대하다.
그는 스스로 자신이 에라스무스의 제자임을 자청하였다. 그러나
나중에 에라스무스가 종교개혁가인 루터와 가깝다고 생각하며
그와 거리를 두기도 하였다.

2) 인본주의 교육사상

비베스는 르네상스 시대에 자신의 교육사상을 체계적으로 정리
한 대표적 인물이다. 당시 많은 교육사상가들이 단편적으로 자신
들의 사상을 표현한 것과는 달리, 비베스는 조직적으로 자신의 사
상을 정리하였다. 이 때문에 카이저(Kayser)는 비베스를 '근대 신
교육학의 창시자'로 평가하였다.[14) 근대 교육학의 주요 원칙들이

4. 스페인의 인본주의 교육 **223**

그에게서 시작되었다는 것이다. 귀납적인 방법은 라트케(Ratke)에게, 언어 공부에서 문법을 기초로 여긴 점은 볼프(Wolf)에게, 자연주의적·감각주의적 교수방법은 코메니우스에게, 관찰과 경험과 사실주의 원칙을 강조한 점은 베이컨에게 영향을 미치는 등 그는 후세 교육학에 지대한 영향을 미쳤다고 평가되었다.[15]

그의 교육학에서는 인간학이 기초를 이루고 있다. '사람들은 인간 전체를 그의 내면과 외면에서 철저하게 알아야 한다. 사람들은 인간의 사고와 열정이 어떻게 자극되고 성장하며, 동시에 어떻게 줄어들고 침묵하는지 알아야 한다. 즉, 인간은 자기 스스로를 알아야 한다.'[16] 이러한 인간에 대한 이해를 기초로 교육의 과제를 도출하였다. 교육은 개인적 배경이나 사회적 계층 구조가 아니라, 개인을 규범으로 설정하고 개인의 소질과 선천적인 가능성을 계발하는 것을 과제로 삼아야 한다는 것이 그의 주장이다. '교사들은 1년에 4번은 함께 모여 학생들의 소질에 대하여 토론하여야 한다. 그런 다음 학생들의 교육을 위하여 어떤 학문이 가장 적합한지 추천하여야 한다.'[17]라고 하여 교육 활동 역시 학생에 대한 이해를 바탕으로 이루어져야 함을 강조하였다. 이러한 점 때문에 딜타이는 비베스를 가리켜 '인간학 분야에서 최초의 체계적인 위대한 사상가'[18]라고 표현하였다.

---

14) Ibid., 178.
15) Ibid., 178.
16) Ibid., 327.
17) Ibid., 214.
18) Wilhelm Dilthey, *Gesammelte Schriften II: Weltanschauung und Analyse des Menschen seit Renaissance und Reformation*, Stuttgart, [5]1957, 423.

인간을 그 자체로서 이해하려고 시도하였던, 이러한 인간 이해
로부터 교육학적 원칙과 지침을 도출하려고 노력한 사상가가 비
베스라는 것이다.

인간학적인 성찰을 바탕으로 비베스는 자신의 교육사상을 전
개한다. 『학문에 대한 교육(De tradendis disciplinis)』에서 그는 자
신의 교육 프로그램의 핵심을 다음과 같이 제시한다.

> 우리는 하나님의 극진하신 은혜 덕분에 생각하고 탐구할 수 있는
> 능력을 부여받았다는 것을 알 수 있다. 우리는 현재 우리 앞에 놓여
> 있는 것을 관찰하고 볼 수 있을 뿐 아니라, 과거와 미래의 사건들도
> 생각할 수 있다. 따라서 우리에게 주어진 능력을 기초로 모든 사실과
> 진리를 검증하고, 그것들을 비교하고 정리하는 것은 우리가 행사할
> 수 있는 정당한 행위다. 우리는 비록 올바른 지식과 올바른 이해에
> 도달하지 못한다 할지라도, 전체 우주를 마치 우리의 소유인 것처럼
> 연구할 수 있다.[19]

앎은 신에 대한 의무고, 우리는 알기 위하여 관찰하고 연구해
야 한다는 것이 그의 주장이다. 그러나 알기 위해서 수행되는
학문은 그 자체에 목적을 갖고 있는 것은 아니다. 비베스는 학
문이 올바르게 활용되어야 한다고 보았다. 즉, 학문은 실제적인
영향을 미쳐야 한다는 것이다. 특히 비베스는 '생활과 관련되지
않는 학문은 단순히 잘못된 것에서 더 나아가 해롭다.'[20]고 하

---

19) *Johannes Ludovicus Vives' pädagogische Schriften*, Hrsg. v. Friedrich
Kayser, Freiburg, 1896, 183; William Harrison Woodward, *Studies in
Education during the Age of the Renaissance 1400–1600*, New York,
1965, 188.

여 학문 연구가 도덕적이고 신앙적인 행위에 영향을 미쳐야 한
다고 보았다. 여기서 우리는 비베스가 인본주의 학문의 핵심 가
운데 하나인 도덕철학을 중요하게 취급하고 있음을 알 수 있다.
그에게 있어서 도덕철학은 생활에서 지켜야 할 도리를 가르치는
학문이다. '도덕철학은 정의, 삶의 지혜, 용기, 말과 행동에서의
겸손과 절제를 가르친다.' [21] 비베스는 토머스 아퀴나스가 제시
한 네 가지 덕목을 재강조하면서 앎과 삶, 지식과 윤리의 관련
성을 강조하였다.

비베스는 학문 연구 및 교육과 관련하여 당시 학문의 문제점
에 대하여 비판하는데, 특히 스콜라 철학의 편협성에 대하여 비
판하였다. '고대 사상과 역사에 대한 무지, 편파적인 서술방법,
교부들의 사상에 대한 무비판적인 모방, 문헌 비판에 대한 무지,
학문적인 토론의 부재, 학자들의 금전적 탐심, 학위 거래, 특히
언어학과 문법에 대한 무지' [22]가 스콜라 철학의 쇠퇴를 가져왔
다고 보았다. 여기서 우리는 비베스의 학문적 경향과 관심사를
확인할 수 있다. 고대 언어와 고대 역사의 중요성, 스콜라 철학
과 권위주의적 교육방법의 극복, 문헌 비판, 학문하는 방법의 개
선 및 새로운 형식의 교수-학습방법, 언어학과 문법 등 인본주
의적 교육 프로그램의 도입 등이 그것이다.

비베스의 이러한 학문 및 교육 개혁 프로그램은 그의 종교적

---

20) William Harrison Woodward, *op. cit.*, 189.
21) August Buck, *Studia humanitatis. Gesammelte Aufsätze 1973-1980.
   Festgabe zum 70. Geburtstag*, Hrsg. v. Bodo Guthmüller, Karl Kohut,
   Oskar Roth, Wiesbaden, 1981, 201.
22) *Johannes Ludovicus Vives' pädagogische Schriften*, Hrsg. v. Friedrich
   Kayser, Freiburg, 1896, 167.

인 신념에 기초하고 있다. 그는 학문이 종교에 기여하여야 한다
고 보았다. 따라서 종교는 학문의 기초며, 동시에 학문의 목적
이다. '종교만이 우리를 원천으로 이끈다. 그 원천은 우리가 그
곳에서 나왔고, 그곳으로 돌아가는 것을 위하여 노력하여야 하
는 생명의 원천이다. 인간성의 완성을 위하여 인간이 창조될 때
의 모습을 회복하는 것보다 더 나은 것은 없다. ……따라서 종
교성은 인간의 완성을 위한 유일한 길이다.' 23) '따라서 모든 학
문과 예술은 어린이의 장난에 불과하다. 종교만이 그렇지 않
다.' 24) 비베스에게 있어서 학문은 종교성을 심화하는 도구다.
학문은 종교에서 방향과 척도를 제공받는다.

　그러나 동시에 학문은 또 다른 가치, 즉 인본주의적 가치를
지니고 있다. 학문을 통하여 인간의 이성이 도야되며, 그러한
이성을 통하여 인간은 신의 뜻, 즉 이 세상에 인간적인 세계를
건설하고 다스리고자 하는 신의 뜻을 분별하게 된다. '인간의
사회에서는 질서와 이성이 지배하여야 한다.' 25) 그렇게 되기 위
하여 인간은 도움이 되는 모든 것을 배워야 한다. 비베스는 학
문에 도움이 된다면 이교도적인 것과 고대 그리스와 고대 로마
에 대해서도 배워야 한다고 보았다. '학문은 인식하고 행동하는
데 도움이 되는 일반적인 규칙들의 총체다.' 26) 그리고 인간의
정신　도야에 도움이 되는 학문을 촉진하기 위하여 '인간에게
언어가 주어졌다.' 27)고 이해하였다. 여기서 언어의 가치가 확인

23) Ibid., 187.
24) Ibid., 187.
25) Ibid., 185.
26) Ibid., 191.

되고 있다.

비베스는 정신 도야와 교육을 위해서 언어가 매우 중요하다고 보았다. "언어는 인간 영혼의 표현이다. ……언어는 수업에서 신성과 같은 것이다."[28]라고 극존칭을 사용하며 언어의 중요성을 강조하였다. 비베스가 말하는 언어는 첫째로 모국어다. 그는 자녀들이 모국어를 잘 사용하도록 주의 깊게 가르치는 것이 부모의 의무라고 보았다. 다음으로 라틴어다. 라틴어는 학문의 언어요, 고대 문필가를 만나는 언어요, 역사 교육을 위한 언어요, 기독교 사회를 건설하는 기초요, 학문적 교제의 언어라고 이해하였다. 또한 그리스어는 고대 그리스 고전가들을 만나는 데 있어서 필수적인 언어요, "정교한 사고와 풍부한 사상을 담을 수 있는 언어"[29]라고 그 중요성을 강조하였다. 히브리어 역시 3대 언어 가운데 하나로서 중요성을 인정하였다. 특기할 사항은, 그가 아랍어도 교육과정에 포함시켜야 한다고 주장한 점이다.[30] 비베스의 고향인 스페인이 기독교 세계와 이슬람 세계의 만남의 장소라는 점을 고려하면 쉽게 이해할 수 있는 부분이다. 스페인은 일찍부터 이슬람 철학과 이슬람 학문을 수용하였고, 따라서 아랍어를 강조한 점은 스페인 인본주의의 특징이라고 할 수 있다.

비베스는 교사와 학생에 대해서도 자신의 생각을 피력하였다.[31] 먼저 교사는 반드시 필요한 학식과 더불어 수업 능력을

27) Ibid., 200.
28) Ibid., 232.
29) Ibid., 235.
30) Ibid., 232.
31) Ibid., 238-242.

갖추고 있어야 한다고 보았다. 더불어 도덕적인 관점에서 교사는 학생의 모범이어야 하며, 또한 교사는 이 세상적 지혜도 갖추어야 한다고 생각하였다. 학생에 대해서는 비토리노(Vittorino da Feltre)를 연상시키는 영리한 규칙들을 말하였다.[32] 먼저, 학생들은 영양이 제대로 공급되어야 하며, 학습이 성공적이 되기 위해서는 충분한 휴식시간이 제공되어야 한다고 보았다. 다음으로 학생들은 자신들의 정신적인 소질에 적합하게 교육받아야 한다고 주장하였다. 수업이 학생들의 개별적 능력에 부합되게 개별화되어야 한다고 본 것이다. 그리고 상급 학교를 진학하는 것도 학생들의 소질에 적합하게 이루어져야 한다고 보았다.

그는 교육 목적, 교사, 학생 다음으로 교육과정에 대하여 논의하였다.[33] 앞에서 언급한 바와 같이 비베스는 언어 교육이 가장 중요하다고 보았다. 언어는 모든 학문 연구와 교육의 기초가 되기 때문이다. 그러나 언어 교육만으로는 불충분하다고 보면서 논리학 등 철학 수업과 더불어 7자유 교과의 4내용 과목인 자연 및 자연과학 교과를 강조하였다. 특히, 그는 수학 교과를 강조하였는데, 이 외에도 역사와 도덕철학을 교육과정에 포함시켰다. 이렇게 볼 때, 비베스는 초기 이탈리아 인본주의자들의 교육 프로그램에 충실하고 있음을 알 수 있다.

특기할 만한 사항은 자연에 대한 각별한 관심과 더불어 자연에 대한 탐구방법에 대하여 논의하고 있는 부분이다. 비베스는 자연을 탐구하는 방법으로서 관찰과 실험의 중요성에 대하여 언

---

32) Ibid., 243-248
33) Ibid., 276-281, 297-333.

급하였다.[34] 그는 형이상학적 논의와 토론 대신에 자연현상을 직접 관찰하고 탐구할 것을 강조하였다. 자연에 대한 관찰과 탐구를 위하여 감각기관을 훈련하는 것 역시 중요하다고 보았다.[35] 자연현상에 대한 관찰 결과로부터 자연스럽게 결론에 도달하게 됨으로써 귀납적인 방법이 자연 연구의 핵심 방법으로 정립되게 되었다.

> 교과를 가르치면서 우리는 많은 실험 결과를 수집하고, 동시에 많은 교사들의 경험을 관찰하게 된다. 만약 어떤 실험이 규칙과 일치하지 않는다면, 왜 이러한 현상이 발생하는지 메모하여야 한다. 그 이유가 분명하지 않다면, 그것은 분명 예외적인 특수 현상으로서 그것 역시 메모해 두어야 한다. 만약 절반 이상에 오차가 있다면 도그마는 성립될 수 없다.[36]

여기서 우리는 비베스가 귀납적·과학적 방법에 대하여 분명하게 알고 있었다는 점을 발견하게 된다. 왓슨(Watson)은 비베스의 진리에 대한 열정과 경험적·과학적 연구방법론 때문에 그를 현대적인 사상가로서, 그리고 영국의 프란시스 베이컨에 영향을 미친 사상가로서 평가한다.[37]

비베스는 철저한 가톨릭 신자로, 다른 스페인 인본주의자들과

---

34) Foster Watson, *Vives: On Education-A Translation of the De Tradendis Disciplinis of Juan Luis Vives*, Cambridge, 1913, cxi.

35) Ibid., cxii.

36) Ibid., cxv-cxvi.

37) Ibid., cii-cxi.

마찬가지로 가톨릭교회의 권위에 철저히 복종하였다. 기독교적 종교성을 순수하게 지키는 것이 비베스의 최대 관심사였고, 그것이 그의 교육의 최대 목적이기도 하였다. 때문에 그는 교회의 순수성을 훼손시키는 어떤 종류의 서적도 배척하였다. 여기서 우리는 인본주의 교육사상가로서 그의 한계를 확인하게 된다.

그럼에도 불구하고 비베스는 당시 유럽 인본주의를 대표하는 학자 가운데 하나였고, 뛰어난 교육사상가라는 점을 부인할 수 없다. 특히, 그의 교육학에서 우리는 당시의 시대를 뛰어넘는 놀라운 통찰력을 발견할 수 있다. 그리고 그는 교회의 분열과 대립과 혼동 속에서 기독교의 화해와 유럽 공동체적 정신을 갖고 평화를 위하여 노력한 인물이다. 그는 기독교와 이슬람교와 유대교의 화해와 공존을 기대하였고, 고대 그리스와 고대 로마의 정신적 유산을 계승하여 발전시키려고 노력하였다.

그의 사상은 체코의 위대한 사상가 코메니우스에게 영향을 미쳤다. 코메니우스 역시 종교전쟁의 혼란과 비평화의 시대에 고향 없이 유럽을 떠돌아다니며, 교육에서 희망을 찾고, 그것을 위하여 일평생 노력한 교육사상가다. 그의 유명한 저술 『범교육론 (Pampaedia)』과 『대교수학(Didactica magna)』에서 코메니우스는 에라스무스 등 여러 사상가들과 더불어 수차례 비베스를 언급하고 있다.

내가 불행히도 신학자에서 추방되어 학교교육자가 된 후, 그리고 내가 이 일을 단지 피상적으로 수행하지 않고 나에게 주어진 직무를 충실히 이행하려고 할 때, 나는 무엇보다 비베스의 저술 『수업방법에 대하여(Von der Erteilung des Unterrichts)』에 몰두하게

되었다. 나는 여기서 철학과 학교운영의 개편에 대한 성스러운 교훈
을 발견하게 되었다.[38]

---

38) *Johann Amos Comenius. Ausgewählte Werke III*, Herausgegeben und
eingeleitet von Klaus Schaller, Hildesheim, 1977, 138f.

5 프랑스의 인본주의 교육

1. 개 관

인본주의 시대에는 크게 세 명의 지배자가 유럽의 정치를 좌지우지하였다. 먼저 카를 5세는 스페인 왕이었으나, 1519년 독일 왕의 즉위와 동시에 신성로마제국 황제로 즉위한다. 다음으로 헨리 8세는 영국의 왕으로, 영국 성공회를 탄생시킨 주역이다. 마지막으로 프랑스와 1세는 프랑스 왕으로, 프랑스에서 절대주의 왕정을 시작한 왕으로 유명하다. 흥미로운 점은 이 세 명의 군주 모두 인본주의에 각별한 관심을 갖고 있었고, 인본주의를 지원하기도 하였다는 점이다. 그리고 이 세 나라에는 군주를 뒷받침하는 세 명의 유명한 인본주의자가 있었다. 카를 5세 곁에는 에라스무스(Desiderius Erasmus), 헨리 8세 곁에는 모루스(Thomas Morus), 마지막으로 프랑스와 1세 곁에는 부데(Guillaume Budé)가 있었다.

인본주의가 유럽을 휩쓸 때 프랑스에는 민족주의가 발현하기 시작하였다. 프랑스의 왕 샤를 8세는 이탈리아 정복전쟁을 펼쳐 승리함으로써 유럽에서 프랑스의 우월적인 권력을 과시하였다. 그는 프랑스 언어를 인본주의 교육의 산물인 동시에 민족주의 문학의 산물로 규정하고, 프랑스 언어를 유럽 지식인의 언어요, 정치외교적 언어인 동시에 유럽의 대중 언어가 되도록 노력하였다.

그러나 당시에 유럽의 정치 지도는 균형을 이루고 있었다. 콜럼버스의 아메리카 대륙의 발견과 함께 스페인은 초강대국으로 부상하기 시작하였다. 프랑스는 프랑스 지역과 이탈리아에서 자신의 권력을 행사할 수 있었다. 독일 지역에서는 합스부르크 왕조의 오스트리아가 새로운 강국으로 부상하고 있었다. 영국에는 헨리 8세가 영국 교회를 만드는 등 민족주의의 길로 가고 있었다.

정치적 세력이 균형을 이루고 있는 가운데, 프랑스는 특히 학문 권력을 소유하고 있었다. 프랑스에는 당시 유럽 최고의 대학인 소르본 대학이 있었다. 소르본 대학은 신학을 중심으로 중세 이후 몇 세기 동안 유럽의 중심 대학의 역할을 담당하였으며, 인본주의가 유럽을 휩쓸 때에도 중세적인 강좌를 수호하였고, 가톨릭교회와 신학을 방어하였다. 동시에 소르본 대학은 이탈리아 인본주의가 유럽으로 퍼지게 하는 관문 역할을 수행하였다.[1] 그 명성 덕분에 당시의 수많은 학자들이 소르본 대학에서 공부하였다. 유명한 인본주의자 가운데 소르본 대학에서 공부하지 않은 사람이 거의 없을 정도였다. 이들은 파리에서 공부하며 인본주의 학

---

1) Rudolf Pfeiffer, *Die Klassische Philologie von Petrarca bis Mommsen*, München, 1982, 127.

문에 대하여 토론하는 등 활발한 활동을 벌였다.

프랑스 인본주의자 부데(Guillaume Budé, 1468~1540)는 '르네상스 시대 가장 유명한 프랑스 인본주의자였다. 그는 에라스무스에 견줄 정도로 당시에 수많은 사람의 칭송을 받았다.'[2] 부데는 오를레앙(Orléans)에서 법률학을 공부하였고 이 외에도 그리스어, 라틴어, 고대 문헌, 수학, 신학, 철학, 의학 등을 폭넓게 공부하였다. 1522년 부데는 프랑스 왕 프랑스와 1세로부터 왕립 도서관장으로 임명받는다. 그는 인본주의에 관심을 갖고 있었던 국왕을 설득하여 왕립 대학인 콜리지 로얄(Collège Royal, 나중에 College de France가 됨)을 설립하도록 영향을 미친다.[3] 콜리지 로얄에는 라틴어, 철학, 물리, 천문학, 지리학, 의학 분야의 교수직이 마련되어 곧 프랑스 인본주의 연구의 중심으로 발돋움하게 된다.

콜리지 로얄의 설립자인 부데는 명문가의 집안에서 태어나 다방면으로 도야된 지성인이었다. 그는 학자였고, 외교관이었고, 시인이었고, 법률가였고, 행정가로서 활동하였다. 고전어에 정통하였을 뿐만 아니라 수학, 철학, 의학, 신학에 능통하였다. 그는 당시 유럽의 위대한 사상가 대부분과 서신을 교환하였다. 특히, 에라스무스와는 수십 년간 서신을 교환하며 의견을 교환하였다. 그는 플루타크와 바실리우스의 저술을 번역하였고, 로마법에 대하여 연구한 논문을 펴내기도 하였다. 또 그리스어에 정

---

2) David O. McNeil, *Guillaume Budé and Humanism in the Reign of Francis I*, Genève, 1975, 1.

3) Rudolf Pfeiffer, *op. cit.*, 130.

통하여 그리스어 교본을 저술하였으며, 『언어학(De philologia)』이
란 저술에서 고대 언어학과 문학에 대하여 소개하였다. 그는 프
랑스와 1세가 왕위에 오르자 『왕자 교육(De l'institution du
Prince)』이란 책을 저술하여 왕께 헌정하였다. 이 책은 성경, 플루
타크, 호머, 아리스토텔레스 등의 고대 문헌에서 교육에 관한 내
용을 번역하고 편집한 것이다.[4] 부데는 특히 플루타크의 작품에
서 많은 내용을 인용하였다.

인본주의자인 부데는 자유학문을 중요시하였다. 자유학문인
스투디아 후마니타티스(studia humanitatis)는 라티오(ratio)와 오라
티오(oratio)로 구성되는데, 라티오는 인간의 이성으로 파악할 수
있는 모든 인간적이고 신적인 것에 대한 지식, 즉 전통적으로는
지혜(wisdom)로 표현하는 것을 총괄하여 표현하고, 오라티오 또
는 엘로쿠엔티아(eloquentia)는 지식을 효과적이고 설득력 있게
교환하는 언어를 말한다. 생각하는 것(ratio)과 표현하는 것
(oratio)의 긴밀한 연계와 조화를 강조하였다. 신학, 법학, 의학
등 실용적인 학문과는 달리 자유학문은 철학, 언어학, 역사학 등
비실용적이면서 인간의 정신을 도야하고 인간성을 함양하는 것
을 과제로 삼고 있는 학문을 의미하였다.[5]

부데는 '모든 사람, 나라를 다스리는 국왕까지도 철학을 공부
하여야 한다.'[6]고 말하며 철학을 강조하였다. 그가 말하는 철학

4) David O. McNeil, op. cit., 39.
5) Josef Bohatec, Budé und Calvin-Studien zur Gedankenwelt des
französischen Frühhumanismus, Graz, 1950, 13.
6) W. H. Woodward, Studies in Education during the Age of the
Renaissance 1400-1600, New York, 1965, 133.

이란 글에 대한 욕망과 사랑, 인간을 자유롭게 하는 학문을 말한다. 그리고 철학을 공부하기 위해서는 그리스어와 라틴어를 배우는 것이 반드시 필요하다고 보았다.

언어는 생각하는 것을 표현하는 수단이다. 규칙에 맞추어서 조직적으로 정확하고 설득력 있게 표현하는 것은 자유인의 삶에서 매우 중요하다고 보았다. 그는 언어에 있어서도 고대 언어, 즉 그리스어와 라틴어가 생각을 표현하는 데 있어서 모범이 된다고 보았다.[7]

특히, 그는 라틴어, 그리스어, 히브리어 등 언어를 강조하였는데, 언어를 공부하는 것이 단지 '좋은 문학 작품에 대한 사랑'의 표현을 넘어서, 고대의 지혜를 얻는 것이요, 그 때문에 교육 이상을 실현하는 매체가 된다고 보았다.[8] 또한 자유학문은 기독교적 삶의 철학의 입문으로서 의미도 지니고 있었다. 그는 고대 그리스의 학문과 언어가 기독교를 이해하고 기독교적인 삶을 실천하는 데 도움이 된다고 생각하였다.[9]

그리고 언어 다음으로 역사가 중요한데, 역사에 대한 지식을 바탕으로 현재에 대하여 보다 잘 이해하고 미래를 예측하는 데 도움이 된다고 보았다.[10]

대부분의 유럽 인본주의자들과 마찬가지로 부데 역시 종교개

---

7) Ibid., 134.
8) Eugenio Garin, *Geschichte und Dokumente der abendländischen Pädagogik II: Humanismus*, Reinbek, 1966, 60.
9) Josef Bohatec, *op. cit.*, 23ff.
10) W. H. Woodward, *Studies in Education during the Age of the Renaissance 1400-1600*, New York, 1965, 135.

혁과 반종교개혁의 여파 속에서 시달려야 했다. 인본주의자인 그는 소르본 대학을 중심으로 하는 정통 가톨릭 신학자들로부터 이교적인 학문 연구의 대표자로 인식되어 공격의 대상이 되었다.[11] 이에 대하여 그는 소르본 대학의 반(反)계몽주의적 분위기를 신랄하게 비판하였다. 그의 논지는 종교와 고대 학문을 모순되는 것으로 보아서는 안 되며, 고대 그리스와 고대 로마를 연구하는 것이 이교도와는 아무 관련이 없으며, 역사 연구는 반드시 필요하며, 언어와 수사학에 대한 지식은 공적인 생활에서 중요한 의미를 지니고 있으며, 학문의 발전은 사회 발전에 반드시 필요하다는 것이다. 여기서 우리는 부데가 고대 언어학과 기독교적 신앙과 민족의식을 소유한 인본주의자였음을 확인하게 된다.

부데가 죽자 그의 부인은 칼뱅을 찾아서 제네바로 간다. 인본주의자인 부데와 종교개혁가인 존 칼뱅(Jean Calvin, 1509~1564)이 깊은 친분 관계를 갖고 있었음을 짐작할 수 있게 하는 대목이다. 칼뱅은 노용(Noyon)에서 태어나 1523년 파리의 콜리지 몽테규(Collège Montaigu)에서 수학한다. 이 학교는 엄격한 훈육으로 유명하였다. 칼뱅은 파리에서 인본주의적 교육을 받고, 철저하고 엄격한 신앙 훈련과 금욕적 생활을 하였다. 그는 이때 기독교 세계의 쇄신을 꿈꾸었고, 루터의 종교개혁을 보면서 새로운 종교개혁을 생각하였다. 졸업 후 그는 신학을 공부하려고 하였으나, 부친의 뜻에 따라 1528년 오를레앙에서 법률학을 공부한다.

1531년 법률학 공부를 마치고 파리에 있는 인본주의 대학인

---

11) David O. McNeil, *op. cit.*, 110.

콜리지 프랑스(Collège de France)에서 부데의 인본주의 철학에
대한 강의를 듣는다. 부데는 이 강의에서 기독교의 진리를 이해
하고 설명하기 위해서는 고대 사상가들의 문헌을 이해하는 것이
필요하다는 점을 역설하였다.

1532년 칼뱅은 세네카의 『관용론(De clementia)』에 관한 저서
를 발표한다. 최초의 인본주의 저술이라고 할 수 있는 이 작품
에서 칼뱅은 그의 인본주의가 루터의 복음적 신학과 멜란히톤의
작품에 영향을 받았음을 토로한다.[12] 그 당시 그는 독단적인 가
톨릭교회의 교리와 앵무새처럼 고전의 암송과 모방에 치우쳐 있
는 스콜라 철학을 비판하고, 교회개혁에 적극 참여한다.

1533년 그의 친구 콥(Cop)이 교회를 강력하게 비판하면서 칼
뱅 역시 의심을 받게 되자 그는 프랑스를 떠나게 되는데, 이때
부터 칼뱅주의는 유럽에 퍼지게 된다. 칼뱅주의는 프랑스와 스
페인 등 유럽 서남부의 가톨릭 세계와 독일과 북유럽의 루터교
세계 사이에서 네덜란드, 스코틀랜드, 제네바, 팔츠 등을 중심으
로 퍼져 나갔다. 특히, 종교적 박해 때문에 스페인, 이탈리아, 프
랑스 등에서 이주한 이주민을 중심으로 칼뱅주의는 퍼지게 된
다. 칼뱅은 평신도의 소명의 삶을 중요하게 여기고, 이 세상에
서의 기독교적 삶을 성직자의 삶과 동일한 가치가 있는 것으로
간주하였다. 이들 이주민들은 경제적으로 능력 있고 사업적 수
완이 뛰어난 사람들이 많았는데, 칼뱅주의는 그들의 삶을 지탱
해 주는 종교적·정신적 지주와 같은 것이었다. 이 때문에 잘

---

12) Hellmuth Rössler, *Europa im Zeitalter von Renaissance, Reformation und Gegenreformation 1450–1650*, München, 1956, 348f.

알려진 바와 같이 막스 베버(Max Weber)는 자본주의의 근원을
칼뱅주의에서 찾았다.

탁월한 언어적 재능을 지닌 칼뱅이 인본주의적 교육을 받고,
고대에 대한 해박한 지식을 소유한 인본주의였다는 점은 잘 알
려져 있다.[13] 칼뱅은 그의 사상을 형성하는 데 있어서 고대 사
상의 개념, 이념, 세계관 및 가치관과 논쟁하며, 그것을 수용하
거나 비판하는 노력을 기울였다.[14] 부데와 같이 칼뱅은 고대부
터 전해져 오는 자유학문을 자신의 '기독교 철학'의 기초로 적
극 수용하여 발전시켰다. 개혁교회에 대한 믿음, 라틴어에 대한
완벽한 지식 등에서는 에라스무스의 기독교적 인본주의의 영향
이 확인되고 있다. 이와 같이 칼뱅의 사상에는 인본주의적인 요
소가 포함되어 있다. 그러나 칼뱅의 인본주의는 이그나티우스
로욜라와 마찬가지로 신정주의적 사고에 사로잡혀 있었다. 인본
주의자들이 공유하고 있었던 인간 이성에 대한 신뢰를 그에게서
는 찾을 수 없다. 그에게 있어서 인식은 신을 받아들임으로써만
가능한 것이었다. 즉, 인본주의자와의 차이점은 그의 신학으로
인한 것이었다. 그의 신학은 이 세상의 악에 대한 인식에서부터
인간 사이의 조화로운 삶에 대한 부정, 인간의 도덕 법칙에 대
하여 부정하고 오직 신의 예정과 은총만이 인간 세계의 구원을
가능하게 한다는 것을 강조하였다.

1536년 그의 최대 업적인 『기독교 강요(Insitutio religionis
christianae)』가 출간된다. 이 책은 딜타이가 '기독교 종교가 출발

---

13) Josef Bohatec, *op. cit.*, 121.
14) Ibid., 121.

한 이후 기독교의 진리를 학문적으로 가장 완벽하게 정리한 저술[15]로 표현할 정도로, 완벽한 라틴어 표현으로 개혁교회가 표방하는 기독교적 진리를 정리하고 있다. 칼뱅은 1564년 기력이 소진하여 사망할 때까지 지칠 줄 모르게 신학적 작업에 몰두하였다. 1559년에는 제네바에 첫 번째 개혁교회적 신앙에 기초한 대학인 '제네바 아카데미'를 설립하기도 하였다.

그의 엄격한 신학의 핵심은 신학적 교육학이다. 칼뱅에게 있어서 인간은 자신의 자유의지로 죄의 노예를 선택하였고, 스스로는 그러한 상태에서 자신을 해방시킬 수 없는 존재다. 그런 인간을 하나님은 그냥 내버려 두지 않고, 그에게 구원의 손길, 곧 교육의 손길을 뻗치셨다. 하나님은 예수 그리스도를 보냄으로 인간이 자신과 다시 화해할 수 있는 통로를 마련하셨고, 그러한 통로를 통해 하나님과 바른 관계 속으로 들어온 인간은 계속해서 하나님의 영의 도움으로 점점 더 그리스도의 장성한 인격의 분량에 가까워지도록 성장하는 존재가 되도록 하셨다는 것이다. 칼뱅은 자신의 이러한 인간 이해와 교육 이해를 '패다고기아 데이(하나님의 인간에 대한 교육, paedagogia Dei)'이란 개념으로 표현하였다.[16] 그는 하나님과 인간과의 관계를 하나님의 인간에 대한 교육과정으로 묘사하였고, 그래서 하나님을 교육하는 자로, 인간을 교육받는 자로 칭하였다.

칼뱅이 서술하는 '패다고기아 데이'의 핵심적인 개념이 되는

---

15) Wilhelm Dilthey, *Gesammelte Schriften II: Weltanschauung und Analyse des Menschen seit Renaissance und Reformation*, Stuttgart, ⁵1957, 229.

16) 양금희, "존 칼뱅", 연세대학교 교육철학연구회(편), 위대한 교육사상가들 I: 고대에서 근대 초기까지, 서울: 교육과학사, 1996, 409.

것은, 하나님이 인간에게 자신을 맞추어 조절하신다는 '아콤모다치오 데이(accommodatio Dei)' 다.[17] 하나님은 인간을 교육하실 때 인간의 상태에 따라서, 그리고 그의 이해 능력에 따라서 그에 맞는 내용과 방법으로 교육하신다는 말이다.

이와 같이 칼뱅은 신학적인 봄의 방식을 통하여 교육을 이해하였다. 신학적인 관점에서 교육의 중요성을 강조하고, 교육의 가능성을 모색하였던 것이다. 그는 분명 인본주의에 크게 영향을 받고 성장하였고, 인본주의적 교육의 중요성도 강조하고 있으나, 보다 근본적인 관심은 하나님 교육, 기독교 교육이었다.

프랑스의 종교적 인본주의를 논할 때, 우리는 르페브레(Jacques Lefèvre d' Étaples, ca. 1460~1536)를 제외할 수 없다. 그는 1474년 파리 대학에 입학하여, 1480년 석사학위를 받았다. 이후 콜리지 르모이네(Collége du Cardinal Lemoine)에서 철학 강의를 하였는데, 여기서 주로 아리스토텔레스를 가르쳤다. 그러나 그가 가르친 아리스토텔레스는 스콜라 철학의 아리스토텔레스가 아니라, 인본주의적으로 해석된 아리스토텔레스였다. 그는 고대 그리스 원전을 직접 연구하였고, 스콜라 철학의 주해서를 거부하였다. 그리고 다른 인본주의자들과 마찬가지로 아리스토텔레스의 도덕철학에 관심을 기울이고, 아리스토텔레스 철학과 기독교 사상이 조화를 이룰 수 있다고 보았다.[18] 그는 아리스토텔레스 작품을 그리스어 원전으로부터 번역하고 주해서를 쓰기도 하였으며,

---

17) 양금희, 윗글, 410.

18) Eugene F. Rice, "Humanism in France", Albert Rabil (Ed.), *Renaissance Humanism-Foundations, Forms, and Legacy Vol. 2: Humanism beyond Italy*, Philadelphia, 1988, 112.

1508년부터는 신학 연구에 몰두하였다. 그는 네덜란드의 신앙쇄신운동인 '데보티오 모데르나'의 영향을 많이 받았다.[19] 그의 신학적 주 관심은 '경건이란 무엇인가?'라는 물음이다. 그는 차갑고 건조한 스콜라주의적인 학문적 경건을 비판하고, 생명력 있는 경건을 찾았다. 또한 '데보티오 모데르나'에서 큰 역할을 하였던 켐피스(Thomas à Kempis)의 '그리스도를 모방하며 (Imitation of Christ)' 사상에 크게 감동되어, 예수 그리스도의 경건, 초대 교회의 경건을 모범적인 것으로 수용하게 되었다.[20] 그리고 그러한 경건을 배우기 위해서는 성경을 아는 것이 필수라고 생각하였다. 그는 성경을 제대로 알기 위해서는 성경 원문을 읽어야 한다고 생각하여 고대 그리스어와 고대 히브리어를 배우기 시작하였다.

이후 이탈리아로 가서 신학을 공부하게 되는데, 이탈리아의 피렌체에서 피치노(Ficino)를 만나 인본주의를 배우게 된다. 1511년에는 파리에서 에라스무스를 만나게 되고, 1513년에는 당시 파리 대학의 교수로 재직하였던 독일의 인본주의자 로이힐린 (Reuchlin)과 만나게 된다. 그는 이탈리아에서 돌아온 후 성경을 프랑스어로 번역하는 일을 시작하였다. 1523년 신학위원회가 그의 성경 번역에 일부 오류가 있다고 지적하여 국회가 그를 소환하자, 1525년 그는 스트라스부르크로 도주하였다. 1526년 프랑스 왕 프랑스와 1세로부터 프랑스 국립 도서관원으로 임명받았고, 왕의 자녀들을 가르치는 가정교사로 초빙되었다. 왕의 보호

---

19) Philip E. Hughes, *Lefèvre-Pioneer of Ecclesiastical Renewal in France*, Grand Rapids, 1984, 36.

20) Eugene F. Rice, *op. cit.*, 113.

를 받으며 그는 1530년 성경 번역을 완성하였다.

르페브레(Lefèvre)는 종교적 갈등에 휘말리는 것을 회피하였고, 오히려 모든 종교적 정파와 접촉하였으며, 종교 간의 화해를 위하여 노력하였다. 그는 일평생 기독교적 개혁가보다는 인본주의와 기독교의 조화를 위하여 노력한 인본주의자라고 평가할 수 있다.

칼뱅과 관련하여 또 한 명의 종교적 인본주의자를 만나게 되는데, 바로 세르베투스(Michael Servetus, 1511~1553)다. 그는 부유한 가정에서 태어난 자유로운 사상가요 박식한 학자였다. 대학에서 신학과 법학, 그리고 의학을 공부하였고, 의학, 법학, 물리학, 지리, 신학 등에서 풍부한 지식을 자랑하였다.[21] 그는 당시의 유명한 인본주의자들과 서신을 교환하며 의견을 교환하였다. 한때는 카를 5세의 황실에 머물렀고, 말년에는 빈(Wien) 대주교의 주치의로 일하였다. 그러나 그 역시 종교적 갈등에 휘말렸다. 그는 삼위일체론을 부정하는 글을 써서 종교적 박해를 당하게 된다. 그는 종교 재판에 회부되어 쫓기게 되고, 제네바에 있는 칼뱅에게 가게 된다. 그는 교회에 대하여 비판적이었으며, 인본주의적 정신에 충실하여 인간은 교회의 말씀이 아니라 자신의 고유한 이성으로 의롭다 인정을 받는다는 생각을 피력하였다. 이러한 생각을 정리하여 『기독교 재건(Christianismi Restitutio, 1553)』이란 책을 저술하였으나 결국 종교 재판의 결과 화형을 면치 못하였다.

---

21) John F. Fulton, *Michael Servetus-Humanist and Martyr*, New York, 1953, 19.

2. 라무스

라무스(Petrus Ramus, 1515~1572)는 1515년 컷(Cuts)에서 태어
났다. 파리에 있는 콜리지 나바르(Collège Navarre)에서 문법, 수
사학, 철학 등 인본주의 학문을 공부한 그는 스콜라 철학에 대
하여 대단히 비판적인 생각을 갖고 있었다. 그의 석사학위 논문
제목은 「아리스토텔레스가 말한 모든 것은 거짓이다」였다.[22] 사
실 그가 비판한 것은 아리스토텔레스 철학 그 자체보다도 대학
에서 행해지는 학문 활동과 교수방법이었다. 그는 권위에 의존
하는 무비판적인 태도를 반대하였으며, 아리스토텔레스, 키케로,
퀸틸리아누스와 같은 사상가를 맹목적으로 추종하는 것을 거부
하였다.

대학 졸업 후에는 파리에 소재하고 있는 콜리지 망(Collège du
Mans)과 콜리지 아베마리아(Collège de l' Ave Maria)에서 교수로 재
직하였다. 1543년에는 아리스토텔레스를 비판하는 저술인 『변증
법의 구조(Dialecticae partitiones)』와 『아리스토텔레스 평전
(Aristotelicae animadversiones)』을 쓰게 되는데, 이 저술로 인해 대
학에서 철학을 가르치는 것을 금지당한다. 아리스토텔레스는 스
콜라 철학의 정신적 지주였으므로 그를 비판하는 것은 대학의
사상적 기저가 흔들리는 것을 의미하였다. 그래서 그는 철학 대
신에 그리스 고전가들과 수학을 가르치게 되었다. 1561년 라무
스는 왕이 직접 임명하는 레기우스(Regius) 교수가 되는 영예를

---

22) William Boyd, *The History of Western Education*, New York, [8]1996,
221.

안게 되고, 1565년에는 학장으로 임명받는다.

라무스는 일평생 가르치는 사람으로서, 그리고 문필가로서 활동하였다. 그의 대부분의 작품은 교수 활동의 결과였다. 첫 번째 작품 활동에서는 주로 수사학과 관련된 저서를 발간하였고, 두 번째 단계에서는 변증법 및 문법과 관련된 저서를 발간하였으며, 세 번째 단계에서는 수학과 관련된 저서를 발간하였다. 그리고 네 번째 단계에서는 종교와 관련된 저서를 발간하였다. 그의 저서들은 인본주의적 정신을 잘 표현하고 있어 인본주의를 공부하는 사람들에게 큰 영향을 미쳤다. 특히, 그의 백과사전적인 박식한 지식은 많은 사람의 칭송을 받았다.

라무스의 사고를 이끌어 가는 주요 원칙은 유용성이었다. 그는 모든 지식을 실용적으로 활용하는 것을 강조하였다.[23] 그에게 있어서 교과는 하나의 기예(art)와 같은 것이었다. 문법은 정확하게 말하는 기예요, 수사학은 정확하게 연설하는 기예요, 변증법은 정확하게 논증하는 기예였다. 이러한 사고에서는 모든 배움의 결과가 실제 삶에서 활용되어야 했다. 교육 내용은 학교 교과에서 다루는 것에 제한되어서는 안 된다. 그것은 학교 밖의 실제 삶을 포괄하는 것이어야 했다.[24] 따라서 각 학문에서는 새로운 교수 방법이 요청되었다. 고대 사상가가 얘기한 내용에 권위를 부여하고 그것에 의존하기보다는, 교사는 자연적인 방법에 따라 교수하는 것이 요구되었다. 예를 들어, 문법은 실제로 쓰이는 용례

---

23) Ibid., 221.
24) Walter J. Ong, *Ramus-Method, and the Decay of Dialogue from the Art of Discourse to the Art of Reason*, Cambridge, 1958, 167.

를 제시하면서 가르쳐야 했다. 물리학은 어떤 현상에 대하여 탐구하면서 가르쳐야 했다. 또한 교수한 내용에 대해서는 실제적인 연습을 통하여 내면화하는 것을 강조하였다.

　라무스는 교수방법의 변화와 더불어 대학 교육 내용에 대해서도 변화가 필요하다고 보아 7자유 교과(septem artes liberales)를 강조하였다. 문법, 수사학, 변증법 등 3형식 과목(Trivium)뿐 아니라 4내용 과목(Quadrivium)에 대해서도 중요성을 강조하였다. 르네상스 인본주의자들은 대체적으로 논리학과 변증법보다는 문법과 수사학을 강조하였는데, 그들은 진리보다는 언어를 중시하였기 때문이다.[25] 그리고 논리학과 변증법이 중세 스콜라 철학에서 엄격한 형식주의로 빠져 학문의 생동감이 상실되는 데 기여하였다고 보았기 때문이다. 그러나 라무스는 변증법과 논리학에 교수학적인 의미를 부여하였다. '변증법의 기예는 대화하는 것을 가르치는 것이다.'[26] '논리학은 논증하는 것을 가르치는 것이 아니라, 대화를 잘하는 것을 가르치는 것이다.'[27] 여기서 대화한다는 의미는 가르치는 것과 배우는 것을 모두 의미한다. '변증법은 가르치고 배우는 것 모두에 대한 기예다.'[28] 변증법과 논리학의 핵심은 진리를 추구하는 사람들의 대화다. 이 대화에서 사고 활동이 자유롭게 이루어지며, 가르치고 배우는 교육의 모습이 자연스럽게 형성된다. 이렇게 하여 변증법과 논리

---

25) Karl Vorländer, *Geschichte der Philosophie, Bd. II: Die Philosophie der Neuzeit bis Kant*, Hamburg, ⁹1955, 12.
26) Walter J. Ong, *op. cit.*, 160.
27) Ibid., 160.
28) Ibid., 161.

학은 생동감 있는 진리탐구 방법이요, 교수방법으로 거듭나게
되었다. 변증법과 논리학이 형식주의의 오명에서 벗어나 본래의
참된 의미를 회복하는 것이 라무스의 관심사였다.

이러한 교육 내용은 단계적으로 가르쳐야 한다며, 그는 단계
적인 교육과정을 제시하였다. 첫 번째 단계는 라틴어와 그리스
어 문법을 가르치는 것이다. 문법은 규칙보다는 사례를 중심으
로 가르치는 것이 효과적이라고 보아, 버질과 키케로의 텍스트
를 활용할 것을 강조하였다. 두 번째 단계는 기하학 수업과 어
휘를 심화 · 확대하는 것을 가르치는 것이다. 여기서도 버질, 키
케로, 호머, 아리스토파네스의 문헌을 활용할 것을 권하고 있다.
세 번째 단계에서는 문법 가운데 문장론에 대하여 가르치는 것
이다. 세 단계가 주로 문법을 가르치는 데 주안점이 있다면, 네
번째 단계부터는 수사학을 가르치는 것에 주안점이 주어진다.
네 번째 단계에서는 수사학을 가르치되 역시 버질, 키케로, 호머
의 텍스트를 기초로 한다. 다섯 번째 단계는 변증법을 가르치는
것이다. 여섯 번째 단계는 수학과 산술과 기하를 가르치는 데
유클리드, 아폴로니우스, 아르키메데스, 테오도시우스의 작품을
교재로 활용할 것을 권하고 있다. 일곱 번째 단계는 물리학을
가르치되, 아리스토텔레스와 유클리드의 작품을 활용할 것을 제
안하였다.[29] 이러한 교육 내용에 대하여 보다 깊이 있게 연구하
는 도중에 그는 1572년 성 바돌로메 축제일의 대학살 때 희생당
한다.

---

29) Eugenio Garin, *op. cit.*, 64.

3. 라블레

라블레(François Rabelais, 1483~1553)는 16세기 프랑스 인본주의를 대표하는 사상가다. 라블레는 수도원에서 초·중등 교육을 수료하고, 콜리지 몽테규(Collége Montaigu)에서 대학 공부를 시작하였다. 이후 여러 대학에서 공부를 하고, 다방면의 풍부한 지식을 쌓은 후 1520년에 사제로 임명된다. 그는 이때 인본주의자인 부데(Guillaume Budé)와 서신을 교환하였다. 그리스어 실력이 뛰어난 두 사람은 그리스어로 서신을 교환하기도 하였다. 수도원에서의 사제 생활에 싫증을 느낀 라블레는 파리 대학과 몽펠리에 대학에서 의학을 공부한 후, 리옹에서 의사로 활동하였다. 의사 생활을 하면서 동시에 번역하고, 편집하고, 달력을 만드는 등의 저작 활동을 활발하게 하였다. 이후 당시 파리 주교인 벨라이(Jean de Bellay)의 주치의가 되면서, 동시에 몽펠리에 대학에서 의학 박사학위를 취득하였다. 그 이후 메츠(Metz) 시에서 의사로 일하게 되고, 1551년부터는 므동(Meudon)에서 다시 사제로서 일하다가 생을 마감하였다.

르네상스를 처음으로 '인간과 세계를 발견한 시대'로 규정한 역사가 미셸레(Jules Michelet)는 라블레를 루터, 칼뱅, 몽테뉴, 셰익스피어, 세르반테스와 더불어 인간 본질의 비밀에 대하여 탐구한 대표적 사상가로 묘사하였다.[30] 라블레는 신학, 철학, 법률학, 의학 등 모든 학문을 공부한 다방면의 도야인이었다. 그는

---

30) August Buck, "Rabelais und die Renaissance", *Rabelais,* Hrsg. v. August Buck, Darmstadt, 1973, 1.

점성술에 대한 지식을 갖고 있었고, 고대 문헌과 당시 문헌 등 모든 문헌을 읽을 수 있는 능력을 갖고 있었으며, 그리스어, 히브리어, 이탈리아어, 스페인어, 독일어, 아랍어를 구사할 수 있는 언어 천재였다. 라블레는 인본주의 정신으로 무장하고 그것을 실현하기 위하여 노력한 사상가였다. 그는 당시 프랑스와 유럽의 인본주의자들과 생각을 교환하였다. 특히, 일평생 동안 자신을 에라스무스의 제자라고 여겼고, 에라스무스를 그의 정신적 아버지로 칭송하기도 하였다.[31]

1532년 그는 프랑스 르네상스 시대 최대 걸작인 『가르강튀아와 팡타그뤼엘(La Vie Inestimable du Grand Gargantua, Père de Pantagruel)』을 저술한다. 이 작품으로 몽테뉴와 함께 프랑스 르네상스 문학의 대표자로 명성을 날린다. 이 작품에는 라블레의 인본주의적 정신이 잘 나타나 있다. 이 작품은 해학, 풍자, 조롱조로 쓰인 것으로, 에라스무스의 『우신예찬(Encomium Moriae)』과 유사하게 시대 비판적인 소설이다. 내용적인 측면에서도 정치관, 종교관, 교육관 등 많은 부분에서 에라스무스의 영향을 확인할 수 있다.[32] 동시에 이 책은 교육 소설로도 유명하다. 이 책의 핵심 내용이 가르강튀아의 교육에 관한 것이고, 이 책에서 그는 인본주의적인 사고를 기초로 교육 목적과 교육방법을 제시하고 있다.

---

31) Camilla J. Nilles, Ian J. Winter, *Rabelais et Montaigne*, Lewiston, 1991, xiii; August Buck, "Rabelais und die Renaissance", *Rabelais*, Hrsg. v. August Buck, Darmstadt, 1973, 16.
32) Raymond Lebègue, "Rabelais, the Last of the French Erasmians", *Rabelais*, Hrsg. v. August Buck, Darmstadt, 1973, 140-144.

라블레는 먼저 옛 교육과 새 교육을 비교하며, 간접적으로 옛 교육의 기반인 스콜라 철학을 비판하고, 새로운 교육의 기반인 인본주의의 장점을 부각시킨다. 이 소설에서 궁극적으로 표현하려는 것은 인간의 해방으로, 제한적이고 왜곡된 경험을 제공하는 옛 교육에 의하여 만들어지는 인간의 모습을 해학적으로 비판한다. 가르강튀아는 여기서 새로운 교육을 시도해 보는 인본주의자로 그려진다. 그는 어렸을 때 자신이 배웠던 잘못된 교육을 비판하고 새로운 교육을 시도하게 된다. 자신의 아들인 팡타그뤼엘에게 보내는 편지에서 자신의 청소년 시절을 회상하며, 학문이 위축되어 대학 교육이 전혀 도움이 되지 못하였다는 점을 지적하고, 팡타그뤼엘이 학문과 예술이 활발한 새로운 시대에 태어난 것을 축하하고 있다. 라블레는 여기서 팡타그뤼엘의 입을 빌어 새로운 교육 프로그램을 제시하는데, 고대 언어(그리스어, 라틴어, 히브리어, 아랍어), 7자유 교과 가운데 4내용 과목(지리학, 수학, 음악, 천문학), 시민법, 철학, 자연학, 그리고 성경이 주요 교육과정으로 제시되었다.[33]

라블레는 학문의 연구를 통하여 인간의 행복을 얻을 수 있다고 보았다. 인간은 태어날 때 아무런 굴레 없이 태어나는 것처럼 교육과 학문 연구를 통하여 자신의 천성을 자유롭게 계발하여야 하고, 그래야 유쾌하고 만족한 삶을 선물받을 수 있다고 보았다. '에라스무스에게 고상하지 못한 언어 사용이 추한 것이라면, 라블레에게는 읽지 못하는 것이 추한 것이다. 학문은 그

---

33) François Rabelais, *The Five Books of Gargantua and Pantagruel*, Translated by Jacques Le Clercq, New York, 1936, 190–194.

에게 있어서, 인본주의자들에게 있어서의 글쓰기 기예와 같이
중요한 것이다.' [34] 라블레에게 있어서 인간의 완성은 학문을 통
하여 가능한 것이었다. 그는 학문을 통하여 인간은 자신을 발견
하게 된다고 생각하였다.

라블레는 텔렘(Thélèm) 수도원을 유토피아의 세계로 내세우면
서 자유로운 정신이 최대한 실현되는 공동체로 그린다. 여기서
그는 당시의 수도원을 비판하면서, 인본주의적인 공동체 생활을
새로운 이상적인 것으로 내세운다. 텔렘 수도원은 규정과 규칙
으로부터 자유로운 공동체고, 수도사들의 자유로운 의지와 기분
에 따라 운영되는 비강제적인 공간이다. 유일한 규칙이 있다면,
'당신이 원하는 것을 하시오.' [35]다. 라블레는 인간의 천성이 선
하다고 믿었기 때문에 인간의 행동을 제어하는 규정이 필요 없
고, 천성에 따라 움직이면 모든 것이 선하게 될 것이라고 생각하
였다. '좋은 가정에서 자유롭게 건강하게 양육받고, 좋은 교육을
받은 사교적인 인간은 천성적으로 선을 추구하는 성향과 악을
혐오하는 성향을 갖고 있다.' [36] 인간의 천성에 그 어떤 강제 규
정이 없기 때문에 선천적으로 갖고 있는 선한 본성, 그리고 악에
대한 혐오감에 따라 행동하게 되고, 그것은 공동체 내의 다른 사
람에게도 좋은 일이 될 것이라고 생각하였다. 그에게 있어서 선
한 본성은 인간 윤리의 원칙이요, 사회공동체 운영의 원칙이다.

---

34) Emile Durkheim, *Die Entwicklung der Pädagogik. Zur Geschichte und
    Soziologie des gelehrten Unterrichts in Frankreich*, aus dem
    Französishcen übertragen von Ludwig Schmidts, Weinheim, 1977, 202.
35) François Rabelais, *op. cit.*, 154.
36) Ibid., 154.

여기서 우리는 인본주의적인 낙관주의를 발견하게 된다. 자유
롭게 자신을 계발하는 사람만이 다른 사람들에게 도움이 될 수
있다는 것이 라블레의 신념이다. 그리고 그것은 자연스럽게 되
는 것이 아니라, 교육을 통하여 이루어진다는 것이 그의 신념이
다. 텔렘 수도원에서 생활하는 사람은 좋은 '교육을 받았기 때
문에 아무도 읽지 못하거나, 쓰지 못하거나, 노래를 못하거나,
여러 악기를 연주하지 못하거나, 5~6가지 언어를 구사하지 못
하거나, 시를 쓰지 못할 정도로 우둔하지 않다.' [37)

『가르강튀아와 팡타그뤼엘』에서 확인되듯이 라블레는 당시 시
대의 분석가를 뛰어넘었다. 그는 시대를 해석하고, 새로운 시대
를 제시하였다. 새로운 시대를 이끌어 갈 새로운 인간의 모습과
새로운 교육의 모습을 제시하고 있는 것이다. 인본주의자로서
인간에 대한 무한한 신뢰를 보내고 있는 모습을 확인할 수 있
다. 인간의 천성은 선한 것이요, 그것을 잘 발현시키게 되면 이
상적인 인간성의 형성과 더불어 공동체를 건설할 수 있다는 것
이 그의 신념이었다. 여기서 자유교육과 자연주의 교육의 이념
을 확인하게 되는데, 인간의 선한 본성을 자유롭게 계발시키는
교육, 그것이 그가 추구하는 이상적인 교육의 모습이었다. 그
러한 이상적인 교육을 통하여 새로운 시대에 필요한 새로운 인
간과 새로운 사회를 건설하는 것이 가능하다는 신념을 갖고 있
었다.

라블레는 나중에 소르본 대학과 프랑스 의회에 의하여 정죄되
어 외국으로 도피하게 된다. 그러나 그가 정죄된 것은 소설에서

---

37) Ibid., 154.

당시 지배계층을 풍자적으로 신랄하게 비판한 것 때문이 아니
라, 더욱 중요한 것은 '참된 기독교적 이웃 사랑 및 참된 관용에
대한 요구, 고귀한 학문에 몰두할 것에 대한 요구, 그리고 무엇
보다 수도사의 금욕적인 생활을 부정하고, 세속적인 것에 대하
여 경멸하는 자세를 취하지 않는 새로운 기독교를 요구하였기
때문이다.' [38]

4. 몽테뉴

1) 인본주의 생애

몽테뉴(Michel de Montaigne, 1533~1592)는 라블레와 함께 프랑
스 인본주의를 대표하는 인물이다. 그러나 그의 생애와 교육사
상은 라블레와는 전혀 다른 성격을 띠고 있었다. 그는 라블레보
다 한 세대 뒤의 사람이다. 그가 태어날 당시 인본주의는 프랑
스인들의 사고에만 영향을 미친 것이 아니라, 프랑스 사회 전반
에 영향을 미치고 있었다. 특히, 인본주의는 그 어떤 프랑스인
보다 몽테뉴에게 영향을 미쳤다. '때문에 사람들은 몽테뉴를 완
전한 인본주의자라고 부르기보다는, 인본주의 교육의 최고의 산
물로 부르는 것에 동의하였다.' [39]

몽테뉴는 가톨릭 신자지만, 냉철한 사상가요 회의주의자이면
서 동시에 관용적인 인본주의자였으며, 인본주의적 도덕철학자

---

38) Hellmuth Rössler, op. cit., 96.
39) Friedrich Hugo, Montaigne, Bern, 1949, 55.

인 동시에 삶의 철학자였다. 그는 고대 사상가로부터 얻은 지혜를 동시대인들에게 전해 주는 메신저였다. '그는 소크라테스주의자요, 스토아주의자요, 투스쿨룸과 세네카와 플루타크의 제자였다. ……그의 정신과 삶은 데카르트의 모범이었고, 데카르트의 사상에 큰 영향을 미쳤다.' [40)

몽테뉴는 새로운 인간 이해 방식을 추구하였다. 르네상스의 인간 이해 방식, 즉 이 세계의 주인으로서의 인간, 자신의 이성에 의하여 주체적으로 결정하는 존재, 인식 능력에 있어서 신과 유사한 존재, 인간성의 완성을 추구하는 존재, 인간 스스로 창조한 도덕 법칙과 시민법에 순종하며 사는 존재, 그리고 종교적 존재로서의 인간 이해 방식은 더 이상 몽테뉴의 관심사가 아니었다. 그는 인간에 대한 질문을 동시대인들과는 다른 방식으로 제기하였다. 『수상록』의 「수필에 대하여」에서 그는 '인간이란 무엇인가?' 라는 본질적인 질문을 던졌다. 좀 더 구체적으로, '나는 내 이성으로 생각할 수 있는 인간에 대한 상을 갖고 있다. 그것은 신의 가르침으로 주어진 것이 아니라고 생각한다. 내가 말하는 것은 비교회적이고 비신학적이지만, 매우 경건한 생각이다.' [41) 그는 역사적 · 사회적 · 신학적 질문 방식이 아니라, 철학적 · 본질적 질문 방식으로 인간을 새롭게 이해하려고 한 것이다.

몽테뉴는 1533년 프랑스의 보르도(Bordeaux) 근교 몽테뉴(Montaigne) 성에서 태어났으며, 르네상스 인본주의에 의하여 사

---

40) Wilhelm Dilthey, *op. cit.*, 38f.
41) Michel de Montaigne, *Die Essais*, ausgewählt und eingeleitet von Arthur Franz, Leipzig, 1953, 133.

회가 변혁되는 시기에 당대 분위기의 영향을 받으며 성장하였
다. 몽테뉴의 아버지는 부유한 상인이었다. 아버지는 사업차 이
탈리아에 다니면서 새로운 교육이념을 접하게 되었고, 그러한
이념에 따라 몽테뉴를 교육하였다. 몽테뉴가 태어났을 때 그의
아버지는 갓난아이를 먼 시골 마을에 보내어, 그 아이가 농부들
사이에서 살면서 검소하고 소박한 생활 태도를 배우게 하였다.
한두 해가 지난 뒤에 아버지는 몽테뉴를 자기 집에 데리고 왔
다. 여기서 모든 것이 달라졌다. 온 집안이 이탈리아 영향 일색
이었고, 어린 몽테뉴는 학문과 교양의 분위기 속에서 자라면서
추호의 강요나 노력도 없이 학문의 첫 발자국을 떼어 놓을 수
있었다. 아버지는 교육에 관하여 많이 알지는 못했지만, 통상의
교육방법에 불만을 품고 아들의 교육 문제에 관하여 여러 부류
의 친지들과 상의했다. '나의 아버지가 들은 말은, 우리가 고대
희랍인과 로마인의 장엄한 영혼과 그들이 가졌던 지식에 도달하
지 못하는 유일한 이유는, 그들의 말을 배우는 데 너무 오랜 기
간을 허비한다는 데 있다는 것이었다.'고 몽테뉴는 술회하였
다.[42] 이 견해를 따라서 그의 아버지는, 프랑스어는 전혀 모르면
서 라틴어에 능통한 한 독일 학자에게 아들을 맡기고 온 집안
식구가 아들 앞에서는 라틴어 이외의 일체 다른 말은 쓰지 말도
록 계획을 세웠다. 이 실험의 결과는 대단히 성공적이었다. 여
섯 살이 되었을 때, 몽테뉴는 프랑스어는 전혀 모르면서 라틴어

---

42) Michel de Montaigne, "Of the education of children", *The Complete
   Works of Montaigne: Essays, Travel, Journal, Letters*, translated by
   Donald M. Frame, Stanford, 1957, 128.

를 유창하게 할 수 있었다. 그것은 몽테뉴의 말에 의하면, '인위
적인 수단 없이, 책 없이, 문법이나 훈계 없이, 회초리 없이, 눈
물 없이'[43) 이루어진 것이었다.

그러나 그의 아버지는 자신의 계획이 과연 지혜로운 것이었는
지에 의심이 생겨서 여섯 살 된 아들을 보통 방식대로 교육시키
려고 보르도에 있는 지엔(Guyenne) 중등학교에 보내었고, 몽테
뉴는 13세가 될 때까지 그곳에서 머물며 수학했다. 그곳에서 몽
테뉴는 처음에는 여러 훌륭한 선생들이 있었음에도 불구하고 공
부에 별 진척을 보지 못하고, 라틴어 회화 실력도 곧 잃어버리
게 된다. 그러나 그는 오비드, 버질 등을 읽으면서 공부에 다시
흥미를 느끼게 되었고, 점차 수많은 글—고대건 현대건 이태리
어, 스페인어, 불란서어로 된 역사가, 시인, 철학자들의 저작—
을 섭렵하면서 그의 에세이에서 그가 끊임없이 인용하는 방대한
양의 문헌에 관한 지식을 얻을 수 있었다.[44)

13세 되던 해인 1547년 그는 대학에서 철학을 공부하기 위해
보르도로 떠났고, 그 후 툴루즈(Toulouse) 대학에서 1559년까지
법학을 공부하였다. 1554년 그의 아버지 몽테뉴(Piere Montaigne)
가 보르도 시장으로 선출되자, 그는 페리그외(Perigueux) 시의 세
무담당 관청(Cour de Aides)의 법률 고문으로 일하였다. 그리고
1557년에는 보르도 시의회의 법률 고문이 되었다. 1565년 그는
시의회에서 함께 일하던 동료의 딸 프랑스와즈(Francoise de la

---

43) Ibid., 128.
44) 윌리암 보이드 저, 이홍우, 박재문, 유한구 공역, 서양교육사, 서울: 교육과
학사, 1994, 338쪽 이하.

Chassaigne)와 결혼한다. 그후 1570년에는 법률 고문직을 그만두고 『수상록(Essais)』을 저술하기 시작한다. 1580년 그는 낯선 세계의 삶의 모습을 보고, 그들의 의견을 듣고, 그들로부터 배우기 위해 독일과 스위스, 그리고 이탈리아 등을 여행한다. 여행을 통해 인간 세계의 다양한 모습을 체험하게 되었고, 이것은 그의 삶을 풍요롭게 하고, 낯선 것에 개방적이고 관용적인 태도를 갖게 하는 데 크게 기여하였다. 또한 공적인 업무에서 영향력을 행사할 수 있는 많은 경험과 삶에 대한 지식을 얻게 되고, 끊임없는 자기관찰과 자기성찰을 통하여 절제와 지혜를 얻게 된다.

이듬해인 1581년부터 1585년까지 그는 보르도 시장으로 봉직하고 1592년 세상을 떠났다.

2) 인본주의 교육사상

몽테뉴의 가장 대표적인 저술은 『수상록』이다. 그는 이 책에서 그의 사상을 포괄적이고도 집약적으로 표현하고 있다. 그의 『수상록』 가운데 「레이몬드 세본드(Raymond Sebond)의 변호」라는 글이 수록돼 있다. 세본드는 스페인의 철학자로서 1436년까지 툴루즈 대학에서 신학, 철학, 의학 교수로 재직하였다. 몽테뉴는 세본드의 저술인 『자연 신학(Theologia naturalis)』에서 인간 이성에 의한 계시를 정당화하려고 하였다.[45] 몽테뉴는 세본드를 옹호하는 글에서 자신의 기본적 사상을 집약적으로 표현하고 있다. 인간학과 관련하여서는 "피조물 가운데 가장 불행하고 허약

---

45) Raimundus Sebundus, *Theologia Naturalis seu Liber Creaturarum*, Hrsg. v. Friedrich Stegmüller, Stuttgart, 1966.

하면서, 동시에 가장 교만한 존재가 인간이다."라고 하였고, 순
수사변적인 지식을 경멸하며, "나는 일평생 동안 대학 교수보다
현명하고 행복한 수많은 수공업자와 노동자를 알고 지냈다."라
고 하였다. 자신의 신학과 관련하여서는 "만물을 창조하고 보존
하는 신 안에 인간이 이해할 수 없는 힘이 있다고 보는 사고방
식이 나에게는 가장 개연성이 높고 설득력이 높은 사고다."라고
하였고, 자연 개념에 대하여서는 "인간의 눈은 자신의 능력 범
위 안의 사물들만 인지할 수 있다."라고 하였다. 정신 개념과 관
련하여, "우리의 정신은 불안정한, 위험한, 혼동을 일으킬 수 있
는 작업 도구다. 정신은 질서와 척도에 따르는 것을 어려워한
다."라고 하였다. 또한 자신의 회의주의와 관련하여서는 "우리
의 인식 능력은 우리를 많은 사물을 바르게 설명하도록 이끈다.
그러나 그것은 분명 한계를 갖고 있다. 그러한 한계를 초월하여
인식 능력을 사용하려 한다면, 그것은 오류를 가져온다."라고
하였다. 마지막으로 죽음에 대하여서는 "우리는 이미 시간과 더
불어 사라지는 수많은 것을 경험하였다. 그것을 통하여 우리는
사라지는 특정한 현상, 즉 죽음을 두려워하는 것은 현명하지 못
하다는 것을 계속하여 경험하게 된다."[46]라고 하였다.

몽테뉴는 『수상록』에서 여러 주제를 다루고 있지만, 그의 가
장 큰 관심사는 역시 '자기 자신'이었다. 그는 자기 자신을 테
마로 삼으면서 '인간'을 테마로 삼고 있다. '나는 나 자신의 내

46) Michel de Montaigne, "Apology for Raymond Sebond", *The Complete Works of Montaigne: Essays, Travel, Journal, Letters*, translated by Donald M. Frame, Stanford, 1957, 318-457.

면을 발견하는 것 외에는 다른 목적을 갖고 있지 않다.'[47] 그는 모든 인간이 자기 자신 안에 인간 존재의 본질적 특성을 갖고 있다고 보았다.[48] 따라서 자기 자신을 돌아보는 것은 인간을 이해하는 출발점이다. 그는 '인간'을 내면 세계로부터 근원적으로 탐구하려고 하였다. 인간이 누구인지, 어떤 존재가 되어야 하고, 어떠한 존재가 될 수 있는지 등의 질문을 던지며 인간학적이고 심리학적인 방법으로 인간을 탐구하였다. 이런 점에서 소크라테스, 세네카, 스토아 철학자들은 몽테뉴의 스승이라고 할 수 있다.

그러나 그가 인간을 탐구하는 방법은 인본주의를 넘어서고 있다. 그는 수사학과 변증법이 새로운 것을 아는 지식의 기초가 된다고 보지 않았다. 오히려 개방적인 자세와 비판적인 정신을 기초로 하고 있는 인간 이성이 가장 중요한 방법적 매체가 되어야 한다고 보았다. 탐구 대상에 대한 개방적인 자세, 자기비판적인 탐구방법을 새로운 학문의 방법으로 제시한다. 여기서 고대 정신과의 교제는 필수적이다. 고대의 정신적 유산은 모든 철학적 반성에 스며들어가 있다. 그러나 고대의 정신적 유산은 그것을 모방하는 것에 목적이 있는 것이 아니라, 인간의 정신을 발전시키고, 자유로운 인간성을 발현하고, 도덕적 사고를 계발하는 데에서 그 가치를 찾아야 한다고 보았다. 이 점에서 그는 에라스무스와 같은 생각을 갖고 있었다. 그는 언어적 형식주의

---

47) Michel de Montaigne, "Of the Education of Children", *The Complete Works of Montaigne: Essays, Travel, Journal, Letters*, translated by Donald M. Frame, Stanford, 1957, 109.

48) Richard Friedenthal, *Entdecker des Ich-Montaigne, Pascal, Diderot*, München, 1969, 27.

에 빠지는 것을 비판하고, 고대 언어를 배우는 목적이 인간 정신의 계발과 도덕적 사고의 계발에 있다고 생각하였다.

여기서 우리는 현명하고, 비판적이고, 현실적인 감각을 지니고 있고, 편파적이지 않고, 인간에 대하여, 인간의 복지에 대하여 관심을 갖고 있는 몽테뉴가 왜 회의주의자가 되었는지 의문을 제기할 수 있다. 그 답을 찾기 위해서는 당시의 시대 상황을 살펴볼 필요가 있다. 몽테뉴는 폭력과 불법이 난무하던 시대에 살았다.

1560년 앙브와즈(Amboise)의 반란이 대량 학살로 종결되었다. 1562년 파리에서 기즈(Guise)가 주도하여 종교개혁가들에 대한 학살이 자행되었다. 1563년에는 기즈가 개신교도들에 의하여 살해되었다. 1572년 성 바돌로메 축제일 때 콜리니(Admiral de Coligny)와 함께 수천 명의 위그노파 교도들이 살해되었다. 1588년 프랑스 왕 앙리 3세는 로트링겐(Lothringen) 추기경 앙리 기즈(Henri de Guise)를 살해하였다. 1589년 수도사 클레망(Jacues Clément)이 앙리 3세를 살해하였다. 몽테뉴는 신앙의 이름 아래 인간을 불행하게 만드는 일련의 끔찍한 사건에 큰 충격을 받게 되고, 그의 철학적·교육학적 사고는 이러한 불행한 사건의 영향을 받게 된다.

그렇다고 몽테뉴의 회의주의가 극단적인 허무주의는 아니었다. 그의 회의주의는 인간의 행운과 낙관에 대한 믿음의 회의라고 할 수 있다. 그는 인간이 의미 있는 삶을 영위할 수 있는 가능성에 대한 믿음은 포기하지 않았다. '인간이 스스로 자랑스럽게 생각할 수 있는 인간의 최고 걸작품은 의미 있게 살아가는 것이다. 통치하고, 집을 짓고, 보물을 수집하는 등 그 이외의 모든 것은 부차적인 것이다.' [49] 그것이 의미하는 것은, 인간이 자신의 삶에 의미를 부여하는 것에 진지하게 고민하여야 한다는 것이다. 인간이 자기 자신에게로 돌아가 자신에 대하여 돌아보아야 한다는 것이다. 몽테뉴는 그렇게 할 때 인간은 경험이 풍부하여야 한다는 점을 배우게 된다고 생각하였다. "나는 키케로를 이해하려 하기보다는 나 자신에 대하여 올바르게 이해하기를 원한다. 나 자신에 대한 경험을 통하여 내가 지혜롭게 될 수 있는 충분한 원천을 발견하게 된다."[50]

물론, 나 자신을 아는 것에는 한계가 있다. 인간의 한계는 수많은 곳에서 발견된다. 인간의 삶의 조건, 다른 사람들과의 관계, 인간의 천성 자체 등 곳곳에서 한계를 발견하게 된다. 인간의 한계는 교육에도 영향을 미친다. '인간의 선천적인 소질을 바꾸려는 것은 어렵다.'[51] 그러나 그것이 교육을 체념하여야 한다는 것은 아니다. 교육은 반드시 필요한 것이다. 단지 몽테뉴는 여기서 교육을 너무 과대평가하거나 학생들에게 너무 많은 기대를 거는 것에 반대하고 있다. 무엇보다 학생들에게 지나치게 학문을 가르쳐, 모든 학생을 학자로 만드는 노력에 반대하고 있다. 책에 서술되어 있는 것만큼 믿음직해 보이는 것도 없다. 그러나 철학과 실천적인 이론이 도움이 되려면, 실제적인 경험에서 그것을 증명해 보여야 한다. 먼저 인간은 그가 매일 접하는 사물에 대

---

49) Michel de Montaigne, "Of Experience", *The Complete Works of Montaigne: Essays, Travel, Journal, Letters*, translated by Donald M. Frame, Stanford, 1957, 851.

50) Ibid., 822.

51) Michel de Montaigne, "Of the Education of Children", *The Complete Works of Montaigne: Essays, Travel, Journal, Letters*, translated by Donald M. Frame, Stanford, 1957, 109.

하여 이해하여야 한다. 여기서 교육은 인간이 주체적으로 진리
를 발견하도록 하고, 다른 사람들이 말하는 것을 비판적으로 검
토하도록 돕는 것을 목적으로 한다. 따라서 어린이들이 주변의
사물에 대하여 탐구하도록 이끌어야 한다고 주장한다.[52] 그리
고 몽테뉴는 철학자 호레이스의 말을 인용하며 철학적인 탐구
노력을 강조한다. '이성적이 되도록 용기를 내어라. 그것부터
시작하라. 누구든지 이성적인 삶을 살기 시작하면, 강물이 흐르
듯 이성이 힘을 발휘하여 영원히 흐를 것이다.'[53]

그러나 무엇보다 중요한 것은 인간이 자기 스스로를 이해하
고, 자신의 삶을 주도적으로 살아가는 것이다. 자기 인식을 바
탕으로 자기 스스로를 위하는 것을 통하여 자신의 존엄성을 발
견하게 되고, 어떤 가문에서 태어났거나 어떤 사회적 지위에 있
거나 하는 것이 중요하지 않고 순수한 인간성이 중요한 것이라
는 점을 알게 된다. 여기서 우리는 인간에게 중요한 것은 태어
날 때 우연히 갖게 된 지위나 성인이 되어서 갖게 된 사회적 지
위가 아니라, 한 개인의 모습과 특성 그 자체가 중요하다는 몽
테뉴의 인식을 확인하게 된다. 각 개인은 자신을 측량하는 척도
와 수준을 자기 자신 안에 갖고 있다는 것이다. '우리에게 카이
사르의 삶은 우리 자신의 삶보다 많은 것을 가르쳐 주지 않는
다. 그것이 황제의 삶이든, 비천한 자의 삶이든, 언제나 인간의
삶이다. 인간에게 닥치는 모든 것이 개인에게는 중요하다.'[54]

---

52) Ibid., 114.
53) Ibid., 117.
54) Michel de Montaigne, "Of Experience", *The Complete Works of Montaigne: Essays, Travel, Journal, Letters*, translated by Donald M.

그리고 그것을 위하여 교육은 기여해야 한다. 그러한 교육을 위해서 이론보다는 실천적이고 모범적인 사례가 중요하다. '나는 올바로 쓰도록 하기보다는 올바로 행동하는 것을 지향한다. 모든 나의 노력은 내 삶에 영향을 미치도록 하는 것을 목적으로 한다.' [55] 그리고 모든 교육은 이러한 목적에 부합되게 이루어져야 한다는 것이다.

이렇게 볼 때, 몽테뉴에게서는 인간이 자의식을 갖고 자기를 인식하는 것이 가장 중요한 것이라는 점을 발견하게 된다. 그러한 자의식을 획득하기 위해서는 객관적으로 주어진 인식이나 외적 요인들로부터 자유롭게 되고, 자기 스스로와 관련하여 인간 존재에 대한 심사숙고가 필요하다고 보았다. 그것을 위해 몽테뉴는 인간의 자유를 강조하고 있다. 외적 요인의 영향으로부터의 자유와 내적 사고의 자유를 강조하고 있는 것이다. 그는 인간이 자기 자신으로 돌아와 자유로운 상태에서 자기 스스로를 숙고하면서 자기 자신을 발견할 것을 강조하였다. 이런 면에서 그는 소크라테스와 유사하다.

그는 모든 인간이 소크라테스처럼 될 것을 강조하고 있는 것이다. 소크라테스와 같이 자유를 추구하고, 참된 진리를 발견하고, 진리에 따라 실천하며 살았던 모범이 그가 추구하는 인간의 삶인 것이다. 이렇게 볼 때, 몽테뉴는 단지 시대 비판적인 사고만 수행한 것이 아니라, 시대를 뛰어넘는 철학적 사상을 제시한

Frame, Stanford, 1957, 822.

55) Michel de Montaigne, "Of the Resemblance of Children to fathers", *The Complete Works of Montaigne: Essays, Travel, Journal, Letters*, translated by Donald M. Frame, Stanford, 1957, 596.

점에서 인본주의자로서, 철학사상가로서 그의 위대성을 발견하게 된다.

그는 교육과 관련해서도 시대를 뛰어넘는 사고를 펼치고 있다. 몽테뉴가 16세기에 살았듯이, 그는 사상사적으로 르네상스와 인본주의의 영향 아래 있었다고 볼 수 있다. 실제로 그가 성장하면서 배웠던 것들 가운데 언어가 차지하는 비중은 매우 컸다.

중세의 신 중심 사회에서 탈피하여 인간의 이성과 자유를 바탕으로 하는 인간의 삶에 깊은 관심을 기울였던 인본주의자들은 그것의 사상적 기초를 고대의 인본주의 사회에서 찾았고, 고대 정신을 이해하기 위해 고전어를 중요한 통로로 파악하였다. 때문에 근세 인본주의자들은 언어 교육을 강조하였고, 인본주의 교육은 곧 언어 교육으로 이해되었다. 언어와 언어 교육에 대한 인본주의자들의 이러한 기대는 근세 교육이 지나치게 언어 그 자체만을 강조해, 언어적 지식을 암기하고 습득하는 것만이 교육의 모두를 차지하는 문제점도 낳게 되었다. 교육의 목적이 생활과 관련되지 못하고 형식화되어, 잘못된 인본주의 교육이 유럽을 지배하게 되었다.

몽테뉴는 이러한 르네상스 시대의 언어주의, 형식주의 교육에 정면으로 도전하고 나섰다. 그는 먼저 언어 교육을 통해 쌓은 지식이 주는 의미에 대해 묻고 있다. 그는 책을 통해 많은 지식을 쌓는 것 그 자체는 별로 중요하지 않다고 보았다. '단순히 책을 통해서만 쌓은 지식은 그 얼마나 애처로운 지식인가! 그것은 바탕이기보다는 하나의 장식품에 불과하다.' [56] 그는 지식을

---

56) Michel de Montaigne, "Of the Education of Children", *The Complete*

단지 교사나 책을 통해 획득한 것보다는 그것을 자기 것으로 소
화하는 것이 중요하다고 보았다.[57] 지식을 소화해 실제 삶에 적
용시킬 때, 그러한 지식은 삶의 지혜로 드러날 수 있다고 본 것
이다. '누가 많이 알고 있는가가 중요한 것이 아니라, 누가 가장
잘 알고 있느냐.'가 우리의 관심 대상이 되어야 한다고 말하면
서,[58] '단지 아는 사람보다, 아는 것을 행위로 보여 주는 사람은
더 많은 이득을 얻을 수 있다.'[59]고 주장하였다. 즉, 그에게 있
어서 교육이 본질적으로 추구해야 할 것은 지식이 아니라 지혜
요, 앎이 아니라 삶이었다. 지식 그 자체는 중요하지 않고, 그러
한 지식이 삶에서 지혜롭고 유용하게 사용되어야 한다는 것이
다. 요약하면, 학생들이 단순히 지식을 쌓기만 하는 것이 아니
라, 행동을 통해 지식을 실제적 삶에 지혜롭게 적용하도록 이끄
는 교육을 교육의 기본 과제로 인식하였다.

다음으로 교육이 본질적으로 추구해야 할 것에 대한 논의에서
그는 언어(word)보다는 사물(thing)을 강조하였다.[60] 그는 언어를
배우는 것을 통해 사물을 익힐 수 있다고 보지 않고, 먼저 사물

Works of Montaigne: Essays, Travel, Journal, Letters, translated by
Donald M. Frame, Stanford, 1957, 112.

57) Michel de Montaigne, "Of pedantry", *The Complete Works of
Montaigne: Essays, Travel, Journal, Letters*, translated by Donald M.
Frame, Stanford, 1957, 101.

58) Ibid., 100.

59) Michel de Montaigne, "Of the Education of Children", *The Complete
Works of Montaigne: Essays, Travel, Journal, Letters*, translated by
Donald M. Frame, Stanford, 1957, 124.

60) Ibid., 129.

을 파악하였을 때 그것이 언어로 표현될 수 있다고 보았다. 그는 호레이스(Horace)의 말을 인용하며, "내용을 완전히 파악하라. 그러면 말은 자연스럽게 따라오게 될 것이다."라고 주장하였다.[61] 그는 현학적이고 규율에 얽매인 언어를 반대하고, 단순하고도 자연스러운 생활 언어이면서도 그것이 인간의 마음을 움직일 수 있는 그러한 진실한 언어를 중요하게 취급하였다.[62]

몽테뉴는 인간이 교육을 통하여 갖추어야 할 목록을 그의 글 「아동교육론」에서 덕, 지혜, 양심, 판단력 등 여러 가지로 제시하고 있다. 이러한 것들은 성공적이고 행복한 삶을 살기 위해 꼭 필요한 자질들이다. 이러한 목록 가운데 특별히 두 가지 점을 강조했는데, 하나는 덕이고 다른 하나는 지혜다. 덕은 그의 「아동교육론」에서 가장 많이 언급되는 교육 목적이다. 덕에 대해 몽테뉴는 다음과 같이 서술하고 있다.

> 덕의 가치와 고귀함은 편안함과 유용성, 그리고 덕을 실천하는 데 있어서의 기쁨에 놓여 있다. ……덕의 무기는 강력함이 아니라 온건함이다. ……덕은 삶을 사랑하고, 아름다움과 영광과 건강을 사랑한다. 그러나 덕의 숭고하고도 특별한 임무는 이들 모든 좋은 것을 어떻게 지혜롭게 이용해야 하는가를 아는 것이다. 이 임무는 어려우나 대단히 고귀한 것으로, 그것 없이는 인생의 전 과정은 부자연스럽고 무질서하고 추한 것이 된다.[63]

---

61) Ibid., 125.
62) Ibid., 127.
63) Ibid., 120.

몽테뉴는 덕과 함께 지혜를 교육의 목적으로 중요하게 취급하
였다. '우리가 공부하는 이유는 그것을 통해 더 발전하고, 더 지
혜롭게 되기 위한 것이다. 대상을 보고 묻게 하는 것은 이성적
능력이다. 사물을 이용하고 조직하는 것뿐만 아니라, 인간이 행
동하고 지배하는 것 등은 인간의 이성을 통해 가능하다.'[64] 지
혜는 몽테뉴에게 있어서 인간의 이성을 바탕으로 바르게 판단하
고 살아가는 능력을 의미한다.

　몽테뉴의 교육에 있어서 중요한 원칙은 '삶과의 관련성'이
다.[65] 이 점은 그가 당시 지식주의 교육을 반대하는 것에서도
확인될 뿐만 아니라, 그의 교육 목적에서도 지식이나 학식보다
는 덕과 삶의 지혜가 강조된다는 점에서도 찾을 수 있다. 그의
이러한 교육 원칙은 그의 교육 내용에 대한 이해에서도 그대로
드러나고 있다. '삶과의 관련성'이란 교육 원칙은 그가 교육 내
용을 대단히 포괄적인 것으로 생각하도록 이끈다. 즉, 그는 삶
과 관련된 모든 것, 삶의 세계 전체를 교육 내용으로 보았다.[66]

　그의 교육사상을 살펴보면서 우리는 그가 인본주의의 한계를
직시하고, 17세기 새로운 교육사적 흐름인 리얼리즘의 길을 예
고한 사상가임을 알게 된다. 그는 교육의 본질적 이해에서 언어
대신에 사물, 지식 대신에 삶 등으로 표현되는 관점의 전환을
가져왔다. 즉, 당시 성행하던 언어주의 교육과 형식주의 교육을
비판하고, 인간의 실제적 '삶'을 새로운 교육학적 중심 개념으

---

64) Ibid., 112.
65) Ibid., 116.
66) 몽테뉴의 교육사상에 대해서는 김창환, "몽테뉴", 오인탁(편), 위대한 교육
　　사상가들 II, 서울: 교육과학사, 1998, 1-19 참조.

로 착안하면서 경험 교육과 생활 교육을 중시하였다. 여기서 우리는 몽테뉴가 인본주의 시대에 살았으면서 동시에 미래의 세계를 예견하였고 개척하였던, 통찰력과 혜안을 갖춘 사상가였음을 확인하게 된다.

영국의 인본주의 교육

1. 개 관

유럽의 다른 나라와 마찬가지로 영국 인본주의 역시 이탈리아 인본주의의 영향을 많이 받았다. 15세기 중엽부터 영국의 저명 인사들이 이탈리아 학문을 배우러 순례 행진을 하였다. 새로운 지식과 학문에 굶주렸던 영국 지식인들은 이탈리아로부터 그들의 지적 욕구를 만족시킬 수 있었다. 그리고 고국으로 돌아와 영국에 인본주의를 전파하였다.

영국 국가 재무를 총괄하였던 그레이(William Grey, 1408~1478)는 당시 인본주의에 관심을 갖고 이탈리아를 찾은 첫 번째 영국인이었다.[1] 그는 10년 이상 이탈리아에 머무르면서 구아리노(Guarino)의 학교에서 지냈고, 영국으로 돌아올 때 수많은 인본주의 문헌을 갖고 왔다.

---

[1] Walter F. Schirmer, *Der Englische Frühhumanismus*, Leipzig, 1931, 121.

셸링(William Selling, ca. 1430~1494)은 세 차례 이탈리아를 방문하여 칼콘딜라스(Chalkondylas)와 폴리티아노(Politiano)에게서 그리스어를 배우고, '캔터베리 수도원을 인본주의 연구의 뿌리'로 만들려고 하였다.[2] 그는 그리스어를 배운 첫 번째 영국인이었다.

그로신(William Grocyn, ca.1446~1519) 역시 1489년부터 1491년까지 이탈리아에 머물면서 칼콘딜라스와 폴리티아노에게서 그리스어를 공부하고 돌아와, 영국 옥스퍼드 대학에서 첫 번째로 그리스어 강의를 한 사람으로 유명하다.[3] 그는 인본주의자 콜레(John Colet)와도 가까운 사이였고, 르네상스 시대 영국의 대표적 인본주의자인 모루스(Thomas Morus, 영국명 Thomas More)를 제자로 두었다.

라티머(William Latimer, ca. 1460~1545)는 15세기 말 오랫동안 이탈리아에 체류하면서 인본주의를 배웠다.[4] 1517년 부데(Guillaume Budé)에게 보내는 편지에서 에라스무스는 라티머를 가리켜 라틴어와 그리스어에 능통한 훌륭한 학자요, '인격과 학식으로 도야된 참된 신학자'라고 칭송하였다.[5]

프리(John Free, ca. 1425~1465)는 10년 동안 이탈리아에 체류하였으며, 페라라, 피렌체, 파도바 등에서 살다가 로마에서 숨졌다. 그는 라틴어, 그리스어, 히브리어, 자연과학, 법률학, 의학 등을 폭넓게 공부한 다방면에서 박식한 학자였다. '학식과 유창한 언

2) Ibid., 160.
3) Ibid., 170f
4) Ibid., 175f.
5) *The Collected Works of Erasmus: The Correspondence of Erasmus, Vol. 4*, translated by R. A. B. Mynors and D. F. S. Thomson, annotated by James K. McConica, Toronto, 1977, 249.

어를 통하여 가난에서 탈출하여 부유한 지위에 이른 인물이었
다.' [6] 그러나 그는 이탈리아에서 활동하였기 때문에 조국인 영
국을 위해서는 크게 기여를 하지 못하였다. 그는 파도바에서 워
체스터(Worcester) 백작인 팁토프트(John Tiptoft, 1427~1470)를 만
나게 된다. 프리(Free)와 팁토프트는 함께 구아리노와 친분을 나
누었다. 고등재판관이었던 팁토프트는 심미적인 형식 예찬론자
요, 언어 예찬론자였다. 네덜란드의 인본주의자 아그리콜라
(Rudolf Agricola)가 1476년 페라라 대학 교수로 부임하는 강연에
서 구아리노를 칭송하면서, 구아리노에게서 인본주의 교육을 받
은 영국인들을 거명하였는데, 그레이(William Grey), 플레밍
(Robert Flemming), 프리(John Free), 건토릎(John Gunthorp)이 그
들이었다. [7]

이 모든 학자들 이전에 1391년부터 1447년까지 글로우체스터
(Gloucester) 공국의 군주였던 험프리(Humphrey of Gloucester)는
'예술 보호와 문예 진흥 정책을 펴서 영국 인본주의의 길을 연
사람' [8]으로 평가되고 있다. 그는 인본주의적 문헌을 모으고, 브
루니(Leonardo Bruni)와 서신을 교환하면서, 인본주의적으로 도
야된 이탈리아인을 비서로 두었다. 그는 당시에 많은 인본주의
서적을 소유하고 있었다.

영국의 인본주의는 리나크르(Thomas Linacre, 1460~1524)에 의
하여 첫 번째 전성기를 맞게 된다. 그는 14년 이상을 이탈리아

6) Walter F. Schirmer, *op. cit.*, 121.
7) Eugenio Garin, *Geschichte und Dokumente der abendländischen
   Pädagogik, II: Humanismus*, Reinbek, 1966, 33f.
8) Walter F. Schirmer, *op. cit.*, 27.

에서 머물면서 의학을 공부하였고, 파도바 대학에서 의학 박사 학위를 받았다. 더불어 그리스어를 배웠고, 메디치 가문의 교육자인 폴리티아노와 함께 라틴어와 그리스어를 공부하였다. 당시 가장 유명한 인쇄업자인 마누티우스(Aldus Manutius)는 리나크르를 가리켜 그리스어와 라틴어에 정통한 학자요, 모든 학문에 풍부한 지식을 소유한 훌륭한 학자라고 칭송하였다.[9] 그는 나중에 헨리 8세의 궁정의가 되었고, 동시에 옥스퍼드와 캠브리지 대학에 의학 교수로 재직하기도 하였다. 또 인본주의 교육에 자연과학을 접목시켜 영국에 리얼리즘 사상의 초석을 놓는 데 기여한 인물로 평가받고 있다.

인본주의는 영국의 학교에도 영향을 미쳐 새로운 학교가 만들어지거나 새롭게 개편되었다. 1440년에 영국의 엘리트 학교인 이튼 콜리지(Eton College)가 설립되었으며, 비슷한 시기에 랑톤(Thomas Langton)은 비토리노(Vittorino da Feltre)의 'Casa Giocosa'를 본따서 '숄라 도메스티카(schola domestica)'라는 이름의 학교를 설립하였다. 그 밖에도 사립 초등학교와의 상인학교가 세워졌다. 콜레(John Colet)는 런던 대성당의 부설 학교로서 성 바울학교(St. Paul's School)를 세웠다. 이 학교는 영국 학교 제도를 인본주의적 정신에 따라 개혁하는 추진체가 되었다. 이 학교를 위하여 에라스무스는 교과서를 집필하기도 하였다. 에라스무스는 1511년에 『올바른 학습방법에 대하여(De ratione studii)』와 『사물과 언어의 표현에 대하여(De duplici copia rerum et verborum)』라는 교과서를 콜레와 그의 학교에 헌정하였다.

---

9) Ibid., 165.

영국에 인본주의가 활성화되는 데에는 당시 영국 왕이었던 헨리 8세의 영향이 지대하였다. 에라스무스의 친구이자 캠브리지 대학 총장이었던 존 피셔(John Fisher)는 헨리 8세를 가리켜, 영국 교육의 구세주라고 칭송하였다.[10] 그리고 1517년 에라스무스는 영국 왕 헨리 8세에게 직접 편지를 써서 '전하가 하루도 빠짐 없이 매일매일 책을 읽고 대화를 하는 모습에 놀라고 감동을 받았다.'고 표현하였다.[11] 헨리 8세는 재임 초기에는 인본주의의 적극적인 후원자였고, 인본주의를 기반으로 하는 사회 변혁을 적극적으로 지지하였다. 때문에 인본주의자들은 높은 학식을 갖춘 헨리 8세가 다스리는 영국에 인본주의 르네상스가 시작되고, 이탈리아의 피렌체와 같은 모범 사례가 영국에서도 탄생하기를 기대하였다.

2. 콜 레

에라스무스가 1499년 처음 영국을 방문했을 때, 콜레(John Colet ca. 1467~1519)는 이제 막 공부를 마치고 배우는 입장이었다. 그는 영국에서 인본주의에 흠뻑 빠져드는 매혹적인 분위기에 몰입한다고 생각하였다. 에라스무스는 피셔(Robert Fisher)에게 보내는 편지에서 미루어 짐작할 수는 있었으나, 기대하지

---

10) *Erasmus und Fischer. Their Correspondence 1511-1524*, par Jean Rouschausse, Paris, 1968, 19.

11) *The Collected Works of Erasmus: The Correspondence of Erasmus, Vol. 5*, translated by R. A. B. Mynors and D. F. S. Thomson, annotated by Peter G. Bietenholz, Toronto, 1979, 109.

않았던 아름다운 정신 세계에 들어가게 된 것이 매우 기쁘다는
점을 토로하였다.

   '진부하거나 평범하지 않은, 정성스럽게 조련된, 고대의, 라틴적
이고 그리스적인 정신 세계와 도야를 풍부하게 경험하여, 나는 나중
에 이탈리아에서 부족함을 느끼지 못하였다. 콜레(Colet)가 말하는
것을 들으면, 나는 플라톤이 말하는 것을 듣는 것으로 착각하였다.
누가 감히 그로신(Grocyn) 앞에서 더 박식한 사람을 얘기할 수 있는
가? 리나크르(Linacre)의 판단력보다 더 날카롭고, 심오하고, 해학
적인 사람이 존재하는가? 천재 모루스(Thomas Morus)보다 천성
이 더욱 부드럽고, 더욱 사랑스럽고, 더욱 조화로운 사람이 존재하는
가? 내가 여기서 무엇을 더 얘기할 수 있는가? 여기서 고대 학문의
씨앗이 촘촘히 싹을 터트리는 것을 보면 그저 놀랍고 기적이라고밖
에 표현할 수 없다.' [12]

   에라스무스와 모루스는 친구 사이로서 정신적 교감이 상호작
용하였다고 한다면, 콜레는 에라스무스의 정신 세계에 깊은 영
향을 미쳤다. 영국 인본주의와 언어학이 나름의 고유한 모습을
형성하게 되는 데 있어서 콜레는 결정적인 기여를 한다.[13] 그
리고 그것은 에라스무스에게 전달된다.
   콜레는 성 안토니학교(St. Anthony's School)에서 교육을 받은
후, 옥스퍼드와 프랑스에서 공부하고, 마지막으로 이탈리아에서

---

12) Ibid., 235f.
13) Rudolf Pfeiffer, *Die Klassische Philologie von Petrarca bis Mommsen*,
    München, 1982, 90.

3년간 수학하였다. 그는 이탈리아에서 피치노(Marsilio Ficino)와 피코(Pico della Mirandolla)의 제자였으며, 신학, 수학, 법률학, 그리고 역사에 능통하였다. 학업 후 그가 세운 성 바울학교의 교장으로 재직하면서 인본주의 교육과정을 기초로 학교를 운영하였다. 학교장으로 재직하면서 1496년부터 옥스퍼드 대학교에서 신학을 강의하였다. 그의 신학은 피치노의 '플라톤 신학'의 영향을 크게 받았다. 그는 로마서 주해서를 펴냈는데, 피치노의 주해서를 참고로 인본주의적 해석방법을 동원하여 주해서를 집필하였다.[14] 그는 이 주해서에서 바울 서신의 생명력 있는 의미를 밝혀내려고 하였다. 즉, 성서에 대한 딱딱한 해설서를 발간하는 것이 아니라, 기독교인의 삶에서 참된 경건성을 회복하려는 목적으로 주해서를 썼다.[15] 이렇게 볼 때, 콜레는 기독교적 인본주의자라고 할 수 있다.

와트(Hugh Watt)는 르네상스 인본주의자들을 세 그룹으로 나누었는데, 첫 번째는 인간의 자유를 강조한 그룹이다. 두 번째는 플라톤과 신플라톤주의에 충실한 그룹이며, 세 번째는 중세 교부들과 신약성서가 기독교 종교를 참되고 순수하게 이해하는 데 도움이 된다고 판단한 그룹이다.[16] 콜레는 이 가운데 두 번째 그룹에 속한다. 그는 피치노의 영향 아래에 있는 플라톤주의자였기 때문이다. 그러나 동시에 세 번째 그룹에도 속한다. 그

14) Sears Jayne, *John Colet and Marsilio Ficino*, Oxford, 1963, 27.
15) Rudolf Pfeiffer, "Erasmus und die Einheit der klassischen und der christlichen Renaissance", Winfried Bühler (Hrsg.), *Rudolf Pfeiffer. Ausgewählte Schriften*, München, 1960, 210.
16) Ernest William Hunt, *Dean Colet and his Theology*, London, 1956, 10.

는 성서를 해석하고 예수 그리스도의 진리를 발견하는 것을 중
요하게 생각하였다. 그의 인본주의는 그리스도의 복음을 이해하
기 위하여 활용되었다.

복음에 대한 해석과 함께 콜레는 교회개혁의 입장에 선다. 그
는 당시 가톨릭교회가 부패하였으며, 쇄신이 필요하다고 보았
다. 그는 영국의 종교개혁가 롤라드(Lollard)와 가깝게 지냈으며,
루터교 신학과 유사한 입장을 취하고 있었다.[17] 이와 함께 위클
리프가 주도하였던 종교개혁운동에 사상적으로 동참한다. 위클
리프는 초대 교회를 재건하고, 계층적·권위주의적인 교회 구조
를 비판하고, 성경을 교회와 신앙의 유일한 규범으로 재건하려
하였다. 그와 함께 로마 교회와의 분리를 준비하였다. 그리고
헨리 8세는 그것을 국가정치적인 행위로 완수하였다.

우리는 여기서 영국에서도 인본주의와 종교개혁이 밀접한 관
련을 맺고 있었음을 발견할 수 있다. 영국에서도 교회 비판은
인본주의의 일부였다. 그리고 그러한 인본주의적 비판이 한편으
로는 로마 가톨릭교회와 결별하도록 이끌고, 다른 한편으로는
민족주의를 강화하는 것과 연결되었다. 영국의 인본주의자들은
로마 교황청에 맹목적으로 복종하는 것을 더 이상 인정하려고
하지 않았으며, 영국 왕 헨리 8세는 이러한 상황을 이용하였다.
그 역시 한편으로는 로마 교황청에 복종하는 것을 반대하였으
나, 다른 한편으로는 영국에서 종교개혁이 급진적으로 전개되는
것을 제한하려고 하였다. 이렇게 하여 헨리 8세는 교황의 권위
를 인정하는 것을 거부하고, 인본주의의 가치를 높게 평가하였

---

17) Ibid., 65.

다. 이러한 점은 가톨릭 신학의 핵심은 유지하면서, 기존의 가
톨릭 신학을 개편하는 작업으로 이어졌다. 여기서 에라스무스의
정신이 크게 영향을 미쳤다고 할 수 있다. 에라스무스 역시 가
톨릭교회 안에서 교회의 개혁을 주장하였던 인물이다. 그러나
콜레 등 영국 인본주의자들이 기대하였던 국가와 교회의 분리는
성취되지 못하였다. 콜레는 '국가 교회를 모든 교회의 악이라고
규정하고, 특히 교회의 주요 직책을 국왕이 임명하는 것'에 대
하여 강력하게 저항하였다.[18]

콜레는 에라스무스가 신학 서적을 저술하는 데 자극하고 격려
하였던 인물이다. 무엇보다 에라스무스는 콜레의 신학을 통하여
'고전적인 도야와 언어적 방법이 특히 신약성서를 이해하는 데
새로운 가능성을 제공한다.'는 사실을 경험한다.[19] 그의 저술
『신약성서(In Novum Testamentum Praefationes)』서문은 콜레의
정신 세계를 만나고 나서 탄생한 것이다. 에라스무스는 1499년
영국에 도착한 후 콜레에게 편지를 보낸다.

내가 당신의 나라 영국을 존경하는 가장 중요한 이유 중 하나는 훌
륭한 학자들이 많이 있기 때문입니다. 그 학자들 가운데 나는 당신을
주저함 없이 학자들의 군주로 인정합니다. 당신의 학식은 모든 사람
의 존경을 받기에 충분합니다. 당신의 인품 역시 모든 사람의 사랑과
존경을 받기에 충분합니다.[20]

18) Ludwig Borinski, *Englischer Humanismus und deutsche Reformation*,
    Göttingen, 1969, 25.
19) *Erasmus von Rotterdam. Ausgewählte Schriften*, Hrsg. v. Werner Welzig,
    Bd. III, Darmstadt, 1967, XIII.
20) *The Collected Works of Erasmus: The Correspondence of Erasmus, Vol.*

콜레는 1519년에 숨졌는데, 에라스무스는 1519년 10월 17일 피셔에게 보낸 편지에서 콜레에 대하여 "만약 내가 쓴 글들이 어떤 가치가 있다면, 그에 대한 기억이 후세에 사멸되는 것을 나는 묵과하지 않을 것이다."라고 평하였다.[21]

3. 모루스

에라스무스가 콜레에 대하여 '정신 세계의 군주'라고 칭송하였다면, 모루스(Thomas Morus, 1477~1535)에 대해서는 "나는 그에 대하여 깊은 애정을 갖고 있다. 그가 나를 서커스에 합류하여 춤을 추라고 하여도 나는 주저함 없이 순종하였을 것이다. ……자연은 그 누구에게도 모루스보다 나은 재능을 허락하지 않았다."라고 말하였다.[22] 이 말에서 에라스무스가 모루스를 얼마나 신뢰하고 높이 평가하였는지 짐작할 수 있다. 모루스는 에라스무스에게 있어서 인본주의의 이상인 생각하는 존재방식(vita contemplativa)과 행동하는 존재방식(vita activa)이 연합된, 학문적 지식과 도덕적인 삶이 연합된, 언어적 인본주의와 도덕적 인본주의가 연합된 인본주의 이념의 완벽한 실체였다.

1, translated by R. A. B. Mynors and D. F. S. Thomson, annotated by Wallace K. Ferguson, Toronto, 1974, 201.

21) *Erasmus und Fischer. Their Correspondence 1511-1524*, par Jean Rouschausse, Paris, 1968, 73.

22) *The Collected Works of Erasmus: The Correspondence of Erasmus, Vol. 2*, translated by R. A. B. Mynors and D. F. S. Thomson, annotated by Wallace K. Ferguson, Toronto, 1975, 112f.

존 콜레를 포함하여 대부분의 초기 영국 인본주의자들이 개혁적인 신앙을 소유하고 있었던 것과는 달리, 영국의 대표적 인본주의자인 토머스 모루스는 끝까지 가톨릭 신자로 남았고, 순교하였다. 가톨릭에서는 순교자인 모루스를 성인으로 추대하였으나, 인본주의적 관점에서도 순교자라고 지칭할 수 있다. 모루스는 헨리 8세의 이혼과 로마 가톨릭과의 결별을 수용하려 하지 않았다. 헨리 8세의 이혼과 관련하여 로마 가톨릭과 결별하고자 하는 분위기가 확산될 때, 그는 이를 반대하고 가톨릭 교회에 대한 복종을 표명하였다. 그렇다고 가톨릭교회가 좋아서 그렇게 행동한 것은 아니다. 오히려 그는 당시의 가톨릭교회에 비판적이었으며, 교회개혁을 강조하였다. 그는 인본주의가 가톨릭교회 개혁에 기여할 것이라고 보고, 인본주의와 가톨릭성의 통합을 위하여 노력하였다. 즉, 가톨릭교회에서 이탈하기보다는 그 안에서 교회의 개혁을 희망하고, 그것을 위하여 노력하였다고 볼 수 있다. 그러나 당시 영국의 분위기는 그의 기대와는 다른 방향으로 가고 있었기 때문에, 그는 결국 국가의 결정에 따라 죽임을 당하게 된다. 그의 죽음은 인본주의자의 양심적 선택에 의한 것이었고, 불의에 타협하지 않으려는 참된 자유인의 결정이었다. 이 때문에 그는 인본주의를 몸소 실천하고, 그러한 노력을 기울이다가 죽임을 당한 순교자라고 평가할 수 있다.

모루스는 새로 부각되는 영국 시민계급을 대표하는 전형적인 표상이라고 할 수 있다. 모루스는 옥스퍼드에서 공부하였으며 거기에서 그로신(Grocyn), 콜레, 리나크르(Linacre)와 친분을 쌓았다. 리나크르는 모루스가 그리스어에 열중하도록 일깨워 주었

다. 학업 후 그는 법률가로서 활동하였고, 1518년에 외교관의
신분으로 프랑스와 네덜란드로 파송되고, 1529년 평범한 시민
출신으로서는 처음으로 헨리 8세를 보좌하는 영국 수상으로 임
명되었으나, 1532년 수상직을 사임한다. 교회 위에 군림하는 왕
권을 인정할 수가 없었고, 무엇보다 캐서린 왕비와의 이혼을 요
구하는 헨리 8세의 요청을 받아들일 수 없었기 때문이다.

당시 영국은 위클리프의 종교개혁의 여파에 휩싸여 있었다.
헨리 8세의 자문가인 크롬웰(Thomas Cromwell, 1485~1540)의 주
도 아래 왕의 의도가 적극적으로 추진되었다. 그리하여 로마 가
톨릭과의 결별과 더불어 영국 교회가 탄생하였으며, 캐서린 왕
비와의 이혼도 실현되었다. 크롬웰은 1534년 수상이 되어 왕권
을 강화하는 정책을 강력하게 추진한다. 여기서 언급할 것은,
크롬웰이 모루스의 반대파라는 점이다. 결국, 1535년 모루스는
처형당하는 운명에 처한다. 비록 모루스가 정치적 권력에 의하
여 희생되는 비운을 맞았지만, 인본주의자로서 그의 명성은 에
라스무스의 칭송에서 확인할 수 있듯이 전 유럽으로 확산된다.

모루스는 콜레로부터 피치노(Ficino)의 신플라톤주의를 배웠고,
콜레는 모루스가 피코(Pico della Mirandola)의 전기를 번역하도록
자극하였다. 모루스는 리차드 3세의 생애에 관한 저술로, 영국
역사 서술의 길잡이 역할을 하게 된다. 특히, 일평생 에라스무
스와 매우 친한 관계를 유지하였다. 그는 인본주의 활동이나 저
술 활동, 그리고 삶에 대한 가치관에서 에라스무스와 많은 점을
공유하고 있었다. 두 사람은 상대방을 존경하였고, 서로 영향을
주고받으며 르네상스 시대 유럽 인본주의를 이끌어갔다.

모루스는 인본주의가 무엇인지에 대한 질문을 제기하고, 그

답으로 '그것은 한마디로 도야된 평민을 양성하는 것이다. 미성
숙성에서 탈피하여 도덕적으로 승화되고, 원천으로 돌아가서 선
하고 바람직한 것을 재발견하는 평민을 양성하는 것'[23]이라고
표현하였다. 그는 이런 생각을 갖고, 피렌체를 모델로 삼아 자
신의 고향인 첼시를 영국 사교계의 정신적 중심지로 만들려고
노력하였다. 여기서 우리는 모루스가 생각한 인본주의가 식자층
의 인본주의가 아니라, 평민을 위한 시민적 인본주의 또는 대중
적 인본주의였음을 알 수 있다.

모루스의 대표 작품은 『유토피아(Utopia)』이다. 이 작품은 모
루스의 도덕철학과 정치철학을 잘 드러낸 저서로, 르네상스 인
본주의의 걸작품으로 꼽힌다.[24] 이 작품에서 모루스는 국가 이
성에 대한 성찰과 인간의 도덕성에 기초한 정치철학을 펼치고
있다. 총 2권으로 구성되어 있는데, 제2권은 1515년에 완성하였
고, 제1권은 1516년에 완성하였다. 제1권의 문체는 플라톤, 키케
로, 그리고 15~16세기 인본주의자들의 문체와 유사한 대화체로
저술되었다. 제1권에서는 당시 영국 사회가 가지고 있던 정치적
이고 사회적인 병리현상에 대하여 서술하고 비판하고 있다. 제2
권에서는 이상 국가의 모습에 대하여 서술하고 있다. 그는 군주
제보다는 공화국을 선호하고, 평등사회를 강조하는 등 플라톤의
이상 국가상을 뛰어넘고 있었다.

---

23) Josef Sellmair, *Humanitas Christiana. Geschichte des christlichen
Humanismus*, München, 1948, 311.
24) Paul Oskar Kristeller, "Thomas More as a Renaissance Humanist", Paul
Oskar Kristeller, *Studies in Renaissance Thought and Letters II*, Roma,
1985, 477.

모루스의 대표작 『유토피아』는 마키아벨리의 저작보다는 큰 영향을 미치지 못하였지만, 정치적으로 예민한 주제를 담고 있다. 이 책에서는 당시의 악과 모순, 군주들의 계속되는 호전성과 전쟁, 그리고 인간의 행운에 대하여 서술하고 있다. 모루스가 어떤 의도를 갖고 이 작품을 저술하였는지는 논란이 있다. 그러나 분명한 점은 '모든 다른 이상주의자들과 마찬가지로 인본주의적 지성의 자부심을 갖고 이 세계를 날카롭게 관찰하고, 질서가 있는 새로운 세계를 그리고 있는 것' [25]이다. 『유토피아』는 이상적인 인간성에 기초한다. 천성이 선한 인간들이 모여 작고 고립되고 가족적인 공동체를 형성한다. 그 안에서는 사유재산이 인정되지 않고, 모든 인간이 탐욕이란 개념 없이 평화롭고 행복하게 살아간다. 모루스는 여기서 현실과는 반대되는 이상적인 공동체, 이상 국가를 그리면서 당시의 시대를 신랄히 비판하고 있다. 그리고 인본주의적 정신에 기초한 새로운 사회와 국가를 그리고 있다.

모루스는 제2권에서 교육에 대한 생각을 펼치고 있다. '모든 어린이가 자신의 뛰어난 소질과 놀라운 재능과 문예적인 관심을 기초로 교육을 받고, 대부분의 시민도 남녀를 구분하지 않고 자유 시간에 자신들의 문예적인 관심에 따라 학습을 하여야 한다고 생각한다. 수업은 모국어로 진행된다. 모국어는 국가의 보물이고 편안하게 들을 수 있으며, 생각을 가장 충실하게 전할 수 있는 매체다.' [26] 여기서 모루스는 모든 어린이가, 그리고 남녀

---

25) Ferdinand Seibt, *Utopica-Modelle totaler Sozialplanung*, Düsseldorf, 1972, 29.
26) *The Utopia of Sir Thomas More*, Modernized Texts with Notes and

구분 없이 교육을 받아야 한다는 평등교육사상을 펼치고 있다. 더불어 어린이들의 소질과 재능을 교육의 출발점으로 삼을 것을 얘기하고 있다. 마지막으로 모국어의 중요성을 강조하고 있다. 이 세 가지 교육적 인식은 당시로서는 혁명적인 생각이었고, 인본주의 정신, 특히 시민적 인본주의 정신이 잘 드러나고 있다고 평가할 수 있다.

　모루스는 교육의 기초에 대하여 얘기한 다음, 교육과정에 대하여 '우리 철학자들은 고대의 학자들과 마찬가지로 음악 이론, 변증법, 셈하는 학문과 측량하는 학문을 발견하였다.' 27)고 얘기하고 있다. 여기서 모루스는 고대부터 내려오는 7자유 교과 가운데 일부를 교육과정으로 수용하고 천문학에 대하여 상세하게 설명한다. 28) 마지막으로 철학에 대하여 "무엇보다 도덕에 관한 학문인 철학은 영혼과 육체의 선, 외적인 선, 그리고 선이 영혼에만 해당하는지 등에 대하여 논쟁한다. ……그러나 첫 번째 그리고 가장 중요한 논쟁거리는 인간의 행복을 어디서 찾을 수 있는 것인지에 대한 것이다. ……종교와 철학의 통합에서 인간 행복의 원칙을 찾을 수 있다." 29)라고 얘기한다. 모루스는 7자유 교과와 철학, 그리고 종교가 교육과정의 핵심이 되어야 함을 지적하고 있다. 그는 교육과정을 논하면서 특히 철학과 종교의 연합을 강조하고 있다. 이성을 기반으로 하는 철학과 신앙을 기반으로 하는 종교가 통합되어야 인간은 참된 행복에 도달할 수 있

Introduction by Mildred Campbell, Princeton, 1947, 107.

27) Ibid., 108.

28) Ibid., 108f.

29) Ibid., 110f.

다고 주장하고 있다. 여기서 종교적 인본주의를 확인하게 된다.
  에라스무스는 모루스의 『유토피아』에 자극을 받아 『우신예찬
(Encomium Moriae)』이란 해학적 · 비판적 저술을 편찬한다. 잘
알려진 바와 같이, 이 책을 에라스무스는 모루스에게 헌정한다.
두 인본주의자는 유쾌하고 해학적인 정신을 공유하고 있었다.
이들은 헬레니즘 시대의 대표적 풍자가인 루키아노스(Lucianos,
ca. 120~180)의 영향을 받았다. 당시 시대 비판적인 인본주의자
들이 세계의 불의, 속임, 천박함, 형식주의, 위선, 미신 등의 부
조리를 가볍고 아이러니컬한 터치로 풍자하는 데 있어서 루키아
노스는 모범이 되었다.[30]
  그러나 모루스는 유감스럽게도 자신의 유쾌한 정신 세계를 향
유할 수 있는 형편에 처하지 못하였다. 그는 국가의 부름을 받
아 공적인 업무에 종사하여야 했고, 이는 그가 당시 르네상스
인본주의 시대와 영국 사회가 안고 있는 긴장관계에 빠져들게
되는 결과를 가져왔다. 그는 그러한 긴장관계를 회피하려 하지
않았다. 그러한 긴장관계를 형성하는 데에는 시대 비판적인 인
본주의자들의 역할도 컸다. 뵈메(G. Böhme)는 이러한 긴장관계
를 전통과 자유의 긴장관계, 개인과 국가 사이의 긴장관계, 신성
과 세속화의 긴장관계로 구분하여 설명하고 있다.[31]
  먼저, 전통과 자유와의 긴장관계에 대하여 모루스는 인본주의

30) 독일의 인본주의자 Willibald Pirchheimer는 Lucianos의 많은 작품을 번역
    하기도 하였다. Niklas Holzberg, *Willibald Pirckheimer*, München, 1981,
    120ff. 참조
31) Günther Böhme, *Bildungsgeschichte des europäischen Humanismus*,
    Darmstadt, 1986, 195-198.

자답게 자유로운 정신을 권위주의적인 방법으로 속박하는 중세 전통을 거부하였다. 권위주의적 전통과 자유가 대립될 때, 그의 선택은 분명하였다. 그는 죽음으로써 양심의 자유를 수호하려고 하였다.

다음으로 개인과 국가의 긴장관계로, 이는 개인의 통찰과 국가의 이해가 상충될 때 발생하는 긴장관계를 말한다. 개인은 어느 정도 자신의 주장을 인정받을 수 있는가? 자신의 결정을 어떻게 관철시킬 수 있는가? 이 물음은 이미 개인의 종교성과 독자적인 판단을 중시한 종교개혁가들이 교회를 상대로 제기한 것이다. 이 물음은 개인의 도덕적 판단을 기초로 공동체의 질서가 유지될 때, 답을 찾을 수 있는 성격의 것이다. 모루스는 『유토피아』에서 이 문제를 다룬다. 그는 개인 정신의 아름다운 세계가 공동체의 질서와 조화될 때, 모든 사람의 복지에 기여할 수 있다는 주장을 펼쳤다.

마지막으로, 신성과 세속화의 긴장관계다. 이 물음은 전통적인 가톨릭교회의 신학적 판단에 따를 것인가, 아니면 개인의 판단과 결정을 존중해 줄 것인가의 문제라 할 수 있다. 종교의 초월성과 개인의 내재성의 긴장관계를 말한다. 모루스는 이 긴장관계에서 변증법적 중간 지점에 답이 있다고 보았다.

이와 같이 모루스는 사회적·종교적 긴장관계 속에서 살았다. 그는 최고의 관직에 올랐지만, 학문을 지속적으로 연마하면서 풍부한 정신적 삶을 유지하고, 가족과도 친밀한 관계를 유지하면서 지냈다. 그는 국가와 왕에게 최선을 다하여 봉사하였으며, 가톨릭교회의 권위에 순종하는 마음으로 신앙할 것을 요구하였다. 그는 한편으로 다른 사람들을 위한 공적인 업무에 종사하면

서, 다른 한편으로는 하나님이란 절대자에 대한 신앙과 책임의
식을 갖고 살았다. 즉, 하나님의 초월성에 대한 순종과 속세에
대한 책임의식을 모두 갖고 있었다. 『유토피아』에서 그리고 있
듯이, 그는 이 세상에서 하나님의 세계를 이루는 것이 중요하다
는 생각을 갖고 있었다. 신성과 세속화를 대립되는 개념이기보
다는 조화의 개념으로 이해하려 하였다.

그는 인본주의가 단지 학문과 정신 세계에 머무는 것에 반대
하였으며, 현실 세계에 적극적인 관심을 갖는 것을 중요시하였
다. 그런 면에서 그의 인본주의는 대부분의 영국 인본주의자들
과 마찬가지로 정치적 인본주의라고 표현할 수도 있다. 그는 인
본주의적 정신과 기독교적 가르침이 화해되고 조화될 수 있고
인본주의와 가톨릭성이 화해될 수 있다고 믿었다. 또 전통적인
신학과 개혁적인 성서 해석이 조화될 수 있으며, 성경과 제도화
된 교회가 조화될 수 있고, 인본주의적 교육과 국가와 국민의
요청이 조화를 이룰 수 있다고 믿었다.

모루스는 임종을 앞두고 사위에게 자기가 죽음으로써 성취하
고 싶은 것이 세 가지가 있다고 말하였다.[32]

첫째는, 각 나라의 기독교적 군주들이 서로 죽기를 각오하고
싸우기보다는 평화롭게 살 수 있게 되는 것이다. 즉, 평화의 세
계를 위하여 죽을 수 있다는 것이다.

둘째로, 큰 오류에 빠져 있는 예수 그리스도의 교회가 평화를
찾고 교회의 완전한 통합이 이루어지는 것이다. 즉, 교회의 평
화와 통합을 위해서 죽을 수 있다는 것이다.

---

32) Ibid., 198f.

셋째는, 국가의 주요 문제로 제기되고 있는 왕의 결혼 문제가 하나님을 영화롭게 하면서 동시에 관련된 사람들이 모두 만족할 수 있는 방향으로 좋게 해결점을 찾게 되는 것이다. 영국의 미래가 달려 있고, 동시에 자신의 죽음을 가져올 사건에 대해 그가 깊이 고민하고 있었음을 알 수 있다.

1535년 7월 6일 모루스는 처형당했다. 그 며칠 전인 1535년 6월 22일 피셔 역시 처형되었다. 그 역시 자신의 양심에 끝까지 충실하였다. 영국의 위대한 인본주의자들이 기독교적 인본주의 안에 숨어 있는 정치적·윤리적 도리를 끝까지 지키고, 자신들의 학자적 양심에 순종하며 보여 준 높은 도덕성은 영국 인본주의의 명성을 드높이는 기초가 되었다. 모루스의 생애는 한마디로 인본주의에 충실한 전형적 삶이었다고 평가할 수 있다. 그의 생애는 다음과 같은 표현에서 함축적으로 드러나고 있다.

> 인본주의는 이웃과 사회에 대한 사회적 책임의식이다. ……인본주의는 이성의 승리에 대한 믿음이다. ……인본주의는 삶과 관련을 맺고 있는 지식에 대한 요청이다. ……인본주의는 지성에 대한 과대평가와 지식의 교육적 기능에 대한 과대평가다.[33]

4. 엘리엇

영국의 인본주의는 다른 유럽의 인본주의와 마찬가지로 종교

---

33) August Buck, *Studia humanitatis. Gesammelte Aufsätze 1973-1980. Festgabe zum 70. Geburtstag,* Hrsg. v. Bodo Guthmüller, Karl Kohut, Oskar Roth, Wiesbaden, 1981, 250f.

290 제3장 후기 유럽 인본주의 교육사상

적, 정치적, 철학적, 교육학적 요소를 갖고 있었으나, 그 나름대
로 독특한 특징을 형성하였다. 그것이 '신사(gentleman)' 사상으로
'신사' 라는 이념은 토머스 엘리엇(Thomas Elyot, ca. 1490~1546)
이 만들어 낸 것이다. 1531년 출간된 『군주라는 이름의 책(The
Boke Named the Gouvernour)』에서 그는 플라톤의 『국가론
(Theory of the State)』을 모델로 하여 이상적 군주상을 제시하였
다.[34] 그는 이상적 군주를 길러내기 위해서는 교육의 역할이 중
요하다는 점을 강조하였다. 그의 교육사상에는 에라스무스의 인
본주의 교육사상이 크게 영향을 미쳤다.[35]

엘리엇의 신사사상은 16세기 영국의 교육사상에 영향을 미친
다. 많은 교육 저술에서 신사 이념이 재확인되고 계승되었다.
한 무명인이 수섹스(Sussex)의 백작인 피츠워터(Fitzwater) 경에게
헌납한 저술인 『신사교육(Institution of a Gentleman)』이 1555년에
출간되었다.[36] 1607년에는 클리랜드(Cleland)에 의하여 『젊은 귀
족의 교육(The Institution of a Young Nobleman)』이 출간되었다.[37]
여기에서도 신사 이념이 제시되고 있는데, 특히 영국 '신사' 의
전형적인 특성인 공적인 의무가 강조되고 있다. 1622년에 출간된
피챔(Henry Peacham)의 『완전한 신사(The Complete Gentleman)』에
서도 같은 교육적 이상이 서술되고 있다.[38] 로크(John Locke) 역

---

34) Thomas Elyot, *The Boke Named the Gouvernour*, London, 1907, 18-21.
35) John M. Major, *Sir Thomas Elyot and Renaissance Humanism*, Lincoln, 1964, 77-88.
36) Cornelie Benndorf, *Die Englische Pädagogik im 16. Jahrhundert, wie sie dargestellt wird im Wirken und in den Werken von Eliot, Ascham and Mulcaster*, Wien, 1905, 8.
37) James D. Cleland, *The Institution of a young noble man*, Ithaca, 1948.

시 그의 『교육론(Some Thoughts Concerning Education)』에서 엘리
엇을 인용하지는 않지만, 신사 이념을 강조하고 있는 것으로 보
아 엘리엇의 영향을 받았다고 볼 수 있다. 신사 이념이 강조되면
서 영국의 인본주의적 이상은 '시민적 인본주의(civic humanism)'
보다는 '궁정 인본주의(tudor humanism)'적 성격을 갖게 된다.[39]
　토머스 엘리엇은 1490년 법률가의 아들로 태어나 어릴 때부
터 폭넓은 교육을 받았다. 이미 청소년 시절에 아버지의 영향
으로 모루스를 알게 되었고, 대학에서 인본주의자이면서 영국
최고의 그리스어 전문가였던 리나크르로부터 그리스어를 배웠
다. 졸업 후 관계에 진출하여 일하다가 외교관의 신분으로 유
럽의 다른 나라를 여행하게 되면서, 고전가들과 이탈리아 인본
주의자들의 문헌을 폭넓게 공부하게 된다. 엘리엇은 앞에서 언
급한 저술 외에도, 라틴어-영어 사전을 펴냈고, 이소크라테스
와 플루타크의 작품을 번역하기도 하였다. 엘리엇은 특히 인본
주의 정치 이론에 깊은 관심을 갖고 있었다. 그는 사회와 국가
행정의 변화를 위해서는 그것을 책임질 인력이 필요한데, 그것
은 교육을 통하여 가능하다고 보았다. 국가와 사회에 봉사하는
이상은 칼을 들고 있는 기사나 투사에 의하여 성취되는 것이
아니라, 잘 교육되고 학식을 갖추어 권위를 얻은 도야인에 의
하여 성취될 수 있다고 생각하였다. 그는 주장을 뒷받침할 수

---

38) Henry Peacham, *The Complete Gentleman, The Truth of Our Times, and The Art of Living in London*, New York, 1962.
39) Richard J. Schoeck, "Humanism in England", Albert Rabil (Ed.), *Renaissance Humanism-Foundations, Forms, and Legacy Vol. 2: Humanism beyond Italy*, Philadelphia, 1988, 30.

있는 역사적 모범 사례로 모세, 알렉산더 대제, 스키피오, 카이
사르, 카토, 키케로, 그리고 샤를마뉴 대제 등을 제시하였다. 이
들은 모두 국가를 경영하기에 부족함이 없는 최고도로 도야된
인물들이었다.[40]

이렇게 하여 교육은 엘리엇의 최대 관심사가 되었다. 그는 인
본주의 교육에 깊은 신뢰를 갖고 있었다. 인본주의 정신에 따라
교육받은 어린이는 최고의 지혜를 소유하게 되고, 공동체의 복
지를 증진하는 데 있어 최고의 조언자가 될 수 있다고 보았
다.[41] 엘리엇이 생각한 교육 이상, 즉 신사를 양성하기 위한 교
육이상은 신체 교육과 정신 교육의 조화, 언어 교육과 경험 교
육의 조화, 도덕교육과 사교성 교육의 강조, 그리고 마지막으로
철저한 모국어 교육이다. 특히, 그는 모국어 교육을 강조하였는
데, 『군주라는 이름의 책(The Boke Named the Gouvernour)』에서
영국 언어를 능통하게 사용하는 모범을 보여 주었다. 대중 언어
에 대한 인본주의적 관심이 여기서도 표출되고 있다.[42]

『군주라는 이름의 책』은 1531년에 저술되어 영국 왕에게 헌정
되었다. 그는 이 책에서 공화국(Republic)이라는 국가공동체의
성격과 국가를 다스리는 지도자들의 공적인 의무와 책임, 도덕
적 자질, 그리고 교육에 대하여 서술하고 있다. 여기서 말하는
'가브너(Governor)'에는 고급 행정관료, 법률가, 경찰, 시장, 외
교관, 의회의원 등 국가의 주요 직책에 있는 사람들을 일컫는

---

40) William Harrison Woodward, *Studies in Education during the Age of Renaissance 1400-1600*, New York, 1965, 272.

41) Ibid., 289.

42) Cornelie Benndorf, *op. cit.*, 7f.

다.[43] 여기서 가브너는 노블맨(nobleman) 또는 신사와 같은 의미를 지니고 있다고 할 수 있다. 이 책에서는 가브너 양성을 위한 교육에 대하여 상세하게 서술하고 있다. 그는 교육의 목적을 체계적인 신체적·정신적 교육을 통하여 능력 있고 사회적으로 유용한 인격자를 만드는 것이라고 보았다. 그는 인본주의적 관점에 따라 언어 교육을 강조하고 있는데, 특히 라틴어 교육을 중시하고 있다. 이와 더불어 지리, 역사, 음악, 미술, 체육 역시 주요 교육과정으로 인정되고 있다. 중요한 점은 교육에서 형식보다는 내용, 실제적 유용성이 강조되고 있다는 점이다.

제1권에서 그는 연령별로 나누어 교육을 설명하고 있다.[44] 먼저 0~7세까지의 유아 교육 단계다. 이 단계의 교육은 신체 교육과 도덕 교육이 중심을 이룬다. 좋은 습관과 분명한 언어 표현, 놀이를 통한 교육, 철저한 모국어 교육, 대화를 통한 외국어 교육이 주요 교육적 원칙으로 제시되고 있다. 7~13세까지는 라틴어와 그리스어 등의 언어 교육, 문법 교육, 음악 교육이 강조되고 있다. 14~17세까지는 수사학, 지리, 역사가 주요 교육과정으로 제시되고, 18~21세까지는 철학이 주요 교육과정으로 제시되고 있다. 한 가지 특징적인 점은 7세부터 본격적인 교육이 시작될 때, 그는 튜터(Tutor)를 교사로 제시하였는데, 튜터제도는 이후 영국 교육의 주요 특징이 된다.

인본주의의 영향이라고 할 수 있는 세속화 경향은 유럽 어느 나라에서보다도 영국에서 강하게 확인되고 있다. 엘리엇과 함께

---

43) William Harrison Woodward, *op. cit.*, 272.
44) Thomas Eliot, *op. cit.*, 21-115.

영국 공동체는 정치적 주체인 동시에 정치적 책임자로서 '신사'라는 인본주의적 인간 이상, 교육 이상을 만들어 냈다. 기사의 후예이면서 교육을 통해 도야된 신사가 이제 정치적 책임을 함께 나누는 주체로 대두되기 시작하였다. 영국의 인본주의는 학자적 요소를 밀어내고, 사회적·정치적·시민적 인간 이상과 교육 이상을 창조해 냈다는 점에서 그 독특성을 찾을 수 있다. 인본주의와 더불어 새로운 교육 프로그램과 그것을 기초로 하는 시민 사회가 형성된 것이다.

7 독일의 인본주의 교육

1. 개 관

독일의 인본주의는 유럽의 다른 나라 인본주의와 마찬가지로 여러 가지 모습을 띠고 있었다. 정치적 인본주의, 언어학적 인본주의, 기독교적 인본주의, 교육학적 인본주의 등이 그것이다. 그러나 독일의 인본주의는 하나의 특별한 사건에 결정적인 영향을 받았다. 그것은 종교개혁과 교회투쟁이다. 1517년 루터가 일으킨 종교개혁은 독일 전역에 큰 파장을 불러일으켰고, 그것은 독일 인본주의에도 큰 영향을 미쳤다.

종교개혁이 곧바로 정치적 투쟁으로 격화되자, 독일의 인본주의는 정치적 현상으로 그 모습을 나타내기 시작하였다. 많은 독일 인본주의자들은 인본주의적 학자로서보다는 정치적 인본주의자로서 자신의 얼굴을 드러내기 시작하였다. 독일 인본주의의 대표자라고 할 수 있는 멜란히톤조차도 이러한 대세에서 벗어날 수 없었다.

종교적인 고백은 곧 정치적인 고백이 되었다. 독일의 인본주의는 종교적인 색채가 강력하게 영향을 미쳤고, 그것을 초월하여 순수하게 인간의 존엄성과 인간 교육을 논할 수 있는 상황이 아니었다. 종교전쟁은 인간의 열정을 자극하였고, 미신과 마법과 마녀사냥과 이단자 박해는 인간의 이성에 귀를 기울일 여유를 주지 않았다.

마침내 종교개혁이 교회의 분열을 가져오자, 독일에서 인본주의는 더욱 위축되었다. 에라스무스의 인본주의는 루터와 종교개혁이 강력한 영향력을 행사하였던 신성로마제국에서는 생존하기 힘들어졌다. 종교개혁의 여파 속에서 인본주의 정신에 따라 도야된 로마 교황[1]이 독일의 신교도들을 이단으로 규정하고 마녀사냥을 시작하자, 오히려 반(反)인본주의적인 성향이 나타나기도 하였다. 이렇게 하여 인본주의는 독일 지성계의 관심에서 크게 벗어나 있었다.

그러나 종교개혁의 여파 속에서 독일의 인본주의는 나름대로의 성격을 형성하였다. 종교적 · 정치적 영향을 적극 수용하거나, 아니면 그것과는 거리를 두고 순수한 학문적 · 교육적 관심에서 인본주의를 연구하는 경향으로 나뉘게 된 것이다.

---

1) 당시 로마 교황은 레오 10세였다. 그는 메디치 가문 출신으로 피치노, 피코 등 인본주의 석학에 의하여 도야되었지만, 교황이 된 이후 쾌락에 빠지고 면죄부를 판매하는 등의 실정으로 인해 비판을 받게 된다.

2. 쿠사누스

쿠사누스(Nicolaus Cusanus, 1401~1464)는 중세의 사고와 근세의 사고가 혼재되어 있는 사상가였다. 한편으로 중세 스콜라 철학을 공부하여 중세 시대의 우주적·전체적 세계관에 속해 있던 사상가이며, 다른 한편으로는 파도바 대학에서 공부할 때 접하게 된 인본주의적 가치관을 소유하고 있었다. 그의 인간 이해는 르네상스 시대의 특성을 이해하는 데, 그리고 인본주의를 파악하는 데 있어 매우 중요하다. 그는 인간을 창조적인 능력을 지닌 존재로 파악하였다. 중세 질서와 전통 속의 피동적이고 순종적인 존재가 아니라 자신의 세계를 만들어 갈 수 있는 창조적인 인간으로 이해한 것이다. 이로 인하여 그의 인간학을 근대의 새로운 사회를 개척하는 초석으로 받아들였다.[2]

그리고 그는 플라톤주의자였다. 그는 플라톤 철학을 기반으로 자신의 철학사상과 신학사상을 전개하였다. 그의 사상은 초기 이탈리아 인본주의 철학자였던 피치노(Ficino)의 플라톤주의와 연관이 있다고 카시러(Cassirer)는 분석하였다.[3] 그는 '기독교 철학의 최초의 참된 플라톤주의자'라고 평가받았다.[4] 또한 인간학과 철학적 신학사상 때문에 사람들은 그를 15세기의 가장 뛰어

---

2) Michael Landmann, *De Homine-Der Mensch im Spiegel seines Gedankens*, Freiburg, 1962, 133.

3) Ernst Cassirer, *Individuum und Kosmos in der Philosophie der Renaissance*, Darmstadt, 1963, 62ff.

4) Josef Sellmair, *Humanitas Christiana. Geschichte des christlichen Humanismus*, München, 1948, 286.

난 사상가라고 평하기도 하고[5], '독일 인본주의 철학의 고전가'
로서 평하기도 한다.[6]

쿠사누스는 1401년 독일의 쿠스(Kues)에서 태어났다. 1413년
네덜란드의 데벤터 학교에서 교육을 받고, 1416년 하이델베르크
대학에서 1년간 수학한 후, 이탈리아의 파도바 대학에서 법률학
을 공부하고 1423년 박사학위를 받았다. 독일로 돌아온 후 그는
쾰른 대학교에서 신학을 공부하였다. 그는 법학과 신학 외에도
철학, 의학, 수학, 천문학 등 다방면에서 뛰어난 학식을 갖추고
있었다. 1430년에 코블렌츠의 성 플로린 성당의 사제가 되었고,
바젤공의회(公議會)에 참가하기도 하였다. 그는 교회개혁과 교회
일치를 위해 힘썼으며, 1448년에 추기경, 1452년에는 오스트리
아 티롤 지방 브릭센(Brixen)의 대주교가 되었다. 말년에는 이탈
리아를 여러 번 여행하였는데, 1464년 이탈리아 토디(Todi)에서
숨졌다.

사제로서 추기경으로서 일평생 가톨릭교회에 충성하였지만, 그
는 신학의 개혁이 필요하다고 보았다. 그러한 개혁은 지식을 통하
여 가능하다고 보고, 학문의 개혁과 신학의 개혁에 관한 저술들을
발간하였다. 1440년에 발간된 『무지의 지(De docta ignorantia)』와
1442(1443)년에 발간된 『추측에 대하여(De coniecturis)』에서 인식에
대한 새로운 개념, 신학과 철학의 개혁에 대하여 그의 생각을 전
개한다.

그의 철학과 신학사상 가운데 우리의 주목을 끄는 것은 인간

---

5) Kurt Flasch, *Nicolaus Cusanus*, München, 2001, 12.
6) Josef Sellmair, *op. cit.*, 286.

에 대한 그의 이해다. 그는 신학적 인간 이해에 따라 인간을 정
신과 육체를 지닌 존재라고 보았다. 즉, 인간은 이성적 존재인
동시에 감각적 존재인 것이다. 여기서 플라톤의 영향을 확인할
수 있다. 인간은 동물과 같이 감각적인 존재가 될 수도 있고, 자
신의 이성을 기초로 이성적인 존재가 될 수도 있다. 이 가운데
쿠사누스는 인간의 이성에 깊은 신뢰를 갖고 있었다.

그는 중세적 세계관에 따라 인간을 소우주로 보았다.[7] 이것은
두 가지 의미가 있다. 한편으로 인간은 전체 우주의 질서 안에
있는 존재라는 점이다. 중세 시대의 전체성이 여기서 강조되고
있다. 다른 한편으로 인간은 개별자로서 전체를 구성하고 있는
존재라는 점이다. 전체 안에서 존재하는 개별자, 개인이 인간인
것이다. 여기서 인간은 자신의 개별적인 특성을 실현하는 것이
과제로 제기되고 있다. 그에게 있어서 인간은 자신에게 주어진
이성을 기초로 자기 자신의 고유한 모습을 완전성에까지 실현할
수 있는 존재다.[8]

그는 또한 인간을 모든 만물의 척도라고 생각하였다.[9] 인간을
만물의 척도라고 처음 말한 고대 그리스의 프로타고라스의 사상
은 소크라테스와 플라톤에 의하여 상대주의적인 사고로 비판받
았다. 쿠사누스는 프로타고라스의 사상을 받아들이되 의미를 다
르게 부여하였다. 그는 인간 중심적이고 자의적으로 결정하는

7) Michael Seidlmayer, "Nikolaus von Cues und der Humanismus", Michael
   Seidlmayer, *Wege und Wandlungen des Humanismus-Studien zu seinen
   politischen, ethischen, religiösen Problemen*, Göttingen, 1965, 90.
8) Kurt Flasch, *op. cit.*, 92.
9) Ibid., 66.

존재라는 의미에서가 아니라, 이성적인 존재로서 올바른 판단을
할 수 있는 능력을 소유하고 있다는 의미에서 인간을 만물의 척
도라고 표현하였다. 인간은 외적인 존재에 의하여 규정되는 것
이 아니라, 그의 이성적 능력을 바탕으로 주체적으로 인식하고
판단하고 진리를 추구할 수 있는 존재라는 것이다.

쿠사누스는 더 나아가 인간을 제2의 신으로 보았다. 그의 글
『추측에 대하여(De coniecturis)』에서 그는 "인간은 절대적인 신
은 아니지만, 인간이기 때문에 곧 신이다. 인간은 인간적인 신
이다."[10]라고 말하였다. 쿠사누스에게 있어서 인간은 최고의 피
조물로서, 정신과 이성을 갖고 있다는 점 때문에 특별한 위치에
있는 존재다. 절대자인 신이 물리적인 세계를 창조한 것처럼 제
2의 신인 인간은 문화적이고 정신적인 세계를 창조한다. 인간의
이성은 신적인 이성과 유사하고, 인간은 자신의 이성을 갖고 신
적인 초월적인 인식을 할 수 있는 능력을 갖고 있고, 따라서 인
간은 신적인 이성을 갖고 문화와 예술을 창조할 수 있다는 것이
다. 여기서 인간은 더 이상 중세적인 수동적인 존재가 아니다.
인간은 이제 적극적으로 활동하는 존재다. 신에게 가까이 가면
갈수록 인간은 신적인 능력인 창조적인 능력에 더욱 가깝게 되
는 것이다.

르네상스 휴머니즘과 관련하여 의미 있는 점은 그가 인간을
개별적인 존재로서, 주제적인 존재로서 파악한 점이다. 부르크
하르트(Jacob Burckhardt)는 르네상스를 설명하면서 인간의 개별
성과 주체성을 르네상스 시대를 이해하는 핵심 개념으로 파악하

---

10) Michael Landmann, *op. cit.*, 135.

였다.[11] 이러한 점 때문에 란트만(Landmann)은 쿠사누스의 인간 이해는 르네상스 시대뿐 아니라 근세 이후 라이프니츠(Leibniz) 와 슐라이어마허(Schleiermacher)에게 영향을 미쳤다고 평가하고 있다.[12]

3. 켈티스

콘라드 켈티스(Conrad Celtis, 1459~1508)는 독일의 빕펠트 (Wipfeld)에서 태어나 당시 독일 스콜라 철학의 중심지인 쾰른 대학교에서 공부하였다. 그는 고대 자연과학 연구자인 마그누스(Albertus Magnus) 아래서 공부하게 된다. 1484년에는 하이델베르크 대학으로 옮겼고, 여기서 그는 인본주의자 아그리콜라 (Rudolph Agricola)를 알게 되고, 그에게서 라틴어와 그리스어를 배우게 된다. 아그리콜라는 평생 그의 삶의 모범이 된다. 그리고 하이델베르크에서 그는 인본주의자인 달베르크(Johann von Dalberg)와 트리테미우스(Johann Trithemius)를 알게 되어 평생 우정을 나누게 된다. 하이델베르크 대학에서 켈티스는 수사학, 시학, 그리스어, 히브리어 등 인본주의 학문을 공부하면서 인본주의자가 된다.

　켈티스는 철새와 같이 이곳저곳을 여행하면서 공부하고 연구하는 활동을 하였다. 그는 바젤, 프라이부르크, 크라쿠프, 단치

---

11) Jacob Burckhardt, *Die Kultur der Renaissance in Italien*, Leipzig, [18]1928, 123.
12) Michael Landmann, *op. cit.*, 134.

히, 쾰른, 뤼벡, 프라하, 올뮈츠, 빈, 부다페스트, 뉘른베르크, 레
겐스부르크 등 신성로마제국의 주요 도시 대부분을 다니면서 공
부하고 친구들을 사귀고 교제하였다. 하이델베르크에서 공부를
마친 후 그는 1485(1486)년 에르푸르트에서 공부한다. 그리고 다
음 해에는 라이프치히에서 공부하면서 가르치게 된다. 그는 키
케로와 호레이스와 세네카에 대한 철학 강의를 하고 그리스어를
가르쳤다. 그 후 로마, 파도바, 페라라, 베네치아에서 공부한다.

이탈리아에서 문법과 수사학을 공부하고, 자연과학, 수학, 천
문학에 깊은 관심을 갖게 된다. 그리고 트리에스트, 크로아티아
를 거쳐 크라쿠프에 머물며 인본주의 학문과 더불어 수학, 자연
과학, 천문학을 공부한다. 이 점은 그의 인본주의적 도야에 큰
영향을 미친다. 이곳에서 그는 초기 인본주의자인 코르비누스
(Laurentius Corvinus) 밑에서 공부하고 친분을 쌓는다. 그리고 코
페르니쿠스의 스승인 블라(Albert Blar)에게서 천문학을 배운다.
1491년 그는 크라쿠프를 떠나 브레스라우와 프라하를 거쳐 뉘
른베르크로 돌아온다. 그리고 1492년 잉골슈타트(Ingolstadt)에서
시학과 수사학 교수직을 얻게 된다. 이곳에서 그는 5년간 머물
면서 대학의 개혁을 위하여 노력하였다.

'독일의 호레이스' [13]로 불리는 켈티스는 철학자와 시인과 연
설가의 글을 읽을 것을 강조하였다. '고대 철학자들과 시인들과
연설가들의 글을 읽고 그것으로부터 교훈을 유추하는 데 내가
얼마나 많은 노력을 기울였고 밤을 새워 고민하였는지에 대해서

---

13) Noel L. Braun, "Humanism in Germany", Albert Rabil (Ed.), *Renaissance
Humanism-Foundations, Forms, and Legacy Vol. 2: Humanism beyond
Italy*, Philadelphia, 1988, 141.

나는 쉽게 얘기할 수 없다. 그 문헌들은 좋고 행복한 삶을 살기 위한 수단과 방법을 제공하여 주었다.' [14] 그는 더 나아가 언어와 철학을 연결지어 이해하였다. '연설이나 설교 등 언어로부터 사물에 대한 통찰과 인식이 따라올 때, 나는 비로소 언어의 목적이 완성되었다고 평가하겠다.' [15] 여기서 그는 단순히 언어적 유창성을 강조하는 데에는 한계가 있으며, 그것의 목적은 인간 세계와 사물에 대하여 인식하는 것에서 찾을 수 있다는 점을 강조하고 있다. 그는 인본주의 학문인 철학과 시학과 수사학은 수단이고, 그것의 목적은 인간을 인간으로 완성하는 것에 있다고 보았다. [16]

　그는 평생 독일 전역을 여행하였다. 그는 자연 세계를 체험하는 것을 중요하게 생각하였으며, '태양, 숲, 산, 여행, 목욕, 음식, 음악에 대한 특별한 애호가' 였다. [17] 그는 독일 전역을 여행하면서 독일의 역사, 문화, 지리, 기후, 국민성 등 독일학에 대하여 깊이 있는 식견을 갖추게 되었다. 그는 그가 배운 인본주의적 학문과 방법론을 기초로 자연에 대한 풍부한 경험을 표현하였다. 그는 자연의 근원과 변화에 대한 깊은 인식 관심을 소유하고 있었다. 그의 자연에 대한 특별한 관심은 그의 인본주의 성격을 결정하는 데 이바지한다. 즉, 그의 인본주의는 언어학이

---

14) Michael Seidlmayer, "Konrad Celtis", Michael Seidlmayer, *Wege und Wandlungen des Humanismus—Studien zu seinen politischen, ethischen, religiösen Problemen*, Göttingen, 1965, 184.

15) Ibid., 185.

16) Ibid., 186.

17) Ibid., 179.

기초가 되는 언어적 인본주의와 더불어 자연에 대한 관심을 강
조한 자연적 인본주의다. 그는 인간 세계와 더불어 자연 세계,
즉 구체적으로 파악할 수 있는 세계와 사물에 대한 관심과 연구
를 강조하였다. 책으로 공부하는 것보다 직접적으로 보고, 관찰
하고, 경험한 것은 더욱 큰 의미를 지니고 있다고 보았다.[18] 이
점에서 그의 인본주의는 독특한 특징을 갖고 있다고 할 수 있
다. 그는 인본주의 정신에 충실한 인본주의 전도자이면서, 동시
에 새로운 리얼리즘 교육과 학문적 이상을 추구한 개혁자라고
평가할 수 있다.[19]

켈티스의 여행 경험은 또 하나의 의미 있는 결과를 낳았다. 그
는 피치노의 '플라톤 아카데미'를 보고 크게 감동하여 독일에 유
사한 학문적 공동체를 만들었다. 그는 1495년에 하이델베르크에
'라인문예공통체(Sodalitas Litteraria Rhenana)'를 만들었고, 1497년
에는 빈에 '다뉴브문예공동체(Sodalitas Litteraria Danubiana)'를 만
들었다.[20] 이 공동체는 인본주의 연구와 인본주의 학자들의 학문
적 교류를 목적으로 만들어졌는데, 독일과 유럽에 인본주의를
전파하는 데 크게 이바지하였다.

---

18) Ibid., 192.
19) Harald Drewing, "Konrad Bickel aus Wipfeld bei Würzburg", Harald
    Drewing, *Vier Gestalten aus dem Zeitalter des Humanismus.
    Entwicklung, Höhe und Krisen einer geistigen Bewegung*, St. Gallen,
    1946, 89.
20) Lewis W. Spitz, *Conrad Celtis−The German Arch-Humanist*, London,
    1957, 45−62.

4. 로이힐린

요하네스 로이힐린(Johannes Reuchlin, 1455~1522)은 언어학자요, 철학자요, 신비주의자요, 법률가요, 시인이요, 외교관이었다. 그는 한마디로 당대 독일 도야인을 대표하는 인물이었다. 그는 높은 학식을 갖고 있으면서 그의 삶에서 그것을 실현하려고 노력한 인물이었다. '그는 외교관으로서 일하였고, 고향에서는 재판관으로 일하였다. 그는 평화로운 정원사였고, 성공적인 라틴 희곡 저술가였고, 열정적인 서적 수집가였다.' [21] 로이힐린은 당시 독일 모든 세대의 교사요 모범이었다. 그가 1522년 숨졌을 때 에라스무스는 『로이힐린을 숭배하며(Apotheose Reuchlins)』란 글에서 "세 가지 언어(히브리어, 그리스어, 라틴어)에 정통한 식자인 요하네스 로이힐린이 숨졌다. ……그의 이름은 거룩한 성인의 명단에 올릴 가치가 있다. ……내 서가에는 그의 저술들이 히에로니무스의 저술 옆에 비치되어 있다. ……내 집 안에 있는 작은 예배당에는 내가 사랑하는 성인들의 초상화와 함께 그의 초상화를 놓을 것이다. ……인류를 사랑하시는 하나님, 당신이 선택하신 종 요하네스 로이힐린에게 언어의 은사를 주신 것처럼 모든 인류가 다양한 언어로 당신의 아들 로이힐린을 칭송하도록 하시옵소서."라고 말하였다. [22] 에라스무스의 눈에도 로이힐린은

---

21) Rudolf Pfeiffer, *Die Klassische Philologie von Petrarca bis Mommsen*, München, 1982, 114.
22) Erasmus von Rotterdam, "Apotheose Reuchlins", Anton J. Gail, *Erasmus-Auswahl aus seinen Schriften*, Düsseldorf, 1948, 274ff.

인본주의의 모범으로서 유럽 인본주의를 풍성하게 한 인물로 인정받았다.

로이힐린은 1455년 포르츠하임에서 태어났다. 처음에는 프라이부르크 대학에서 공부를 시작하였고, 이후 파리 대학에서 공부를 하였는데, 이곳에서 그는 아그리콜라(Rodolf Agricola)를 알게 된다. 아그리콜라는 로이힐린에게 그리스어를 가르쳤고, 그에게 인본주의의 본토인 이탈리아에서 학업을 완성하도록 조언하였다. 1474년 로이힐린은 바젤 대학에서 석사학위를 취득하였고, 그 해 20세의 나이에 라틴어 사전을 편찬하였다. 그 후 계속해서 파리 대학, 오를레앙 대학, 포이티어 대학에서 수학한 후, 고전어를 가르치는 선생으로 일하였다. 이러한 경험을 바탕으로 1478년에는 그리스어 문법책을 펴냈다.

이후 그는 뷔르템베르크 영주인 에베르하르트 5세의 법률가로 일하게 된다. 학문에 큰 관심을 갖고 있던 에베르하르트 5세는 1477년 튀빙겐(Tübingen) 대학을 설립하게 된다. 튀빙겐 대학의 설립에 인본주의 학자인 로이힐린이 자문역을 담당하였고, 이후 그는 튀빙겐 대학에서 학문 활동을 하게 된다. 1482년 에베르하르트 5세가 로마에서 개최되는 공의회에 참석하게 되자, 로이힐린은 통역가로서 그와 함께 이탈리아에 가게 된다. 이탈리아에서 아그르기풀로스(Johann Argyropulos)를 만나게 되고, 그를 통하여 그리스어 공부를 완성하게 된다. 독일로 돌아온 후 그는 1484년에 튀빙겐 대학에서 법학 박사학위를 취득하였다.

정치적인 과업을 수행하기 위하여 그는 1490년에 또 다시 이탈리아로 가게 되고, 여기서 칼콘딜라스(Demetrius Chalkondylas)를 알게 된다. 그를 통하여 그리스어 학문을 더욱 심화하고, 피렌

체에 있는 '플라톤 아카데미'와 연을 맺고 피코(Pico della Mirandola)
를 알게 된다. 그는 피코에게서 많은 영향을 받았다. 그를 통하
여 유대교 신비주의 전통인 카발라를 알게 되고, 종교의 통합
이라는 사고를 갖게 된다. 무엇보다 그와 함께 로이힐린은 유
대 서적을 접하게 되고, 히브리어를 공부하게 된다. 이렇게 하
여 그는 히브리어에도 정통하게 되었다. 이 때문에 에라스무스
는 그를 가리켜 3대 언어의 마스터라고 칭찬을 아끼지 않았
다.[23] 그러나 중세 말기는 유대교에 대한 박해가 극심할 때이
기 때문에 유대교와 히브리어에 대한 지식은 긴장을 불러일으
키기에 충분하였다. 그래서 그는 튀빙겐에서 하이델베르크로
이주하였다.

  하이델베르크는 콘라드 켈티스 등 독일 인본주의자들이 활발
히 활동하던 곳이었다. 그곳에서 로이힐린은 시와 격언을 쓰고,
희곡을 편찬하는 등 본격적인 문예 활동을 시작하였으며, 번역
작업에도 몰두하였다. 그리스어와 히브리어 문헌을 라틴어로 번
역하고, 그리스어와 라틴어 문헌을 독일어로 번역하였다. '그는
독일에서 그리스어 연구의 대가가 되었다. 동시에 히브리어 연
구를 시작한 첫 번째 독일인이었다.'[24] 이로써 독일에서도 언어
학적 인본주의 시대가 열리게 되었다. 히브리어, 그리스어, 라틴
어는 이제 동일하게 중요한 것으로 인정받게 되었다. 히브리어
와 유대 문헌을 알지 못하고서는 고대적 지식과 신학을 제대로

---

23) *Johannes Reuchlins Briefwechsel*, gesammelt und herausgegeben von
    Ludwig Geiger, Hildesheim, 1962, 119-121.
24) Rudolf Pfeiffer, *op. cit.*, 113f.

이해하지 못한다는 생각, 기독교의 뿌리를 제대로 이해할 수 없
다는 인본주의적 상식이 공유되기 시작하였다.

히브리어에 정통한 학자로서의 명성은 로이힐린의 생애 마지막
에 어두운 그림자를 드리우는 결과를 초래하였다. 그는 교회의 평
화를 추구하였지만, 교회의 도그마를 신뢰하기보다는 자신이 알
고 있는 진리에 보다 충실하고자 하였다. 1510년 7월 16일 당시
신성로마제국 황제 막시밀리안 1세가 유대교 저술을 보호할 가
치가 있는지를 묻는 소견서를 여러 지식인들에게 제출해 달라고
요청하자, 로이힐린은 유일하게 유대교 저술을 불태우는 것을 반
대하고 유대인에게 관용을 베풀 것을 골자로 하는 의견서를 보
냈다.[25]

유대인 저술과 관련한 논쟁 가운데서도 그는 저술 활동을 지
속하였다. 그리고 죽기 직전까지 그리스어와 히브리어 교사로서
의 삶을 살았다. 1520년 그는 잉골슈타트(Ingolstadt)에 잠시 머물
다가 1521년 다시 튀빙겐으로 돌아왔고, 1522년 받 리벤첼(Bad
Liebenzell)에서 숨을 거두었다. 독일의 인본주의자 피르크하이머
(Pirckheimer)는 1517년에 그에 대하여 "자연은 당신에게 모든 재
능을 선물하였습니다. 당신은 도야와 학식을 통하여 널리 이름
을 떨쳤습니다. 라틴어 작품을 통하여 당신은 모든 사람의 귀감
이 되었습니다. 당신은 그리스어를 거의 처음으로 독일에 소개
하였습니다. 그리고 히브리어를 당신은 뜨거운 정열로 공부하여
모든 사람을 경이롭게 만들었습니다."[26]라고 말하였다.

---

25) 비교. Ludwig Geiger, *Johann Reuchlin-Sein Leben und seine Werke*,
    Nieuwkoop, 1964, 227-240.
26) Willehad Paul Eckert, & Christoph von Imhoff, *Willibald Pirckheimer-*

로이힐린은 독일 인본주의의 역사에서 세 가지 점에서 의미를 지니고 있다고 평가할 수 있다. 첫째는 그리스어가 독일 인본주의 언어로 자리매김하는 데 결정적으로 공헌하였다. 18세기 말 독일에서 신인본주의가 만개할 때, 그리스어는 당시 신인본주의자들의 핵심 관심사가 된다. 둘째, 그의 히브리어 연구는 유대교의 정신 세계에 대하여 새롭게 이해하도록 하고, 기독교의 뿌리를 이해하는 데 큰 공헌을 하였다. 셋째, 무엇보다 진리에 대한 탐구 열정은 후세의 귀감이 되었다. 그의 학문 연구와 인본주의적 정신은 특히 멜란히톤에게 큰 영향을 미쳤다.

5. 후텐

16세기 독일의 인본주의자 가운데 후텐(Ulrich von Hutten, 1488~1523)만큼 다면적인 인물도 드물다. '후텐은 독일제국의 기사요, 인본주의자요, 시인이요, 정치적 · 종교개혁적 팸플릿 발간인이요, 가톨릭 교황에 대한 전투적인 비판가였다.' 27) 한마디로 후텐은 독일의 정치적 인본주의를 대표하는 인물이었다.

그는 뜨거운 정신을 갖고 있었으며, 정치적 웅변술이 뛰어난 민족주의자였다. 그는 정치적 선동가였고, '투쟁적인 행동주의자' 28)였으며, 동시에 인본주의자였다. 독일의 인본주의자 피르

Dürers Freund im Spiegel seines Lebens, seiner Werke und seiner Umwelt, Köln, 1971, 260.

27) *Ulrich von Hutten mit Selbstzeugnissen und Bilddokumenten*, dargestellt von Eckhard Bernstein, Reinbek, 1988, 7.

28) Michael Seidlmayer, *Wege und Wandlungen des Humanismus—studien zu*

크하이머(Pirckheimer)는 1517년 그를 가리켜 '재능이 뛰어나고
훌륭한 교육을 받은 우리 독일제국의 확실한 희망'[29]이라고 높
이 평가하였다. 독일 신인본주의의 선두주자인 헤르더(Herder)는
그를 가리켜 '아름다운 라틴어를 구사하는 사람이 되고 싶은가?
……후텐보다 아름답고 진실되고 힘 있고 화려하게 라틴어를 구
사하는 사람이 어디 또 있을까? 이 때문에 에라스무스와 멜란히
톤도 그를 부러워하였으며, 이탈리아인들도 그의 재능을 높이
평가하였으며, 모든 자유롭고 유쾌한 시인 친구들이 그를 사랑
하였다.'[30]고 평하였다.

후텐은 슈테켈베르크(Steckelberg)에서 귀족의 자제로 태어났
다. 어렸을 때 풀다(Fulda)에 있는 수도원 학교에서 공부하였고,
1505(1506)년 쾰른 대학에서 신학을 공부하였다. 1506년 여름 학
기에는 독일 인본주의의 중심지였던 에르푸르트 대학에서 공부
를 계속하였다. 그는 여기서 언어학과 수사학, 시학을 공부하였
는데, 당시 에르푸르트 인본주의의 수장이었던 루푸스(Mutianus
Rufus)를 알게 되었다. 1506(1507)년 그는 프랑크푸르트 대학에
서 공부하고 학사학위를 취득하였다. 1508년에는 라이프치히 대
학에서 공부하였고, 1509년에는 그라이프스발트(Greifswald) 대
학에서 수학하였다. 1511년 빈(Wien) 대학에서 시학을 강의하였
고, 1512년에는 이탈리아로 가서 법률학을 공부하고, 다른 한편

---

seinen politischen, ethischen, religiösen Droblemen, Göttingen, 1965, 208.
29) Willehad Paul Eckert, & Christoph von Imhoff, op. cit., 250.
30) Johann Gottfried Herder. Werke in zehn Bänden, Bd. 2: Schriften zur
Ästhetik und Literatur 1767−1781, Hrsg. v. Gunther E. Grimm,
Frankfurt, 1993, 627.

으로는 인본주의를 더욱 깊이 배우기를 희망하였다. 그는 이탈리아의 파비아에 와서 법률학을 공부하다가 신성로마제국 황제의 군대에 합류하여 전쟁에 참가하고 1513년 고향인 슈테켈베르크로 돌아온다.

그는 이탈리아에서 교황에게 보내는 여러 소책자를 썼다. 그는 자신의 책에서 교황청을 모든 악의 뿌리요, 독일 민족, 독일 언어, 독일 정신을 쇠퇴하게 하는 근원적 악이라고 강력하게 비판하였다. 1514년 그는 마인츠(Mainz)에서 에라스무스를 알게 되어, 에라스무스로부터 스콜라 철학과 인본주의에 대하여 공부하였다. 1514년 독일 마인츠 대교구 교구청에서 근무하기를 희망하였으나, 이탈리아에서 교회법을 공부하는 것이 조건으로 제시되자 1515년 다시 이탈리아로 가서 교회법을 공부하였다. 이때 그는 로마, 볼로냐, 페라라, 베네치아 등에서 머물렀다.

이탈리아에서 독일로 돌아온 후 1517년부터 1519년까지 후텐은 마인츠 대교구청에서 근무하였다. 그는 마인츠에서 인본주의 학습을 위한 아카데미를 세우기도 하였다. 당시 그는 유럽의 수많은 인본주의자들과 서신을 교환하였다. 그리고 평생 동안 로마 교황청과 끊임없는 대립과 투쟁에 지치고 쫓기다가 1523년 짧은 생을 마감한다. 그의 삶은 초기 이탈리아 인본주의자로서 고대 로마의 부활을 꿈꾸었던 리엔조(Cola di Rienzo)를 연상시키는데, 그가 실패한 것과 마찬가지로 후텐의 시도도 실패하였다.

후텐은 에라스무스의 영향을 많이 받았으며, 그를 열정적으로 존경하였다.[31] 그가 인본주의적 경력을 쌓게 된 것은 에라스무

---

31) *Ulrich von Hutten mit Selbstzeugnissen und Bilddokumenten*, dargestellt

스의 영향 때문인지도 모른다. 그는 자신의 정치적 인본주의를
에라스무스가 지지해 주기를 희망하였다. 1522년 교황청으로부
터 쫓겨 다닐 때 그는 바젤에 있는 에라스무스를 찾아가 그의 도
움을 요청하였다. 그러나 에라스무스는 그의 요청을 받아들이지
않았다. 에라스무스는 1523년 후텐에게 편지를 써서 '그 누구보
다도 가까운 아주 친한 친구로서의 우정을 느끼고 있다.' 32)고 표
현하였으나, 그의 과격한 투쟁적인 사고와 행동을 수용할 수는
없다고 생각하였다. 이에 대하여 후텐은 에라스무스에게 대항하
는 글인 『에라스무스에 대한 도전(Expostulatio cum Erasmo)』이라
는 글을 써서, 인본주의의 수장인 에라스무스를 존경하는 마음을
표현하고, 다른 한편으로는 깊은 실망감을 표현하였다. '나는 우
리 독일 민족이 단합하여 당신에게 다른 곳으로 이주하기를 요
청하여야 한다고 생각합니다. 그렇게 하여야 우리 젊은이들이 당
신의 일관성 없는 원칙과 행동에 오염되지 않기 때문입니다.' 33)
　후텐은 섞이기 어려운 두 가지 성격을 지니고 있는 인물이었
다. 한편으로는 고급 학문을 공부하여 유창한 라틴어 실력을 갖
춘 인본주의자였으며, 다른 한편으로는 민족주의자요 투쟁적인
인사였다. 인본성을 강조하는 인본주의적 성격과 민족성을 강조
하는 투쟁적인 성격이라는 조화하기 어려운 양면이 후텐의 내부

von Eckhard Bernstein, Reinbek, 1988, 48.

32) The Collected Works of Erasmus: The Correspondence of Erasmus, Vol.
10, translated by R. A. B. Mynors and Alexander Dalzell, annotated by
James E. Estes, Toronto, 1992, 2.

33) Ulrich von Hutten mit Selbstzeugnissen und Bilddokumenten, dargestellt
von Eckhard Bernstein, Reinbek, 1988, 124.

에 존재하였다. 그는 인본주의적인 학식을 활용하여 폭제적인
교황청에 대항하여 독일 민족을 노예 상태에서 해방시켜야 한다
는 생각을 갖고 있었다. 『바디스쿠스 또는 로마의 3대악(Vadiscus
sire Trias Romana)』에서 그는 가톨릭교회의 부패, 폭정, 억압, 탐
욕 때문에 독일 민족이 고통을 당하고 있다고 주장하며, 이에 대
항하여 투쟁할 것을 호소하였다.[34] 그는 평생 진리를 추구하며
살았다. 그는 진리가 다시 살았음을 선포하였다.[35] 또한 그는
자유의 투사였다. 그는 불의와 부정과 맞서 싸우는 불굴의 의지
를 소유하고 있었다. 인본주의 정신인 진리와 자유를 추구하고
그것을 위하여 과격한 투쟁도 마다하지 않은 후텐의 인본주의는
그래서 정치적 인본주의요, 교육은 민족교육이었다. 헤르더는
그를 '독일 민족의 데모스테네스'[36]라고 칭하였다.[37]

6. 피르크하이머

피르크하이머(Willibald Pirckheimer, 1470~1530)는 멜란히톤과
뒤러(Dürer)의 친구였다. 초기 이탈리아의 인본주의자 알베르티

---

34) Ibid., 87-89.
35) Harald Drewing, "Ulrich von Hutten", Harald Drewing, Vier Gestalten
    aus dem Zeitalter des Humanismus. Entwicklung, Höhe und Krisen
    einer geistigen Bewegung, St. Gallen, 1946, 220.
36) 그리스의 웅변가이며 정치가.
37) Johann Gottfried Herder. Werke in zehn Bänden, Bd. 2: Schriften zur
    Ästhetik und Literatur 1767-1781, Hrsg. v. Gunther E. Grimm, Frankfurt,
    1993, 613.

(Alberti)와 같이 다면적인 도야인이었던 그는 인본주의 학자라기
보다는 인본주의자로서의 삶을 실천한 인물이라고 평가할 수 있
다. 그는 인본주의의 모든 측면에서 탁월하였다. 언어학적 인본
주의, 정치적 인본주의, 철학적 인본주의, 기독교적 인본주의,
시민적 인본주의자였다. 그는 다면적 관심을 바탕으로 도야된
전형적인 인본주의자였다. 언어학자는 아니었지만 풍부한 언어
학적 지식을 갖추고 있었고, 뛰어난 예술가는 아니었지만 예술
에 깊은 관심을 갖고 있었고, 뛰어난 저술가는 아니었지만 여러
분야에서 저술 활동을 하였고, 뉘른베르크 시 시장으로서 정치
적인 활동도 하였다. 한마디로 인본주의적으로 도야되고 인본주
의자의 삶을 살아간 인본주의의 표본이었다.

피르크하이머는 에라스무스와 가깝게 지냈는데, 에라스무스는
1515년 그에게 다음과 같은 내용의 편지를 보낸다.

오래 전부터 나는 당신에게 특별한 관심을 갖고 있었습니다. 당신
의 저술을 읽으며 나는 풍요로운 삶과 학문이 멋진 조화를 이루고,
또 진실된 성품과 친절하고 다정한 인품이 멋진 조화를 이루는 한 인
격자, 영웅을 만나게 되는데, 그것이 바로 당신입니다.[38]

에라스무스의 평과 같이 피르크하이머는 앎에 대한 순수하고
도 깊은 열정을 갖고, 공적이고 사적인 삶에서 인본주의자의 삶
을 실천한 인물이었다.

---

38) *The Collected Works of Erasmus: The Correspondence of Erasmus*, Vol.
3, translated by R. A. B. Mynors and D. F. S. Thomson, annotated by
James K. McConica, Toronto, 1976, 59.

피르크하이머는 1470년 아이히슈테트(Eichstätt)에서 부유하고 도
야된 집안에서 태어나, 이탈리아의 파비아와 파도바 대학에서 3년
동안 법률학을 공부하였다. 이때 그는 인본주의의 영향을 받게 된
다. 아버지의 요청으로 시작한 법률학 공부를 마친 후, 1487년부터
1495년까지 총 7년 동안 이탈리아에 머물면서 언어학, 수사학, 시
학 등 인본주의 공부를 하였으며, 파도바에서는 자연과학도 공부
하였다. 풍부한 지식을 습득한 뒤 고향인 뉘른베르크로 돌아오자
막시밀리안(Maximilian) 황제는 그를 신성로마제국의 수도였던 뉘
른베르크 시장으로 임명하였다. 이때부터 그의 집은 수많은 정치
가와 학자들의 만남의 장소가 되었다. 그는 수학자, 천문학자, 역
사학자, 의사, 기계공, 주조공, 화가, 지리학자, 선원, 시인, 성악가
등 각 영역의 전문가들과 만나서 대화와 교제를 나누었다. 또한
에라스무스, 켈티스, 멜란히톤과 수시로 서신을 교환하였다. 인본
주의 시대 유명한 화가인 뒤러(Dürer)와는 깊은 친분 관계를 갖고
있었다. 피르크하이머와 그의 집이 정신적이고 예술적인 르네상
스의 중심지라고 평할 수 있을 정도였다. 피르크하이머 자신도
신학, 언어학, 역사학, 시학, 지리학 등의 분야에서 정통한 전문가
였고, 저명한 인본주의 서가를 소지하고 있었다.

피르크하이머는 저술 작업도 하여, 번역 작업과 해설서를 작성
하는 일에 열중하였다. 그는 그리스어 실력이 뛰어나, '16세기
초반 독일에서 그리스 인본주의의 길을 연 가장 중요한 사람'[39]
이라는 평가를 받기도 하였으며, 『일리아스(Ilias)』를 번역하기도

39) Niklas Holzberg, *Willibald Pirckheima-Griechischer Humanismus in
Deutschland*, München, 1981, 372.

하였다. 그는 이소크라테스의 수사학에 매료되어 그것을 자신의 공적인 연설에서 활용하였고, 플라톤의 대화에 매료되어 자신의 대화와 사교에서 플라톤 대화를 표본으로 삼기도 하였다. 그리고 고대 로마의 그리스 풍자 작가인 루키아노스(Lucianos)의 작품을 번역하기도 하였다.

1517년 피르크하이머는 『변호 서신(Epistola apologetica)』이라는 저술을 펴내면서 인본주의 교육, 인본주의 교육 프로그램에 대한 그의 생각을 정리한다.

> 사람들은 밤을 새우고, 땀을 흘리며, 추워 떨며, 금식하는 등 수많은 끊임없는 역경과 고통을 이겨 마침내 위대한 지혜를 발견하게 된다. 문법에 대한 지식과 더불어 라틴어, 그리스어, 히브리어 문헌을 공부하는 것이 필요하다. 세련되지 않은 언어 구사로 인하여 신학자라기보다는 야만인이라는 오명을 얻지 않기 위하여 라틴어 공부가 필요하다. 그리스어를 모르면 위대한 서사시나 심지어 아리스토텔레스를 이해할 수 없기 때문이다. ……히브리어 안에는 구약성경과 신약성경의 모든 비밀이 담겨 있기 때문이다. 다음으로 학생들은 변증법을 공부하여야 한다. ……그 외에도 신학자가 수사학적 지식이 결여될 때에는 어떻게 기독교인들에게 진리의 말씀을 선포할 수 있을지 나는 이해할 수가 없다. ……이 외에도 자연철학과 이성철학을 면밀히 공부하여야 한다. 아리스토텔레스뿐만 아니라 신적인 것에 더 가까운 플라톤을 공부하여야 한다. 사람들은 키케로를 철학의 신이라고 부른다. 그러나 아우구스티누스 역시 매우 중요하다. 그는 인간 삶의 목적, 그리고 신의 특성에 대하여 그 어떤 철학자보다 잘 설명하였기 때문이다. ……플라톤적 신학은 기독교 신앙과 가장 잘 일치한다. 그러나 네 가지 수학 교과, 즉 기하, 산술, 음악, 천문을 공부하지 않고서는 플라톤 신학을 완전히 이해하였다고 할 수 없다. ……

그리고 신학을 공부하기 위해서는 역사학을 소홀히 하여서는 안 된
다. 왜냐하면 성스러운 서적들은 역사를 통하여 전승되었기 때문이
다. 역사학을 통하여 역사적 사실과 그 의미가 후세에 올바르게 전달
된다. ……마지막으로 신학자가 교회법과 시민법을 공부하지 않았
다면, 나는 그가 어떻게 신적인 것을 이해하고, 동시에 인간 세상을
지혜롭게 관리할 수 있을지 의문이 든다.[40]

여기서 피르크하이머는 인본주의적 교육 프로그램을 상세하게
제시하고 있다. 먼저, 히브리어, 그리스어, 라틴어의 3대 고전어
가 우선적으로 강조되고 있다. 다음으로 고대부터 자유교육을
위한 기본 교육과정인 7자유 교과(septem artes liberales: 문법, 변
증법, 수사학, 천문, 기하, 음악, 수학)가 강조되고 있다. 더불어 철
학, 역사학, 법률학이 주요 교육과정으로 제안되고 있다. 이렇게
볼 때, 인본주의의 전형적인 교육과정이 피르크하이머에 의하여
재확인되고 있음을 알 수 있다. 피르크하이머가 제시한 인본주의
교육 프로그램은 당시의 김나지움 교육과정의 개혁에 큰 영향을
미친다. 당시 독일에는 인본주의의 영향 아래 전통적인 '라틴어
학교' 대신에 '김나지움'이란 새로운 교육제도가 탄생되고 있었
다. 김나지움에는 인본주의적 지식인 언어가 기본이 되고, 더불
어 자연 및 사물과 관련된 지식이 주요 교육과정으로 구성되었
다. 피르크하이머의 개혁안은 멜란히톤이 1526년 뉘른베르크의
김나지움을 개편할 때 기초안으로 받아들여지기도 하였다.[41]

---

40) Willehad Paul Eckert and Christoph von Imhoff, *op. cit.*, 256-258.
41) Günther Böhme, *Bildungsgeschichte des europäischen Humanismus*,
    Darmstadt, 1986, 329.

7. 멜란히톤

유럽의 인본주의에서는 에라스무스가 중심적인 역할을 하였고, 에라스무스의 죽음과 함께 인본주의의 힘도 점차 쇠퇴하였다. 에라스무스의 경고에도 불구하고 정치적인 투쟁은 지속되었다. 교회 역시 화해와 균형을 이루기보다는 투쟁이 격화되고, 새로운 교회 분열의 길을 걷고 있었다.

에라스무스의 죽음과 함께 유럽 정신 세계에 영향을 미치던 인본주의 운동도 종말을 고하고, 에라스무스의 영향은 이제 학문과 교육 분야에서만 찾을 수 있게 되었다. 그러나 그것 역시 에라스무스를 통하여 이루어진 것은 아니었다. 그 자리를 이제 멜란히톤이 대신하게 되었다.

멜란히톤(Philipp Melanchthon, 1497~1560)은 1497년 브레텐(Bretten)에서 천재 소년으로 태어났다. 어렸을 때 당대 독일 최고의 학자인 동시에 인본주의자였던 로이힐린으로부터 교육을 받았다. 로이힐린은 멜란히톤의 정신적 멘토로서 멜란히톤의 인본주의적 사고와 삶에 크게 영향을 미쳤다. 1509년 13세의 나이로 멜란히톤은 하이델베르크 대학에 입학하였다. 그리고 14세 때 바칼로레아 학위를 취득하고, 1514년 튀빙겐 대학에서 석사학위를 취득하였다. 그는 법률학과 신학을 전공하였다. 그의 천재성은 많은 사람의 주목을 끌었다. 이미 튀빙겐 대학 시절에 그는 인본주의에 깊은 관심을 갖고 있었다. 1518년 비텐베르크 대학 교수로 부임할 때, 그의 나이는 불과 21세였다. 1516년 에라스무스는 자신의 저술 『새로운 원전(Novum Instrumentum)』에서 멜란히톤

에 대하여 "이제 청년이 된, 아니 아직 소년이면서 두 가지 언어
를 구사하는 천재적 재능을 하나님으로부터 부여받은 필립 멜란
히톤은 우리의 희망이다. 그의 사고는 얼마나 날카로운가? 그의
말은 얼마나 순수하며 우아한가? 얼마나 뛰어난 기억력을 지녔
는가? 얼마나 박식한가? 참으로 탁월한 재능을 어떻게 칭송할
것인가?"[42]라고 극찬하였다. 루터 역시 1518년 12월 14일 로이
힐린에게 쓰는 편지에서 "그리고 마지막으로 필립 멜란히톤에
대하여 말하고 싶은 것이 있는데, 그는 놀라운 재능을 지니고
있고, 거의 모든 분야에서 탁월한 모습을 보여 주었으며, 나와는
진심으로 깊은 교제를 나누는 친구가 되었습니다."[43]라고 평하
였다. 이와 같이 멜란히톤은 젊었을 때부터 촉망받는 학자로서
이름을 떨쳤다.

멜란히톤은 인본주의가 단지 사상에만 머물지 않고 교육 실천
에 영향을 미치는 데 큰 공헌을 한 인물이다. 그는 독일 대학과
김나지움의 교육과정이 인본주의 정신에 따라 재구성되게 하는
데 크게 기여하였고, 그의 제자들은 학교 교사와 교장으로 재직
하면서 인본주의적 교육개혁의 선봉장들이 되었다. 교육계획가
로서, 학교조직가로서, 교육개혁가로서 멜란히톤은 에라스무스
를 능가하였다.

그는 인본주의자로서 에라스무스의 사상을 적극 수용하였고,

---

42) Heinz Scheible, "Melanchthon zwischen Luther und Erasmus",
　　Renaissance-Reformation. Gegensätze und Gemeinsamkeiten, Hrsg. v.
　　August Buck, Wiesbaden, 1984, 157.
43) *Martin Luther. Ausgewählte Schriften, Bd. 6*, Hrsg. v. Karin Bornkamm
　　und Gerhard Ebeling, Frankfurt, 1982, 23.

동시에 신학자로서 루터의 개혁주의를 적극 수용하였다. 그 안
에는 에라스무스의 사상과 루터의 사상이 접목되어 있었다. 그
는 독일 언어학적 인본주의의 대가인 로이힐린의 제자로서 3대
고전어인 히브리어, 그리스어, 라틴어를 배웠고, 그것을 바탕으
로 인본주의 연구와 신학 연구에 힘썼다. 1517년 에라스무스는
"멜란히톤에 대하여 나는 높이 평가하고, 예수 그리스도께서
그를 오랫동안 생존하게 하시기를 간절히 소망한다! 그는 에라
스무스를 그늘의 자리에 세우게 할 것이다."[44]라고 높이 평가
하였다.

루터와 같은 길을 걸으면서 종교개혁을 이끌었고 개혁교회의
지도자였던 멜란히톤은, 종교개혁과 이에 반발하는 반종교개혁
의 소용돌이 속에서 살았다. 종교개혁은 교회의 분열과 제국의
분열을 가져왔으며, 결국 유럽 대륙을 개신교 국가와 가톨릭 국
가로 양분하였다. 대학 역시 개신교 대학과 가톨릭 대학으로 양
분하는 결과를 초래하였다.

종교전쟁은 유럽의 문화를 파괴하였고, 인본주의가 강조하던
인본성 역시 파괴되었다. 인본주의는 이제 이상과 형식으로만
존재하게 되었다. 루터의 종교개혁적 입장에 동조하면서도 인본
주의자였던 멜란히톤은 이러한 상황에서 갈등과 모순에 휩싸였
다. 내심으로는 교회의 화해와 연합을 희망하지만, 종교개혁과
종교전쟁의 여파 속에서 오히려 교회의 분열을 고착화하는 데
앞장서야 하는 상황에 놓여 있었기 때문이다.

---

44) *The Collected Works of Erasmus: The Correspondence of Erasmus*, Vol.
5, translated by R. A. B. Mynors and D. F. S. Thomson, annotated by
Peter G. Bietenholz, Toronto, 1979, 29.

그러나 멜란히톤은 모순된 시대적 상황 속에서도 인본주의적
정신을 놓지 않았다. 그는 학문과 교육 분야에서 인본주의 정신
을 구현하도록 노력하였다. 분열과 혼동의 세상 속에서 교육과
도야만이 새로운 세계를 건설하는 기초가 된다고 보았다. 정신
의 쇄신만이 인간과 세계를 장기적인 관점에서 구원할 수 있는
길이라고 보았다.

그는 인본주의에 정통한 학자로서 개신교 지역의 대학과 김나
지움을 개혁하는 데 지대한 공헌을 하였다. 그리하여 그는 '독
일의 교사(Praeceptor Germaniae)'라는 명예로운 호칭을 얻었다.
이 호칭은 그가 학교조직가로서 학문조직가로서 이룬 성취에 대
한 보상이었다.

1518년 비텐베르크 대학 교수로 취임하는 강연에서 멜란히톤은
인본주의자다운 인상적인 말을 남겼다. '사페레 아우데테(Sapere
audete!)',[45] 즉 앎을 추구하라, 지식을 추구하라, 지혜자가 되도
록 모험을 시도하라는 뜻이다. 이러한 촉구는 칸트(Immanuel
Kant)가 그의 글 『계몽이란 무엇인가(What is Enlightenment)』에서
"앎을 추구하라! 다른 사람의 도움을 빌지 말고 너의 오성을 활
용하도록 용기를 가져라."[46]라고 촉구한 것과 같은 내용이다. 멜
란히톤은 여기서 계몽주의자와 같은 입장에서 강연에 참석한 교
수들과 대학생들에게 촉구하고 있는 것이다. 멜란히톤은 인본주

45) *Melanchthons Werke in Auswahl, Bd. 3: Humanistische Schriften*, Hrsg.
    v. Richard Nürnberger, Gerd Mohn, 1961, 42.
46) Immanuel Kant, "Beantwortung der Frage: Was ist Aufklärung",
    Immanuel Kant. Werke in sechs Bänden, Hrsg. v. Wilhelm Weischedel,
    Bd. 6, Frankfurt, 1964, 53.

의적 프로그램이 모든 사람에게 좋은 결과를 가져올 것이라는
확신과 희망을 갖고 비텐베르크로 온 것이다. 멜란히톤은 여기
서 교육 없이 야만적인 상태에 처한 인간을 구원하고, 인간의
쇄신과 도덕적 완성과 사회의 변화를 위하여 계몽과 교육이 필
요함을 강조하였다. 이렇게 볼 때, 멜란히톤은 이미 18세기 계
몽주의 사상의 단초를 제공하였다고 볼 수 있다. 1526년 뉘른베
르크 김나지움의 개혁에 대한 강연에서 인본주의 교육이 시민과
공동체의 합리적인 지도를 통한 사회의 개혁과 국가의 발전을
위하여 필수적이라는 점을 강조하였다.[47]

멜란히톤의 취임 강연의 주제는 '학문의 개혁'이다. 학문의
개혁은 멜란히톤에게 있어서 매우 중요한 것이었다. 학문의 개
혁을 통하여 인간 정신의 개혁이 가능하고, 그것은 결국 인간
삶을 개선하고 새로운 사회를 건설하는 기초가 되기 때문이다.
그는 여기서 중세 스콜라 철학을 혹독히 비판하고, 학문의 쇄신
을 옹호하고 선전한다. 스콜라 철학은 잘못 번역된 아리스토텔
레스 문헌에 기초하고 있고, 그리스어에 대한 경시, 수학에 대한
무지로 인하여 신학을 올바른 길로 인도하지 못하였다고 비판하
였다. 멜란히톤의 개혁 프로그램은 전통적인 학문을 폐지하기
보다는 학생들이 이차 문헌에 의존하지 말고 원전을 읽고 이해
하도록 하여 신학과 법률학을 공부하도록 이끄는 데 주안점이
놓여 있었다.

멜란히톤은 특히 인본주의 학문이 새로운 학문으로 자리매김

---

47) *Melanchthons Werke in Auswahl, Bd. 3: Humanistische Schriften*, Hrsg.
v. Richard Nürnberger, Gerd Mohn, 1961, 64-69.

하여야 한다고 역설하였다. 그가 생각하는 새로운 학문은 고대 그리스에 뿌리를 두고 있는 자유학문이다. 문법, 수사학, 변증법, 수학, 천문, 지리, 음악 등 '7자유 교과'를 계승하여야 한다고 보았다. 그리고 다음으로 고대 언어를 강조하였다. 특히, 그리스어, 라틴어, 히브리어를 3대 고전어로서 중시하였다.

그가 언어 다음으로 중시한 학문은 철학이었다. 그는 고대 그리스의 철학을 중시하였는데, 아리스토텔레스의 경우에는 중세 시대의 오류에서 벗어나 그의 참된 사상을 발견하는 것을 강조하였다. 다음으로 역사 교과를 중시하였다. 역사는 도덕적, 종교적, 실천적인 관점에서 유용한 학문으로 보았다. 멜란히톤이 강조한 학문 영역은 수많은 지지층을 확보하게 되고 이후 독일 학문의 개혁과 신학문이 자리매김하는 데 큰 영향을 미쳤다. 마틴 루터 역시 멜란히톤의 이런 생각에 적극 동조하였다.[48]

인본주의 교육과 더불어 멜란히톤의 또 다른 관심은 신학적인데 있었다. 비텐베르크 대학에 교수로 부임할 때, 그는 신학교수로 부임하였다. 멜란히톤은 신학자로서 종교개혁적 입장에 섰다. 그는 개혁교회 신학의 정통을 확립하는 데 크게 이바지하였고, 루터가 죽은 이후 개혁교회의 지도자가 되었다. 1521년 『신학의 일반 개념 또는 신학 개요(Loci communes rerum theologicarum seu hypotyposes theologicae)』를 저술하였는데, 여기서 그는 개신교의 핵심 교리인 죄, 율법, 복음, 은총에 대하여 논하고 있다.[49] 이

48) Karl Hartfelder, *Philipp Melanchthon als Praeceptor Germaniae*, Nieuwkoop, 1964, 204.
49) Charles Leander Hill, *The Loci Communes of Philipp Melanchthon*, Boston, 1944.

책은 개신교 교리를 최초로 확립한 저서로 유명하며, 동시에 개
신교 기독교 교육에도 큰 영향을 미친 저술로 꼽힌다.

멜란히톤은 인본주의자인 동시에 신학자로서 인본주의와 신학
을 어떻게 평화롭고 조화롭게 통합할 것인가에 큰 관심을 갖고
있었다. 멜란히톤의 핵심 관심사는 '어떻게 하나님은 하나님과
인간과의 관계를 회복시킬 것인가?' 라는 물음에 답을 찾는 것이
었다.[50] 즉, 인간의 구원에 관한 것이 궁극적인 관심사였다. 이
와 관련하여 멜란히톤은 두 가지 관련 질문을 던진다. 첫째는
'인간은 누구인가?' 라는 질문이다. 인간은 왜 이렇게 되었는가?
왜 인간은 현재와 같이 부조화, 갈등, 투쟁적인 모습이 되었는
가? 인간은 왜 이와 같이 불완전한 상태에 놓이게 되었는가? 둘
째는 '예수 그리스도는 누구인가?' 라는 질문이다. 인본주의의
핵심 관심인 인간, 그리고 기독교 신학의 핵심 관심인 예수 그
리스도, 이 두 가지에 대하여 근본적인 물음을 제기함으로써 인
본주의자이면서 동시에 신학자였던 멜란히톤의 관심과 고민을
확인하게 된다. 그는 이 두 가지 물음이 어떻게 연결될 수 있는
지, 어떻게 조화를 이룰 수 있는지에 대한 답을 찾는 것을 평생
의 과제로 삼았다.

에라스무스와 같은 당대의 인본주의자들과 마찬가지로 그 역
시 기독교적 인본주의자로 살았다. 그는 개혁교회의 신학과 인
본주의를 접목시키려고 노력하였고, 예수 그리스도의 말씀인 복
음에서 인본주의가 강조하는 인본성을 찾을 수 있다고 보았다.

---

50) Horst Jesse, *Leben und Wirken des Philipp Melanchthon*, Berlin, 1988,
50.

그리고 인본주의는 인간과 사회를 도덕적으로 변화시키는 데 영향을 미칠 수 있다고 보았다. '내가 신학을 연구하게 된 것은 인간의 삶을 도덕적으로 변화시키는 목적 외에 그 어떤 이유도 없었다.' [51] 그는 인간의 삶을 개선한다는 목적으로 신학을 연구하였다고 토로하고 있다. 인간 삶의 개선은 곧 인본주의의 목적이기도 하다. 그는 인본성의 추구와 인간 삶의 개선이라는 목적을 기독교의 진리와 인본주의는 공유하고 있다고 생각하였다.

여기서 우리는 『범교육론(Pampaedia)』에서 '인간과 사물의 개선에 관한 일반 담론(De emendatione rerum humanarum consultatio catholica)'에 대하여 논의한 코메니우스를 떠올리게 된다. 17세기 최고의 교육개혁가인 코메니우스는 멜란히톤의 인본주의적 사상을 적극 수용하여 자신의 교육학과 교수학 사상을 전개하였다.[52] 멜란히톤은 순수한 인식과 지식의 획득이란 의미에서 인본주의를 이해한 것이 아니라 인간적인 학문, 인간 세계의 개선에 기여하는 학문으로서 인본주의를 이해하고 그것을 연구하였다. 즉, 인본주의는 인간의 변화와 완성에 기여하여야 한다는 것이다. 그리고 그러한 변화는 교육이란 매체를 통하여 가능한 것이다. 1526년 뉘른베르크 김나지움 개교 강연에서 그는 이 점을 분명히 밝힌다. "학교는 청소년의 도야를 위하여 반드시 필요하다. 교육 없이 도덕성을 함양하는 것이 가능하다고 믿는 사람은 자신을 속이는 것이다." [53]

---

51) Wilhelm Dilthey, *Gesammelte Schriften II: Weltanschauung und Analyse des Menschen seit Renaissance und Reformation*, Stuttgart, [5]1957, 164.
52) Horst Jesse, *op. cit.*, 141.

이렇게 하여 교육과 도야는 기독교 인본주의의 핵심 개념으로
떠오른다. 멜란히톤이 추구하는 교육 이념은 인본주의 정신을
구현하기 위한 것이다. 그는 먼저 수사학적 능변(eloquentia)을
강조한다. 교육의 가장 중요한 목적은 학생들이 언어를 유창하
게 구사하는 것이다. 그러나 여기서 말하는 달변은 고대 그리스
의 소피스트들처럼 언어를 유창하게 구사하는 것이 아니라, 언
어를 통하여 참된 인식에 도달하는 것을 말한다. 언어 교육은
여기서 지성 교육의 의미를 지니고 있다.[54] 다음으로 교육에서
강조되는 것은 문헌을 읽는 것(lectio)이다. 교육과 도야는 문헌
을 접하는 것에서부터 시작된다. 문헌을 통하여 학생들은 사물
과 세계에 대하여 올바로 판단하는 것을 배워야 한다. 그리고
그것을 통하여 교육의 목적인 도덕성(virtus)과 인간성(humanitas)
과 경건성(pietas)을 함양하게 된다.[55] 다음으로 모방(imitatio)을
강조한다. 모방을 통하여 학생들은 문헌을 읽은 것을 연습하게
된다. 특히, 키케로 등 유명한 언어학자, 철학자를 모방하는 것
을 중요하게 보았다.[56] 마지막으로 학생들이 획득하고 연습한
언어적 능력을 표현하는 것(declamatio)을 강조하였으며,[57] 수사
학적으로 조리 있고 설득력 있게 표현하는 것이 중시되었다.
  대학 교육과 관련하여, 그는 비텐베르크 대학 교수와 학장을

---

53) *Melanchthons Werke in Auswahl, Bd. 3: Humanistische Schriften*, Hrsg.
   v. Richard Nürnberger, Gerd Mohn, 1961, 69.
54) Karl Hartfelder, *op. cit.*, 332.
55) *Melanchthons Werke in Auswahl, Bd. 3: Humanistische Schriften*, Hrsg.
   v. Richard Nürnberger, Gerd Mohn, 1961, 41.
56) Karl Hartfelder, *op. cit.*, 344.
57) Ibid., 349.

지내면서 대학 교육의 개혁 방안을 만들고 그것을 실현하려고 노력하였다. 그는 첫 번째 개신교 대학인 마르부르크(Marburg) 대학을 설립하는 데 큰 영향을 미쳤다.

이 과정에서 고대 학문을 조직하고 체계화한 아리스토텔레스는 멜란히톤에게 매력적인 인물이었다. 초·중등 교육과 관련하여, 그는 학교제도의 조직자로서 새로운 학교를 만들거나 기존 교육과정을 쇄신하였다. 그는 아이스레벤(Eisleben)에 학교를 세우는 데 중심 역할을 하였고, 라틴어 학교를 대체하며 새로 탄생하는 김나지움의 교육과정을 인본주의적 정신에 따라 조직하였으며, 고대로부터 내려오는 전통적 교육과정을 적극 수용하였다. 또한 그는 수많은 학교 교과서와 교재를 편찬하였다. 그는 교수학자였고, 지식을 체계화하는 학문이론가였으며, 스스로 교사로서 활동하며, 수많은 교사와 교장을 제자로 길러 냈다.

또한, 멜란히톤은 학교제도를 새롭게 조직한 인물로도 유명하다. 그의 학제안은 라틴어 학교, 김나지움, 그리고 대학으로 구성되어 있다.[58] 가정교육을 받은 학생은 3년제 초급 라틴어 학교에 입학한다. 1학년에서는 읽기와 쓰기를 배우고, 다음으로 라틴어 문법을 배운다. 2학년에서는 음악과 문법과 종교를 배운다. 3학년에서는 2학년에서 배운 내용을 심화 학습한다. 초급 라틴어 학교를 졸업한 학생들은 상급 학교인 상급 라틴어 학교 또는 김나지움에 입학한다. 변증법, 수사학, 시학, 수학, 그리스어가 주요 교육과정으로 구성되어 있다. 더불어 키케로의 문헌, 윤리학, 역사 등을 가르친다.

---

58) Ibid., 419-449.

학제의 마지막 단계는 대학이다. 대학은 신학부, 법학부, 의학부, 철학부 등 크게 네 가지 학부로 구성된다. 이 가운데 철학부의 교육과정은 인본주의 교육과정이 중심이 된다. 철학부는 모두 10명의 교수진으로 구성되는데, 히브리어, 그리스어, 시학, 문법, 수사학, 변증법, 물리학, 도덕철학 교수 각 1명, 수학 교수 2명으로 구성된다.

멜란히톤은 자신이 비텐베르크 대학 교수로 부임하면서 한 취임 강연의 내용에 일평생 충실하였다. 그는 기독교와 인본주의를 접목시키는 것을 평생의 과제로 여겼다. 그의 사상에는 인본성과 경건성을 통합하려는 노력이 잘 확인되고 있다. 동시에 기독교의 진리와 인본주의의 이상을 실현하기 위하여 교육과 도야가 매우 중요하다는 점을 강조하였다. 그리고 '독일의 교사'로서 독일 인본주의 교육 이상을 구현하는 데 평생 노력을 기울였다. 멜란히톤과 함께 유럽의 인본주의는 일단 막을 접게 된다. 그러나 독일에서는 이후에도 인본주의가 지속적으로 영향을 미치게 되는데, 그렇게 된 데에는 멜란히톤의 영향력이 크다.

그는 인본주의 정신이 교육에 뿌리를 내리게 하여 지속적으로 영향을 미치도록 하였다. 이후 독일의 교육은 인본주의의 영향 아래 발전하게 된다.

8 후기 인본주의 시대 유럽의 대학

14~16세기 유럽의 정신 세계에 새 바람을 몰고 왔던 인본주의는 학문의 전당인 대학에도 큰 영향을 미쳤다. 중세 시대에 세워진 대학은 당시 스콜라 철학이 지배하고 있었다고 할 수 있다. 중세 가톨릭교회를 정신적으로 지탱하고 있던 스콜라 철학에 대한 인본주의자들의 비판과 함께 이제 대학에서도 새로운 정신 세계가 유입되었다. 인본주의가 대학에 영향을 미친 것은 크게 두 가지 방식에 의하여 이루어졌다. 첫째는 새로운 대학이 인본주의 정신에 따라 건립되는 것이다. 유럽 각국에 수많은 대학이 설립되었다. 둘째는 교육과정이 인본주의 정신에 따라 개편되는 것이다.

인본주의가 유럽의 대학에 영향을 미치고 지배하게 되기까지는 많은 시간이 소요되었다. 그 이전에는 중세 스콜라 철학의 전통과 근세 인본주의 정신이 혼재되는 양상, 즉 과도기적 양상이 전개되었다. 종교개혁이 급격히 진행되고, 유럽이 종교에 따라 분열되면서 대학은 큰 혼란기를 맞기도 하였다. 중세 교육과 근세 교육, 스콜라 철학과 인본주의 철학, 구교와 신교 사이의 갈등은 대학에 그대로 침투되었고, 대학은 정치적이고 교회적인 대립과 투쟁에 직접적인 영향을 받게 되었다.

1. 중세의 대학

중세의 대학은 오늘날처럼 제도화된 모습은 아니었다. 지적 호기심을 갖고 있는 학생들과 그들을 가르치는 교수들의 학문적 공동체였다.[1] 특정 목적을 지닌 최상급 학교였다고 할 수 있다. 그러다가 점차 대학의 모습을 갖추면서 제도화의 길을 걷게 된다. 때문에 언제부터 대학이 설립되었는지 정확한 시기를 추정하기란 쉽지 않다. 대체적으로 1158년 볼로냐 대학이 법학 대학으로 개교하고, 1215년에는 파리 대학이 신학 대학으로 출범한 것으로 알려지고 있다. 볼로냐 대학은 처음으로 '대학(universitas)'이란 명칭이 부여된 대학으로, 이후 설립된 대학의 모범이 되었다. 중세의 대학은 처음에는 단과 대학 형식으로 출발하였으나, 점차 신학, 법학, 의학 등 세 가지 학부 및 교양학부인 철학부를 포함하여 네 가지 학부가 대학의 기본 학부로 정착되게 되었다.

중세가 가톨릭 종교의 지배 아래 있는 신본주의 사회라는 점은, 대학의 여러 학부 가운데 특히 신학부가 중심적인 역할을 하게 하였다. 따라서 신학 대학으로 출범한 파리 대학은 중세 시대와

---

1) Heinrich Denfle, *Die Entstehung der Universitäten des Mittelalters bis 1400*, Graz, 1956, 41.

근세 시대에 가장 영향력 있는 대학으로 이름을 떨치게 되어 유
럽 각지에서 수많은 학생들이 신학을 전공하고자 파리로 모여들
었다. 그 이름에 걸맞게 파리 대학에는 보나벤투라(Bonaventura,
ca.1221~1274), 아퀴나스(Thomas Aquinas, ca. 1225~1274) 등 유명
한 신학자들이 교수로서 재직하고 있었다.

　중세 대학의 학문은 전적으로 문헌학문이라고 할 수 있다. 어
떤 전공을 하던 문헌을 가르치고 공부하는 것이 전부였다. 경험
적인 관찰이나 실험 등의 방법은 거의 찾아보기 힘들었다. 베이
컨(Roger Bacon, ca. 1214~1294), 마그누스(Albertus Magnus, ca.
1193~1280) 등이 경험적인 방법의 중요성을 언급하였으나, 크
게 주목받지는 못하였다. 심지어는 의학도 책을 통해서만 공부
하였다.

　교육방법과 관련해서는 스콜라 철학의 대가인 토머스 아퀴나
스의 교수방법이 모든 대학의 교육방법을 지배하였다. 그는 아
벨라르두스(Petrus Abaelardus, 1079~1142)가 고안한 '예/아니요
(sic et non)' 방법을 스콜라 철학을 공부하는 데 적용하였다. 그
것은 한마디로 교수 중심의 교육방법이라고 말할 수 있다. 교수
는 문헌을 해석해 주고, 학생들은 질문하고, 학생들이 올바른 해
답을 찾도록 도와주는 것이다. 날카로운 사고와 비판적인 관점
은 여기서 요구되지 않았다.

　신학 분야에서 스콜라 철학적 사고는 진리가 하나만 존재한다
는 믿음에 기초하고 있었다. 하나만 존재하는 진리는 다름 아닌
계시의 진리다. 성경이 가르치고 교부들이 해석한 것이 유일한
진리다. 이 진리로부터 다른 모든 것이 연역된다. 인간 오성의
과제는 이 절대적 진리를 깨우치는 것이다. 만약 인간 오성이

발견한 진리가 계시적 진리와 상치될 때는 인간의 오성이 잘못
된 상태에 있는 것이기 때문에, 진리를 발견할 때까지 생각을
바꾸어 다시 노력해야 한다. 신학은 불변의 진리를 탐구하는 학
문이고, 그렇기 때문에 다른 모든 학문보다 우월하였다. 진리를
소유하고 관리하는 교회 역시 교인들이 진리를 찾도록 인도하여
야 하는 과제를 갖고 있으며, 교인들은 교회의 가르침에 절대적
으로 순종하여야 하였다.

볼로냐, 파리, 옥스퍼드, 캠브리지 대학 등 중세에 설립된 대
학은 대체적으로 유사한 형태를 띠고 있었다. 네 가지 학부가
마련된 점, 신학이 중심에 놓여 있던 점, 스콜라 철학이 지배하
였던 점, 교양학부에서 가르치던 철학은 주로 아리스토텔레스
철학으로서 그것은 신학에 봉사하여야 하는 특징을 지녔다는 점
등에서 유사하였다. 여기서 인본주의적 관점을 찾기란 대단히
어려웠다. 단지 오캄(William of Ockham, ca.1285~1349)이 인본주
의 사상이 점차 퍼지기 시작할 때인 14세기 초반 스콜라 철학의
기반을 공격하고, 계시의 진리뿐만 아니라 인간 이성의 진리가
존재 가능하다는 점을 역설한 것은 중세 대학이 새로운 길을 가
도록 하는 데 중요한 착안점을 제공하였다.

2. 동유럽 대학

보헤미아 왕이면서 나중에 황제가 된 카를 4세는 1348년 프라
하에 대학을 건립하였다. 프라하 대학은 인본주의 영향 아래 설
립된 첫 번째 대학이라는 점에서 그 역사적 의미가 크다. 국가

최고 권력자가 대학을 세웠다는 점에서 이제 대학과 학문은 제
국의 유지와 발전에 필수적인 도구로 인식되었고, 이에 필요한
기능을 수행하여야 하였다. 프라하 대학은 신학, 법률학, 의학,
인문교양(liberal arts) 등 네 학부로 구성되었다.

카를 4세는 프라하 대학의 설립 서신에서 대학의 설립 동기
를 제시하고 있다.[2] 첫째는, 교육적인 동기다. 학문이 갖고 있
는 가치, 특히 전 국민의 교육 수준을 높이는 실용적 가치를 강
조하였다. 둘째는, 정치적인 동기다. 제국의 정신적 구심점으로
서 제국을 사상적으로 뒷받침하여 제국을 더욱 공고히 하려는
의도다. 셋째는, 종교적인 동기다. 1344년에 프라하에 대주교청
이 설립되면서 전문 인력이 필요하게 되었기 때문이다. 넷째
는, 행정적인 동기다. 프라하는 보헤미아 왕국의 수도인 동시
에 신성로마제국의 수도였기 때문에 관청에서 일할 행정 관료
가 많이 필요하였다. 마지막으로, 경제적인 동기다. 보헤미아
국민이 이탈리아나 파리에서 공부하지 않고 자국에서 양질의
교육을 받도록 하여 학비 지출을 줄이고자 하였다. 카를 4세
본인이 파리에서 공부하면서 그 필요성을 절실히 느낀 것으로
풀이된다.

프라하 대학은 다른 지역 대학의 설립에 영향을 미친다. 동유
럽 지역에서 주목되는 대학은 폴란드의 크라쿠프(Krakow) 대학
이다. 카시미르 대왕에 의하여 1363년 세워진 크라쿠프 대학은
프라하 대학보다 인본주의 정신에 더욱 충실하게 운영되었다.
크라쿠프 대학의 설립 동기는 프라하 대학과 유사한 점이 많았

---

2) Ibid., 588.

는데, 첫째는 프라하 대학의 영향을 제한하려는 것이었다. 폴란
드의 학문이 인근에 세워진 프라하 대학에 의하여 잠식될 것을
우려하였기 때문이었다. 둘째는 중앙집권적인 국가를 건설하는
데 학문이 기여하기를 희망하였기 때문이었다. 셋째는, 폴란드
학생이 외국에서 공부하는 비용을 절감하려는 경제적인 이유
다. 넷째는, 왕국에서 필요한 행정 관료를 양성하려는 목적에서
였다.[3]

이러한 다면적 목적을 갖고 출범한 크라쿠프 대학은 곧 왕국
의 자랑거리가 되었다. 크라쿠프 대학은 인본주의의 새로운 고
향이 되었으며, 곧 자연과학 분야에서 동유럽에서 가장 영향력
있는 대학으로 성장하였다. 1400년경 크라쿠프 대학은 자연과학
분야의 중심지가 되었고, 특히 수학과 천문학이 유명세를 자랑
하였다. 코페르니쿠스도 이 대학에서 공부하였다. 또한, 인문과
학 분야에서도 자유정신과 개방정신을 강조하며, 역사와 언어
학, 그 가운데 폴란드 언어학을 발전시켜 나갔다. 신학적으로는
정통주의와는 반대되는 반도그마적 종교성을 강조하여 종교개
혁 여파로 정치적 어려움에 처한 유럽 각지의 인본주의자들이
이곳에서 피난처를 제공받으며, 인본주의 이론을 발전시킬 수
있었다.

---

3) Ibid., 628.

3. 독일의 대학

1) 독일 대학의 특징

독일은 이탈리아, 프랑스, 영국과는 달리 중세기에 대학을 건립하지 못하였다. 독일에 대학이 세워진 것은 인본주의 시대에 와서였다. 따라서 인본주의는 독일의 대학에 직접적인 영향을 미쳤다고 볼 수 있다. 인본주의가 독일 대학에 미친 영향은 여러 형태로 나타났다.

첫째는, 프라하 대학을 모태로 하여 독일 각 지역에 대학이 설립된 것이다. 프라하 대학의 민족주의적 설립 동기는 독일 각 지역의 영주들에게 대학 설립의 필요성을 알리게 하였다. 그리하여 1365년 빈(Wien), 1385년 하이델베르크(Heidelberg), 1388년 쾰른(Köln), 1392년 에르푸르트(Erfurt), 1456년 그라이프스발트(Greifswald), 1460년 프라이부르크(Freiburg), 1472년 잉골슈타트(Ingolstadt) 및 트리어(Trier), 1477년 마인츠(Mainz)와 튀빙겐(Tübingen), 1502년 비텐베르크(Wittenberg), 1506년 프랑크푸르트(Frankfurt)에 대학이 설립되었다. 이들 대학들은 프라하 대학과 마찬가지로 중세적인 전통에 신학, 법학, 의학, 그리고 철학의 네 학부가 설치되었다.

둘째, 독일의 대학들은 인본주의가 본격적인 영향을 미치면서 15~16세기에 큰 변혁기를 맞게 되었다. 인본주의는 전체 교육과정에 변화를 가져왔다. 중세 시대에 교회에서 사용하던 라틴어가 비판을 받게 되고, 그 대신에 고대 라틴어가 사용되었다. 그리하여 주요 서적들이 고대 라틴어로 번역되었다. 그리고 점점 더 많은 세속적인 문헌들이 수업에서 활용되었다. 특히, 스콜라 철학에서 활용되던 아리스토텔레스 서적 대신에 인본주의자들이 번역한 텍스트들이 활용되었다. 또한 그리스어가 수업에서 활용되었고, 라틴어와 함께 필수 언어로 가르치게 되었다. 이렇게 하여 중세의 종교적인 학문 전통이 점차 세속화의 길로 접어들게 되었다.

셋째, 이탈리아 인본주의자들이 발견한 새로운 '인간', 즉 자유롭고 주체적인 인간은 새로운 사회를 주도적으로 가꾸어 나갈 새로운 인간 개념이었다. 중세의 전체적이고 수동적인 인간 개념과는 근본적으로 구분되는 개념이다. 이러한 인간 개념은 독일 종교개혁에서 인간의 종교적 주체성과 자유로운 선택 등이 강조되면서 그 중요성이 더욱 부각되었다. 새로운 인간 개념의 발견은 독일의 대학에서 자유정신과 비판정신이 발달할 수 있는 토대를 마련하였다.

넷째, 독일의 대학에서도 고대 그리스와 고대 로마의 텍스트들이 주요 교재로 활용되었다. 그러나 독일 대학은 고대의 지혜와 지식을 단순히 모방하는 차원에서 문헌이 연구되고 학습되는 것에는 비판적이었다. 중세 대학에서 스콜라 철학과 신학적 도그마가 모방되는 데에 비판적인 태도를 취하고 있던 독일의 대학은 독자적이고 비판적이고 생산적인 관점에서 고대 문헌을 대하였던 것이다. 고전에 대한 이러한 새로운 관점은 자연스럽게 새로운 교육 내용과 교재와 교육방법을 창안하도록 이끌었다. 가린(Garin)은 당시의 상황을 다음과 같이 정리하고 있다.

개혁은 생각했던 것보다 훨씬 심도 있게 진행되었다. 기계적인 모

방과 사고훈련에 도움을 주었던 교재들이 고차원의 학문적 수준을
뒷받침하고, 원전을 직접 인용하는 텍스트로 대체되었다. 다른 한편
으로 학생들이 가급적 조기에 고대 그리스 고전가들의 원전을 직접
접하고 연구할 수 있도록 이끄는 것이 중요한 과제로 제시되었다.[4]

다섯째, 세속에 대한 인본주의자들의 관심에 영향을 받아 독
일 대학에서도 인간 세계에 대한 관심이 학문에 영향을 미쳤다.
따라서 언어학과 더불어 자연과학에 대한 관심이 높아지게 되었
다. 교양학부에 있는 철학에는 인문과학뿐만 아니라 자연과학도
포함되었다. 그리하여 독일에서는 1512년에 처음으로 지리학 교
과서가 발간된다.[5]
멜란히톤은 특히 역사 공부의 중요성을 강조하였다. 때문에
그는 역사학을 모든 학문보다 중요시하였다.[6] 인간에 대한 관심
을 인간사에 대한 관심으로 연결시키려는 의도였다. 그는 인간
이 신과 직면하여 있으면서 영원의 세계를 꿈꾸는 신앙적인 존
재인 동시에, '여기'라는 장소와 '오늘'이라는 시간에서 행동해
야 하고 과거를 돌아보며 미래를 계획하여야 하는 역사적 존재
임을 강조하였다.
그에게 있어서 인간은 신앙적 고백(Bekenntnis)과 함께 인간
세계에 대한 인식(Erkenntnis)을 추구하여야 하는 존재였다. 대학

---

4) Eugenio Garin, *Geschichte und Dokumente der abendländischen
   Pädagogik, Bd. 3: Von der Reformation bis John Lock*, Reinbek, 1967, 74.
5) Günther Böhme, *Bildungsgeschichte des europäischen Humanismus*,
   Darmstadt, 1986, 69.
6) *Melanchthons Werke in Auswahl, Bd. 3: Humanistische Schriften*, Hrsg.
   v. Richard Nürnberger, Gerd Mohn, 1961, 39.

은 이러한 현재적 관심사에 응답하여야 하는 과제를 갖고 있다
고 보았다.

2) 하이델베르크 대학

독일의 여러 대학 가운데 인본주의의 영향이 가장 컸던 대학
은 하이델베르크 대학이다. 1456년 7월 15일 인본주의자 루더
(Peter Luder, ca.1415~1472)가 하이델베르크 대학에 교수로 부임
하였다. 그는 하이델베르크에서 시학과 수사학을 가르쳤다. 이
전에 그는 이탈리아에서 유학하면서 인본주의 학문과 더불어 인
본주의적 생활 태도를 갖추고 돌아와 학문과 생활에서 이를 드
러내 보였다.

다음으로 빔펠링(Jakob Wimpheling, 1450~1528)의 영향을 들
수 있다. 그는 프라이부르크와 에르푸르트에서 수학하고 하이델
베르크 대학에서 석사학위를 받은 후 1470년부터 인문교양학부
와 신학부에서 교편을 잡았다. 1483년부터 슈파이어(Speyer) 대
성당에서 설교자로 활동하다가, 1498년 하이델베르크 대학에 돌
아와 수사학과 시학 교수로 재직하였다. 1501년에는 다시 교수
직을 그만두고 슈트라스부르크(Straßburg)와 슐레트슈타트
(Schlettstadt)에서 김나지움을 인본주의 정신에 따라 개편하는 작
업에 몰두하였다. 그는 『논고(Diatriba)』, 『청년기(Adolescentia)』와
같은 교육학 저술을 통하여 교육과 학문의 개혁에 대한 그의 사
상을 펼쳤다. 1500년에 저술된 『청년기』에서 아리스토텔레스의
사상에서 추출한 청소년 심리학을 기초로 도덕적 행위의 규칙들
을 창안해 낸다. 즉, 인간학과 심리학적 기초를 근거로 교육방법

을 제시하였다.[7] 그는 1514년에 저술된 『논고』에서 당시 학문하
는 내용과 방법의 개혁안을 제시하였다. 당시 김나지움이나 대
학에서 사용하던 교재에 오류가 많음을 지적하고, 이탈리아 인
본주의자들이 저술한 책을 교재로 사용할 것을 제안하며, 교육
내용과 교육방법을 개혁할 것을 강조하였다.[8] 빔펠링
(Wimpheling)은 1522년 하이델베르크 대학의 개혁안을 작성하는
데, 개혁안 속에는 철학 수업의 개편, 라틴어와 더불어 그리스어
와 히브리어 수업 도입, 수학 교육의 강화, 신학 강좌의 개편 등
이 포함되어 있었다.

이후 아그리콜라(Rudolph Agricola, 1443~1485)와 함께 하이델
베르크 대학은 최고의 명성을 얻게 된다. 아그리콜라는 에르푸
르트와 루뱅 대학, 그리고 이탈리아의 파비아와 페라라 대학에
서 수학하였다. 1484년 그는 바르비리아누스(Jakob Barbirianus)
에게 보내는 편지에서 하이델베르크 대학의 학업 구조를 개편하
는 내용을 작성하였다. 그는 스콜라 철학을 비판하면서 새로운
학문을 연구하는 방법에 대하여 얘기하였는데, 특히 학문을 대
하는 태도의 변화를 강조하였다. '학문을 연마하여 결심을 얻고
자 하는 사람은 세 가지 점에 유의해야 한다. 그는 먼저 분명하
고 모호하지 않게 자신이 배우는 것을 파악하고 있어야 하며,
자신이 얻은 지식을 확고하게 간수하며, 마지막으로 그것으로부
터 자신에게 유익한 새로운 것을 창출해 낼 수 있는 능력을 소
유해야 한다. 첫째는 주의 깊은 읽기가 요구되고, 둘째는 믿을

7) *Jakob Wimphelings Adolescentia*, Eingeleitet, kommentiert und
   herausgegeben von Otto Herding, München, 1965.
8) Ibid., 140f.

만한 기억이 요구되고, 셋째는 끊임없는 연습이 요구된다.' [9] 이러한 그의 학문 개혁에 대한 생각은 독일의 대학 개혁에 크게 영향을 미치게 되는데, 특히 독일 대학의 개혁에서 큰 공헌을 한 멜란히톤에게 영향을 미치게 된다. [10]

3) 종교개혁과 독일의 대학

인본주의가 독일에 그 영향력을 확대하는 가운데 1517년 루터의 종교개혁이 일어났다. 종교개혁과 신·구교 간의 투쟁은 독일의 대학을 비롯한 독일 사회 전체에 엄청난 변화를 가져왔다. 루터의 종교개혁 이후 독일의 대학은 인본주의보다는 종교개혁의 여파에 더 큰 영향을 받았다. 대학은 신학과 정신 세계의 기둥이었기 때문에, 신교와 구교는 서로 자신들의 입장을 지지해 줄 것을 기대하였다.

독일 대학의 이러한 상태는 독일 인본주의의 대표자라고 할 수 있는 멜란히톤에게서 잘 드러난다. 종교개혁자인 멜란히톤은 종교개혁 이후 대학이 인본주의 교육을 기초로 종교개혁을 지지해야 한다는 입장을 취하였다. 즉, 그는 인본주의 연구와 인본주의 교육이 개혁적 신앙을 지지해야 한다고 생각하였다.

대학과 학문이 종교적 입장에 이바지하여야 한다는 주장들은 곧 현실화되었다. 당시 독일의 종교와 학문은 영주가 결정권한을 가지고 있었다. 영주의 결정에 따라 주민들은 신교 또는 구

---

9) Rudolph Agricola, *Letters*, Edited and translated by Adrie van der Laan & Fokke Akkerman, Tempe, 2002, 211.
10) William Harrison Woodward, *Studies in Education during the Age of the Renaissance 1400-1600*, New York, 1965, 102.

교를 믿게 되었다. 따라서 영주의 결정에 따라 대학의 성격도 결정되었다. 종교개혁을 지지하였던 영주가 다스리는 지역에서 는 주민들이 신교로 개종하여야 하였고, 대학 역시 신교의 대학 으로 변화되어야 하였다. 따라서 종교개혁 이후 독일의 대학은 가톨릭 대학이든가, 루터교 대학이든가, 개혁종교(칼뱅교 등)의 대학이 되어야 했다.

종교개혁은 독일에 대학을 추가로 설치하는 붐을 조성하였다. 그리하여 1527년에는 마르부르크(Marburg)에 개신교 대학이 설 립되었다. 이 대학은 최초의 개신교 대학이라고 볼 수 있다. 1544년에는 쾨니히스베르크(Königsberg)에 개신교 대학이 설립되 었다. 1549년에는 딜링겐(Dillingen)에 가톨릭 대학이 설립되었 고, 1574년에는 헬름슈테트(Helmstedt)에 가톨릭 대학이 설립되 었다.

벤라트(Benrath)는 '대학의 종교개혁은 루터에 의하여 이루어 졌지만, 종교개혁 시대의 대학은 멜란히톤이 주도하여 이루어졌 다.'고 말하였다.[11] 이 말과 같이 종교개혁은 루터가 주도하였으 나, 당시 독일의 대학을 개혁하는 데 주도적으로 참여한 사람은 멜란히톤이다. 멜란히톤은 당시 독일의 대학을 인본주의적·교 육적 관점에서 개혁하였다. 때문에 '독일의 교사'라는 칭호를 갖 고 있는 멜란히톤은 1518년 비텐베르크 대학 교수로 취임하였 다. 이때부터 그는 대학 개혁의 필요성을 강조하고, 1523(1524)년 학장으로 취임하면서 본격적으로 대학 개혁을 추진하였다. 그와

---

11) Gustav Adolf Benrath, "Die deutsche evangelische Universität der Reformation", Hellmuth Rössler, Günther Franx (Hrsg.), *Universität und Gelehrtenstand 1400–1800*, Limberg, 1970, 69.

함께 비텐베르크 대학은 독일 개신교 대학의 모범이 되었다.

비텐베르크 대학 교수 취임 강연에서 멜란히톤은 학생들에게 아는 것에 적극적인 모험을 할 것을 권유하였다. 그리고 언어학과 정신과학이 다시 태어난 것을 설파하였다. 언어에 심취하는 것이 정신을 성숙시키고 자유로움을 만끽하게 하며, 도덕적 인격과 성숙한 오성을 가져다줄 것임을 알렸다.[12] 이 강연에서 그는 대학 개혁 사상을 피력하였다. 먼저 중세의 스콜라 철학을 비판하고, 아리스토텔레스 철학을 학문, 특히 신학의 기초로 삼는 것을 비판하였다. 그는 아리스토텔레스를 배척함으로써 스콜라 철학에 오염된 대학과 신학을 정화하려고 하였다.

아리스토텔레스가 빠진 공간을 새로운 학문 체계가 채워야 했는데, 인본주의적 학문이 새로운 학문의 공통적 기반으로서 그 자리를 차지하였다. 문법, 수사학, 논리학 등 인본주의 학문이 새로운 개신교 신학과 학문의 기초로 수용되었다. 이와 관련하여 멜란히톤은 비텐베르크에서 '모든 종류의 학문 연구에서 언어 교과가 반드시 필요한 이유에 대하여'라는 주제로 강연을 하기도 하였다.[13]

초기 이탈리아 인본주의자들이 주창한 '고대로, 원전으로 돌아가자!'라는 원칙을 멜란히톤 역시 충실하게 따랐다. 그는 고전과 원전에 충실한 연구를 할 것을 강조하였다. 원전에 충실한 연구는 모든 학문에서 적용되어야 하고, 신학 역시 성경이라는 원전에 충실할 것을 강조하였고, 성경 없는 신학은 아무것도 아

---

12) *Melanchthons Werke in Auswahl, Bd. 3: Humanistische Schriften*, Hrsg. v. Richard Nürnberger, Gerd Mohn, 1961, 42.

13) Hans Scheibe, *Melanchthon*, München, 1997, 36.

니라고 생각하였다.[14] 루터 역시 사람들이 성경을 읽도록 이끌
것을 강조하였으며, 개신교 신학은 말씀의 신학이요, 언어의 신
학이고, 예배의 중심에 성경의 해석이 놓이게 되면서 개신교에
서 인본주의 학문은 필수적인 것이 되었다.

이렇게 하여 독일의 학문과 대학에서 인본주의는 종교개혁 여
파와 함께 그 가치와 중요성이 훨씬 부각되었다고 볼 수 있다.
인본주의는 교육적 이상에서 머무는 것이 아니라, 대학의 개혁
과 교회의 개혁이라는 실용적 목적에서 반드시 필요한 것으로
인정되고 수용되었다. 그리하여 종교개혁 이념과 인본주의적 이
념은 자연스럽게 연합되게 되었다.

4. 프랑스의 대학

프랑스의 파리 대학은 이탈리아의 볼로냐 대학과 함께 중세의
대표적인 대학이었다. 볼로냐 대학이 법학이 중심이었다면, 파
리 대학은 신학이 중심이었기 때문에, 중세 가톨릭교회가 지배
하는 사회에서 그 중요성은 볼로냐 대학보다 더 강조되었다고
할 수 있다. 파리 대학은 오랫동안 신학 분야에서 최고의 권위
를 자랑하고 있었다.

중세 권력이 크게 교회 권력(Sacerdotium)과 세속 권력(Imperium)
과 학문 권력(Studium)으로 나뉜다면, 교회 권력은 로마가 있었던
이탈리아가 차지하고 있었고, 세속 권력은 황제가 있었던 독일이

---

14) *Melanchthons Werke in Auswahl, Bd. 3: Humanistische Schriften*, Hrsg.
v. Richard Nürnberger, Gerd Mohn, 1961, 3042.

차지하고 있었고, 학문 권력은 파리 대학을 소유하고 있는 프랑
스가 차지하고 있었다고 해도 과언이 아니다. 그만큼 파리 대학
이 차지하는 의미는 대단히 컸다. 교회 투쟁 과정에서 신학적
판단이 필요할 때 많은 사람이 파리 대학을 주시할 정도로, 파
리 대학은 재판관 역할을 담당하였다. 이렇게 파리 대학은 오랫
동안 서양 대학의 모범으로서 영향력을 행사하였다.

그러나 인본주의의 물결은 프랑스 대학에도 영향을 미쳤다. 인
본주의의 영향은 크게 두 가지로 나타났는데, 첫째는 독일과 같
이 새로운 대학이 설립된 것이다. 1409년 엑스(Aix), 1421년 포이
티어(Poitiers), 1423년 돌(Dôle), 1436년 캔(Cæn), 1451년 보르도
(Bordeaux), 1452년 발렌스(Valence), 1461년 낭트(Nantes), 1463년
보흐즈(Bourges)에 대학이 설립되었다.

둘째로, 이러한 신설 대학들에 인본주의의 물결이 15세기 중
엽부터 밀려들어오기 시작하였다. 처음에 프랑스 대학들은 인본
주의와 종교개혁의 영향을 물리치려고 애를 썼다. 파리 대학이
사실상 중세 스콜라 철학의 중심지였기 때문이기도 하고, 다른
한편으로는 가톨릭 세력이 강한 프랑스에서는 종교개혁에 대하
여 비판적이었기 때문이다. 그래서 종교적 갈등과 투쟁의 시기
에도 스콜라 철학을 완전히 배척하지 않았다. 그러다가 인본주
의자인 라무스(Petrus Ramus)와 라블레(François Rabelais)의 노력
으로 점차 인본주의가 프랑스 대학에 영향을 미치게 된다. 특
히, 프랑스 왕 프랑스와 1세의 개방적 태도로 인하여 프랑스 대
학에도 인본주의적 교재와 교육 내용이 유입된다.

5. 영국의 대학

종교개혁의 여파가 대학에 큰 영향을 미친 독일과는 달리, 영국에서는 종교개혁운동이 대학에 별다른 영향을 미치지 못하였다. 인본주의와 종교개혁의 영향 아래 독일에서 많은 대학이 설립된 것과는 달리, 영국에서는 이미 중세 시대에 설립된 옥스퍼드와 캠브리지 외에 새로운 대학은 설립되지 않았다. 인본주의의 영향은 영국의 양대 산맥인 옥스퍼드와 캠브리지가 아니라, 새로운 형태의 칼리지(College)의 설립을 가져왔다.

1517년에 설치된 그리스도 칼리지(Corpus Christi College)는 인본주의의 영향을 확인할 수 있는 대학이었다. 이미 설립 당시부터 인본주의의 영향 아래 키케로의 수사학, 오비드와 버질의 작품들이 교재로 사용되었다. 15세기에 이탈리아에서 유학한 학자들이 인본주의 문헌을 영국으로 가져왔고, 이와 함께 인본주의가 대학 교재에도 영향을 미치게 된 것이다.

그러다가 헨리 8세의 개혁 정책에 의하여 대학에 변화가 일어나게 되었다. 1535년 캠브리지에서 교회법 연구 및 스콜라 철학 연구가 폐지되었다. 대신 성경 연구가 새로이 도입되고, 아리스토텔레스 논리학은 인본주의 철학의 기초로서만 가르쳐졌다. 더불어 그리스어, 라틴어, 히브리어, 수학 공부가 장려되었다. 이렇게 하여 중세기적 교육과정이 폐지되었다. 옥스퍼드 역시 인본주의의 영향에서 벗어나기 어려웠다. 그리하여 16세기 말경 영국의 대학은 완전히 인본주의의 영향 아래 놓이게 되었다.

9 후기 유럽 인본주의 교육의 특징과 문제점

1. 인본주의 교육사상의 특징

1) 기독교적 인본주의 교육

중세의 교육을 한마디로 표현하면, 기독교 교육이라고 할 수 있다. 가톨릭교회와 기독교 신앙이 인간의 정신 세계를 지배하면서, 기독교인의 양성 또는 가톨릭 사제의 양성이 교육의 핵심을 차지하였다. 신본주의 사회에서 신을 알고, 신의 명령과 교회의 지침대로 살도록 이끄는 기독교 교육은 당면한 사회적 요청이었다.

이러한 상황에서 인본주의라는 새로운 이념을 주창하고 나온 인본주의자들이 희망한 것은 새로운 시대에 걸맞은 새로운 교육이었다. 세속적 언어를 가르치는 교육, 세속적 세계를 가르치는 교육, 세속적 덕목을 가르치는 교육을 강조하였다. 그러나 기독교 교육을 거부한 것은 아니었다. 그들은 도그마에 빠진 중세 가톨릭교회의 가르침을 비판하였으나, 기독교 신앙의 근본적인

정신을 거부한 것은 아니었다. 오히려 교육을 중시한 그들은 종
교 교육과 기독교 교육을 중요하게 생각하였다.

페트라르카, 브루니, 구아리노, 알베르티 등 대부분의 초기 인
본주의자들은 인본주의 교육과 기독교 교육을 대립되는 개념으
로 이해하지 않았다. 유럽의 인본주의 교육사상가들 역시 기독
교적 인본주의 교육을 강조하였다. 네덜란드의 에라스무스, 스
페인의 비베스, 영국의 모루스, 독일의 멜란히톤 등 대표적인 인
본주의자들은 기독교 진리에 기초한 인본주의 교육사상을 전개
하였다.

인본주의자들은 '인간성(humanum)'과 '경건성(pietas)'의 조화
를 추구하였고, 동시에 '인본주의 연구(studia humanitatis)'와 '경
건성 연구(studia pietatis)'를 서로 연결하려고 노력하였다.[1] 많은
인본주의자들에게 있어서 기독교는 객관적인 선포로서보다는
주관적인 체험으로 다가왔다. 때문에 그들에게는 제도로서의 교
회, 그리고 독단화된 교리가 큰 의미가 없었다. 그들에게는 교
리보다는 복음이 훨씬 설득력이 높았다. 예수 그리스도의 산상
복음을 그들은 높이 평가하였다. 그곳에서 인본주의자들은 세상
의 구원의 메시지를 접할 수 있었다. 산상복음은 교리가 아니라
기독교적 사고와 행동에 대한 가르침이었다. 즉, 윤리적 가르침
이었다. 따라서 인본주의자들은 기독교 윤리를 근간으로 하는
도덕철학에 깊은 관심을 갖게 되었다. 인간의 이성을 바탕으로

---

1) August Buck, "Christlicher Humanismus in Italien", *Renaissance-Reformation. Gegensätze und Gemeinsamkeiten*, Hrsg. v. August Buck, Wiesbaden, 1984, 23.

하는 인식과 그것을 기초로 행동하는 도덕적인 삶에 관심을 표명한 것이다.

기독교와 인본주의를 통합하려는 시도에서 에라스무스의 노력은 대표적인 사례다. 에라스무스 사상의 핵심은 기독교와 인본주의를 통합하는 것이다. 인본주의가 인간의 존엄성과 자유를 회복하는 것에 관심을 두고 개인의 자유와 이성을 중요시하였다면, 기독교는 경건한 삶을 강조한다. 서로 다른 가치를 지향하는 것처럼 보이는 기독교와 인본주의는, 에라스무스에게서는 모순과 대립의 관계에 있지 않았다. 그는 기독교 복음이라는 것은 하나님의 최고의 계시인 동시에 인본주의 휴머니즘 사상의 핵심이라고 보았다. 자유의 이념 역시 인본주의자들에게는 인간 삶의 최고의 원칙인 동시에 기독교적 인간 이해의 기초라고 보았다.

이로부터 그는 교육의 근본적인 과제를 인간성과 종교성(경건성)의 통합에서 찾고 있다. 즉, 후마니타스(humanitas)와 피에타스(pietas)를 교육의 핵심 개념으로 제시하였다.[2] 자유와 이성을 특징으로 하는 후마니타스와 신앙과 경건을 특징으로 하는 피에타스를 인간 삶의 궁극적 목적이요, 교육의 이상으로 설정하였다.

이러한 교육의 과제는 세 가지 통로를 통해 실현될 수 있다고 보았는데, 경건 교육, 인간 교육, 언어 교육이 그것이다.

---

2) Rudolf Padberg, *Personaler Humanismus: Das Bildungsverständnis des Erasmus von Rotterdam und seine Bedeutung für die Gegenwart*, Paderborn, 1964, 102-120.

2) 인간 교육

기독교와의 밀접한 관련성 및 기독교적 특성에도 불구하고 인본주의는 근본적으로 인간이 중심이 되는 새로운 정신 이념이요, 인본주의 교육은 그러한 정신 이념을 구현하기 위한 교육이다. 인본주의자들은 비록 기독교와의 관련성을 강조하기는 하였으나, 그들은 신보다는 인간에 보다 큰 관심을 기울였고, 그러한 노력의 결과로 인간을 새롭게 인식하게 된다.

인간은 더 이상 종교적 세계관 내에서 신과의 관련성 속에서 이해되지 않고, 독립된 개체로서 이해되었다. 인간을 인간적 가치와 존엄성을 지닌 개별적 존재로, 주체적 존재로 새롭게 이해하게 된 것이다.

르네상스 시대 새로운 인간 이해의 단초를 제공한 쿠사누스(Cusanus)는 인간을 이성적 · 주체적 · 창조적인 존재로 이해하였다. 인본주의 교육의 선구자인 페트라르카 역시 인간을 주체적 · 언어적 · 도구적 존재로 새롭게 규정하고, 그러한 인간을 키우기 위하여 교육과 도야가 중요하다고 보았다. 피치노(Ficino)는 우주의 중심에 있는 인간이 영혼을 소유한 존재로서 자유롭고 독자적인 활동을 통하여 자연을 관리하고 그것을 창조하는 능력을 소유하고 있다고 보았다. 피코(Pico) 역시 인간이 더 이상 신에 의하여 결정되지 않는, 자유롭고 존엄한 존재로 이해하였다.

에라스무스는 인간을 인간 그 자체로 이해함으로써 신과의 관련성 속에서만 인간의 존재 가치를 찾는 중세적 이해를 거부하였다.[3] 그에게 있어서 인간의 삶이란 신적이고 초자연적인 것이

아니라 자연적인 것이며, 자연적인 것은 인간의 고유한 특성이
요 선한 것이다. 그것은 중세 시대에 이해된 것과 같이 악의 세
계, 저주의 세계, 사탄의 세계에 속한 것이 아니다. 자연성은 창
조 당시 신이 인간에게 부여한 '배아'와 같은 것이다. 그는 인
간이 창조될 때 신의 모습(Imago Dei)에 따라 창조되었다고 보았
다.[4] 따라서 창조 당시 인간의 모습, 즉 인간의 자연성은 선한
것이다. 신이 부여한 선한 모습으로 인해 인간은 자신과 자신의
삶에 대한 긍정적인 이해를 갖게 되고, 완전과 완성을 향해 자
신을 끊임없이 개선시키는 존재가 되었다.

그는 인간을 동물로부터 구별되게 하는 가장 본질적인 특징을
이성이라고 보았다. 이성은 인간을 인간이 되게 하는 지적이고
영적이며, 실용적인 힘이라고 주장하였다.[5] 선과 악을 판단하는
기준으로서의 역할을 하기 때문에 이성은 인간 안의 신적인 것
이라고 생각하였다.

인본주의 시대의 새로운 인간 이해는 새로운 교육을 요청하였
다. 인본주의자들은 크게 세 가지 이념에 따라 교육하는 것을
강조하였다.

첫째, 인간을 자유롭게 만드는 자유 교육을 강조하였다. 인본
주의자들은 중세 가톨릭교회의 권력 아래 도그마에 사로잡혀 있

3) Bernhard Groethuysen, *Philosophische Anthropologie*, München, Berlin, 1928, 185.
4) Josef Sellmair, *Humanitas Christiana: Geschichte des christlichen Humanismus*, München, 1948, 306.
5) Desiderius Erasmus, *Enchiridion militis christiani. Handbüchlein eines christlichen Streiters*, übersetzt u. eingel. v. W. Welzig, Darmstadt, 1968, 133.

는 상태에서 인간이 자유롭게 되는 것이 필요하다고 보았다. 인
간의 존엄성과 가치와 자유정신을 강조하였다. 고대의 발견과
더불어 인본주의자들은 고대 그리스 사람들의 자유 교육 이상을
추구하였고, 인간적 교양을 갖춘 자유인을 길러 내고자 하였다.
인간적 교양을 갖춘 자유롭고 자신이 넘치고, 고대 언어와 시문
학에 능통한 달변가를 키우는 것을 교육 이상으로 삼았다.

둘째, 인간성의 완성을 궁극적 교육 이념으로 제시하였다. 인
본주의자들이 궁극적으로 추구한 것은 인간의 존엄성과 가치가
완전히 실현되어 이상적인 인간이 형성되고, 이상적인 사회가
건설되는 것이었다. 인간성의 완성을 통한 이상적인 인간을 형
성하기 위해서는 교육과 도야가 필수적이다. 인본주의자들은 교
육과 도야를 통하여 인간이 이성적 도야인이 될 수 있다는 신념
을 갖고 있었다.

셋째, 도덕성을 인간이 추구하여야 할 근본적인 과제로 보고,
도덕적인 존재로 키우는 도덕 교육을 강조하였다. 그들은 키케
로와 세네카 등 도덕성의 완성을 강조한 고대 로마의 전통을 계
승하여 도덕 교육을 매우 중요하게 취급하였다. 그리하여 궁극
적으로 인간성의 완성과 도덕성의 완성을 같은 개념으로 이해하
였다.

교육방법 면에서 르네상스 인본주의 교육은 새로운 지평을 열
었다. 근세 이전의 중세 교육방법은 엄한 훈육과 훈련, 비인간
적인 취급, 그리고 체벌이 중심을 이루었다. 이 점은 근세 인본
주의자들에게 심한 비판을 받게 된다. 각 개인의 존엄성과 가치
를 인정하고 인간의 자연성을 존중하였던 인본주의자들에게 있
어서 교육방법의 핵심 원칙은 어린이와 학생들을 인간적으로 대

우해 주는 것이었다. 그들은 엄한 훈육에서 벗어나 자연스럽고 온화한 교육, 즐겁고 놀이가 강조되는 수업, 어린이의 영혼을 이해하고 그들의 이해 능력을 고려하는 수업을 강조하였다. 인본주의자들의 이와 같은 교육방법 이해는 17세기 이후 자연주의 교육방법에 큰 영향을 미치게 된다.

3) 언어 교육

언어 교육은 인본주의 교육의 핵심이다. 인간의 교육과 도야는 언어를 매개로 하여 가능하다고 보고, 언어를 가르치는 것을 강조하였다. 인본주의자들은 고전어인 그리스어와 라틴어를 중요시하였다. 그 이유는 고대 그리스와 고대 로마가 그들이 이상으로 여기는 사상의 원천이고, 그들의 사상을 익히기 위해서는 그들이 사용하던 언어를 배우는 것이 필수적이었기 때문이다. 특히 라틴어는 인본주의 교육과정의 가장 중심에 놓이게 되었다. 대표적인 중등교육기관이었던 라틴어 학교에서 학생들은 거의 대부분의 시간을 고대 언어, 그 가운데 특히 라틴어를 배우는 데 보냈다.

언어는 인본주의자들에게 있어서 두 가지 의미를 지니고 있었다. 언어는 한편으로, 도구적·매체적 의미를 지니고 있었다. 고대 사상을 이해하고 전달하는 통로가 언어였다. 다른 한편으로는 인본주의자들은 언어가 인간을 도야하는 기능을 갖고 있음을 파악하였다. 세계를 파악하고, 역사를 이해하고, 인본주의적 가치관을 형성하는 통로가 고전어라고 생각하였다.

2. 인본주의 교육의 문제점

근세 역사에서 인본주의가 차지하는 혁명적이고 긍정적인 의
미에도 불구하고, 인본주의 교육은 부정적인 측면을 낳기도 하
였다. 인본주의 교육의 한계라고 표현할 수도 있는 문제점을 살
펴보면 다음과 같다.

첫째, 인본주의 교육은 인간 정신을 도야하기 위한 수단으로
언어 교육을 강조하였다. 이러한 점은 자연스럽게 언어의 대상
인 사물 또는 실제에 대하여 소홀히 하는 결과를 낳았다. 고대
그리스로부터 내려오는 7자유 교과목은 기본적으로 중요시되었
으나, 사물의 실제에 관한 4내용 과목(Quadrivium)보다는 언어가
중심이 되는 3형식 과목(Trivium)이 강조되었다. 즉, 인간 세계의
사물, 실제, 대상에 대하여 소홀히 하는 결과를 가져왔다. 정신
세계와 언어를 강조하다 보니 자연 세계와 사물을 소홀히 하였
다고 볼 수 있다. 물론, 일부 인본주의자들은 언어의 형식주의
에 빠지지 않기 위하여 언어(verba)와 언어가 표현하는 대상인
사물(res)과의 관련성을 강조하기도 하였다. 예를 들어, 브루니
는 도야(eruditio)는 언어에 대한 지식(peritia litterarum)인 동시에
사물에 관한 과학적 지식(scientia rerum)이라고 말하였다.[6] 이탈
리아의 살루타티, 영국의 엘리엇(Elyot), 스페인의 비베스, 프랑
스의 라블레, 몽테뉴 등 대표적인 인본주의자들이 지나친 언어
주의 교육을 비판하고 리얼리즘 교육을 강조하기도 하였다. 그

---

6) Leonardo Bruni, "De studiis et literis", William Harrison Woodward,
   Vittorino da Feltre and Other Humanist Educators, New York, 1963, 123f.

러나 대부분의 경우, 언어에 대한 지나친 관심에 빠져 사물 세
계는 이차적인 관심 대상이 되었다.

　둘째, 대상과 사물이 없는 언어 교육은 자연스럽게 형식주의
에 치우치게 만들었다. 고대의 정신과 사상을 받아들이려는 목
적으로 고전어와 고전 문학을 강조하였던 인본주의 교육은 시간
이 지나면서 지나치게 고대 언어에 집착하고 언어의 형식에만
치우쳐 교육과 도야는 소홀히 하였고, 실제 삶과도 유리된 결과
를 낳았다. 인간의 완전성을 추구하고 인간성의 실현을 목적으
로 하는 매체로서 언어와 언어 교육이, 점차 언어를 위한 언어
교육으로 변질되어 갔다. 이러한 경향은 여러 사람에 의해 언어
주의, 형식주의라고 비판받게 되었다.[7] 특히, 키케로가 라틴어
를 구사하는 데 있어서 완벽한 모범이라고 보고, 키케로를 모방
하고 따라하려는 키케로주의(Ciceronianism)가 만연하였다.[8]

　셋째, 인본주의자들이 추구한 것은 유능한 직업인보다는 뛰어
난 예술인과 도야인이었다. 정신적 · 언어적 도야, 사교성, 수사
학적인 달변이 그러한 인간 이상을 대변하였다. 이러한 점들에
서 우리는 르네상스 인본주의자들의 삶의 이상이 상류 지식 계
급의 전유물적인 성격을 지니고 있었음을 알 수 있다. 부유한
시민을 중심으로 펼쳐진 르네상스운동과 인본주의 교육은 새로
운 계층 구조를 낳았다. 인본주의자들은 라틴어와 현학적인 지
식에 흠뻑 빠져 고전어를 자신의 현학을 자랑하는 도구로 인식
하기도 하였다. 당시 고전어는 일반 국민이 접할 수 없는 식자

---

7) Herwig Blankertz, *Die Geschichte der Pädagogik*, Wetzlar, 1992, 31f.
8) Paul Monroe, *A Brief Course in the History of Education*, New York,
　1934, 172.

층의 언어였기 때문에, 대중과 괴리되는 현상을 낳을 수밖에 없었다. 그들은 고전어를 생활 용어로 사용하였고, 모국어를 경시하였으며, 모국어를 사용하는 평민에 대하여 우월감을 갖게 되었다. 중세 봉건적인 계층 사회가 르네상스 시대에 마감되고, 그 자리에 교육받은 계층과 교육받지 못한 계층이란 새로운 계층 개념이 탄생하였다. 평민들이 사용하는 모국어에 대한 경시 풍조는, 곧 평민 대중을 위한 국민 교육 또는 평민 교육을 소홀히 하는 결과를 가져왔다.

이 때문에 인본주의자들은 이러한 경향에 빠지는 것을 경계하기도 하였다. 살루타티는 당시의 현학적인 경향을 경계하고, 언어와 언어 교육의 참된 의미에 충실할 것을 충고하였다. 모루스, 몽테뉴 등 여러 인본주의자들 역시 현학주의적인 경향을 비판하고, 속세적 인본주의에 깊은 관심을 표명하기도 하였다.

제 **4**장

인본주의 교육사상의
교육사적 의미

14~16세기에 걸쳐 이탈리아와 전 유럽을 풍미하였던 인본주의 교육사조는 유럽 교육 패러다임을 전환하는 데 결정적인 기여를 하였다. 인본주의 교육사조는 인간에 대한 이해, 교육 목적, 교육 내용, 교육 방법 등 교육 분야 전 영역에서 새로운 지평을 열었다. 인본주의자들은 인간에 대한 새로운 이해를 바탕으로, 인간 교육과 언어 교육이 핵심이 되는 새로운 교육 프로그램을 제시하였다.

16세기 말 인본주의가 쇠퇴한 이후 유럽에서는 다양한 교육사조가 형성되었다. 17세기에는 리얼리즘, 18세기에는 계몽주의 · 자연주의 교육, 19세기에는 신인본주의 교육 등이 그것이다. 르네상스 인본주의는 이후 전개되는 다양한 교육사상적 흐름의 모태 역할을 하게 되는데, 여기서는 인본주의가 교육의 역사에서 차지하고 있는 의미에 대해 살펴본다.

1 르네상스 인본주의와 17세기 리얼리즘 교육사조

1. 리얼리즘 교육의 특징

17세기 리얼리즘 교육의 과제는 르네상스 인본주의 시대의 풍부한 언어적 지식을 바탕으로 도야된 완전한 교양인이 아니라, 자연적이고 사회적인 환경 속에서 사물 관련성을 통찰할 수 있는 지혜인, 즉 실제적 삶에서 유능한 인물을 키우는 것이었다.[1] 삶과의 관련성 속에서 '실제성'과 '실용성'이 핵심적 교육 과제로 등장하였다.[2]

이러한 과제를 성취하기 위하여 리얼리즘 교육사상가들은 사물 관련 교과목을 교육과정의 중심적 위치에 설정한다. 자연 세계에 대한 관심을 바탕으로 자연과 사회의 모든 사물, 모든 현

---

1) Herwig Blankertz, *Die Geschichte der Pädagogik*, Wetzlar, 1992, 32.
2) 김창환, 17세기 서구 리얼리즘 교육사상의 역사적 배경과 특징, 한국교육, 제25권, 제2호, 1998, 19.

상을 학습하는 것에 관심을 기울이며, 전통적인 4내용 과목
(Quadrivium, 천문, 기하, 음악, 산수) 외에도 자연학, 광학, 천문학,
지리학, 연대학, 역사학, 가정학, 정치학 등 자연 사물과 관련된
교과목을 교육 내용으로 도입하였다. 다음으로, 삶과 관련된 실
용적인 교육 내용을 강조하였다. 라틴어와 그리스어 등 전통적
인 언어보다는 프랑스어 같은 현대 언어와 수학, 지리, 연대학,
역사 등 삶에 도움이 되는 교과목과 춤, 음악, 펜싱, 승마, 여행,
수공업 등 실용적인 교육 내용을 가르칠 것을 강조하였다.[3]

17세기는 교육방법의 세기라고 불릴 만큼 방법에 대한 관심이
극대화되었다.[4] 리얼리즘 교육사상가들은 자연의 원리를 기초
로 하는 '자연주의 교육방법'을 강조하였다. 자연주의 교육방법
이란 강제적이고 인위적인 것을 동원하지 않고 자연의 원리에
맡기는 소극적인 교육을 말한다. 또한 어린이의 심리적인 특성,
자연적 성장, 발전 과정에 따라 교육이 이루어지는 것을 의미하
며, 자연이 부여한 어린이의 소질을 키워 주는 교육을 의미한
다. 그러한 소질은 마치 씨앗과 같이 어린이에게 가능성으로 주
어진다.[5] 리얼리즘 교육사상가들은 그러한 가능성을 최대한 실
현하도록 돕는 것을 교육의 과제로 보았다.

다음으로, 어린이의 감각을 기초로 하는 '감각주의 교육방법'
이다. 리얼리즘 교육학자들은 어린이가 사물을 파악하는 것이나
말을 배우는 데 있어 직접 보고 만져 보는 것이 매우 중요하다

---

3) 김창환, 윗글, 19-20.
4) 김창환, 윗글, 20.
5) Johann Amos Comenius, *Grosse Didaktik*, übersetzt u. Hrsg. v. A.
   Flitner, Düsseldorf, 1960, 38.

고 보았다. 어린이들은 단지 이름을 듣거나 말로 설명하는 것만
으로는 사물의 특징이 분명하게 머릿속에 떠오르지 않지만 사물
자체를 보여 주고, 가리키고, 그리고 난 후 명명하게 되면 사물
의 특성을 훨씬 쉽게 파악한다고 보았다.

마지막으로, 관찰과 탐구와 경험을 기초로 하는 교육방법이다.
리얼리즘 교육학자들은 사실적이고 유용한 지식이 참된 지식이
라고 주장하며, 그러한 지식은 자연현상에 대한 연구에서 나와야
한다고 보았다. 즉, 관찰과 탐구와 실험은 지식에 도달하는 중요
한 방법이다. 이 점은 학교 교육방법에도 큰 영향을 미쳤다. 사물
그 자체를 알게 하고 설명은 나중에 하는 것, 경험을 기초로 하는
교육, 실험을 통한 학습 등이 그것이다. 특히, 로크는 철학과 교
육학의 핵심 개념을 '경험'이라고 보고, 경험을 기초로 하는 교
육을 강조하였다. 그는 인식이 외적 경험인 감각(sensation)과 내
적 경험인 반성(reflexion)이 복합되어 일어난다고 주장하며, 어린
이들이 일찍부터 유용한 경험을 쌓을 수 있도록 연습하고 습관화
시키는 것이 그의 일평생의 삶을 좌우한다고 보았다.[6]

2. 인본주의와의 관련성

17세기 리얼리즘 교육은, 인본주의 교육을 비판하면서 자신의
특성을 분명히 하였지만, 다른 한편으로는 인본주의의 영향 아
래 발전하였다. 그리고 동시에 인본주의 교육의 장점을 계승하

---

6) John Locke, *Gedanken über die Erziehung*, Bad Heilbrunn, 1962.

고 있다는 점에서 역사적 의미를 찾을 수 있다.

　교육 내용과 관련하여 리얼리즘 교육학자들이 강조한 '사물(res)'은 이미 일부 인본주의자들이 제시한 개념이다. 언어(verba)에 대한 지나친 강조 때문에 그 중요성이 부각되지는 않았다 하더라도, 여러 인본주의자들이 편파적인 언어 교육을 비판하고 사물 교육을 병행할 것을 강조하였다. 즉, 언어 교육과 관련된 3형식 과목(Trivium)과 사물 교육과 관련된 4내용 과목(Quadrivium)의 조화를 강조하였다고 볼 수 있다.

　스페인의 비베스는 언어 교육과 더불어 7자유 교과의 4내용 과목인 자연 및 자연과학 교과를 강조하였다. 특히, 수학 교과를 강조하였다. 또한 그는 자연을 탐구하는 방법으로 관찰과 실험을 강조하기도 하였다. 프랑스의 라블레 역시 고대 언어(그리스어, 라틴어, 히브리어, 아랍어), 7자유 교과 가운데 4내용 과목(지리학, 수학, 음악, 천문학), 시민법, 철학, 자연학, 그리고 성경을 주요 교육과정으로 제시하였다. 몽테뉴의 생각에서는 리얼리즘적 사고의 극치를 발견하게 된다. 그는 교육의 중요 원칙을 '삶과의 관련성'에서 찾고, 당시의 지식주의 교육을 반대하고 덕과 삶의 지혜를 강조하였다. '삶과의 관련성'이란 교육 원칙을 바탕으로 삶과 관련된 모든 것, 삶의 세계 전체를 교육 내용으로 보았다. 이렇게 볼 때, 17세기 리얼리즘 교육의 핵심 교육과정이 정착되는 데에 있어서 인본주의자들이 이미 그 단초를 제공하였다고 볼 수 있다.

　교육방법과 관련하여 리얼리즘 교육방법 가운데 '자연'의 원리에 따르는 교육은 이미 인본주의자들이 제시하였던 것이다. 인간 교육을 강조하였던 인본주의자들은 인간인 어린이의 특성

에 대하여 깊은 관심을 가졌고, 어른과는 다른 그들의 고유한
특성을 이미 파악하고 제시하였다. 그리고 그것을 교육방법에
적용하여 어린이의 자연성에 기초한 교육을 실시할 것을 강조하
였다.

특히, 에라스무스의 사상은 교육방법에서 혁신적인 변화를 가
져오는 기초가 되었다. 에라스무스는 '자연'을 교육방법의 핵심
개념으로 수용하였으며, 자연의 원리에 따라 교육이 이루어져야
됨을 강조하였다. 동물이나 식물의 존재와 성장에서 확인되는
자연적 특성이 어린이의 자연성 또는 자연적 소질을 계발하는
데에 적용할 수 있다고 본 것이다. 그는 자연의 원리에 따라 어
린이의 이해 능력에 맞는 교육이 행해져야 하고, 무리하게 어
려운 교육을 시키는 것을 반대하였다. 그리고 학습이 강제적으
로 이루어져서는 안 되고, 어린이가 학습에 흥미를 느끼고 애
정을 가질 뿐만 아니라 교사의 지도를 거역하는 것을 스스로
부끄럽게 느낄 수 있도록 이끄는 것이 중요하다고 보았다. 또
한, 자연의 원리에 따라 적기에 적합한 교육을 시행하는 것을
강조하였다. 인간의 지적·도덕적 발달을 고려하여 '적합한 시
기에 배울 때 사람들은 가장 쉽게 배운다.'[7]고 보았다.

요약하면, 17세기 리얼리즘 교육의 핵심 개념이라고 할 수 있
는 '사물', '삶', '자연', 그리고 핵심 교육 원리라고 할 수 있는
사물 세계 중심의 교육, 삶과 관련된 교육, 자연의 원리에 따르

---

7) Desiderius Erasmus, "Über die Notwendigkeit einer frühzeitigen
allgemeinen Charakter-und Geistesbildung der Kinder", *Eramus von
Rotterdam. Ausgewählte pädagogische Schriften*, Besorgt v. Anton J. Gail,
Paderborn, 1963, 155.

는 교육 등은 이미 인본주의 교육사상가들에 의하여 발견된 것
이었다고 평가할 수 있다.

코메니우스, 로크 등 리얼리즘 교육사상가들은 언어 중심의
인본주의 교육을 비판하면서, 다른 한편으로는 사물 세계를 강
조하는 인본주의자들의 사상을 발전적으로 계승하였다고 볼 수
있다.

2 르네상스 인본주의와 18세기 계몽주의 교육사조

1. 계몽주의 교육의 특징

계몽주의는 18세기 유럽의 사상적 흐름을 말한다. 계몽이란 칸트의 표현에 의하면 '인간 스스로의 잘못에 의해 빚어진 미성숙성으로부터 탈출하는 것'이다.[1] 즉, 계몽이란 인간의 삶에서 무지몽매, 편견, 미신 등을 제거하고 깨우치게 하는 것을 말한다. 깊이 있고 명석하게 사고하는 이성을 바탕으로 올바른 판단을 하고 살아가는 것이 강조되었던 시대적 흐름이 계몽주의다. 전통과 권위에 도움을 빌기보다는 인간의 이성적 능력에 대한 신뢰가 컸던 시대가 계몽주의 시대다. 계몽주의 시대의 주체는 '계몽된 개인', '계몽된 시민'이었다. 17세기 절대 왕정하의 귀족과 궁정 문화는 이제 더 이상 힘을 발휘하지 못하게 되었으

---

1) Immanuel Kant, "Was ist Aufklärung?" (1784), *Immanuel Kant. Werke*, hrsg. v. E. Cassirer, Berlin, 1921-23, Bd. 4, 169.

며, 그 자리에 시민사회와 시민문화가 들어서게 되었다. 시민들이 새로운 정치, 경제, 사회, 문화의 주체가 되어 그들의 삶을 표현하며, 시민문화가 정착되었다.

계몽이란 단어가 뜻하는 바와 같이 전 국민을 대상으로 하는 깨우침은 시대적 과제였다. 당시의 지식인, 문필가, 시인, 목사 등 정신적 엘리트들은 일반 국민을 깨우치는 것을 시대적 사명으로 여겼다. 그들은 자신들을 일차적으로 인류의 교육자로 여겼다. 그 당시 쓰였던 대부분의 계몽주의 저술은 곧 교육서였다. 따라서 '일반 국민 교육' 이념은 계몽주의 시대 전체를 꿰뚫는 특징이었다. 이러한 온 국민의 교육적 관심 때문에 18세기를 '교육의 세기'라 부르기도 한다. 계몽주의 시대는 모든 인간이 교육을 통해 정신적으로 성숙하고 발전할 수 있다는 생각이 지배하였던 시기다. 계몽주의 시대 교육의 특성은 크게 두 가지로 정리할 수 있다.

첫째는 합리주의 교육이다. 계몽주의자들에게 있어서 인간의 이성에 대한 신뢰는 절대적인 것으로, 사실상 신과 같은 것이었다. 그들은 모든 문제를 이성의 힘으로 해결하려 하였다. 따라서 계몽주의 교육의 핵심은 인간의 이성을 일깨우고 올바로 사용하도록 하는 데 모아졌다. 계몽주의 교육은 모든 사람이 자신이 소유하고 있는 이성을 바탕으로 합리적인 판단을 내리고, 자율적이고 자유롭게 살아가도록 교육하는 것이었다. 인간의 이성을 깨우침으로써 궁극적으로 인간을 구속하는 모든 속박에서 인간을 해방시키고, 자유와 행복과 진보를 추구하고 합리적인 사회를 건설하고자 하였다.

둘째는 자연주의 교육이다. 인간의 이성에 대한 신뢰는 모든 비이성적이고 비합리적인 것을 배척하는 것으로 드러났다. 당시 문명 사회의 부패와 타락을 지적하고, 특히 불평등한 사회를 불합리한 것으로 받아들이고 그것을 개혁하고자 하였던 계몽주의자들은 자연적인 질서에 순응하는 것이 이성의 이치에도 부합하는 것으로 받아들였다. 자연의 빛에 비추어 볼 때 인간은 본래 자유롭고 평등한 존재며, 따라서 당시의 계층 사회는 자연의 질서를 거역하는 잘못된 인위적인 사회 구조로 파악하였다. 자연적인 것은 곧 이성에 의해 요청된 것이었다.

이 점은 교육에도 영향을 미쳐 자연의 질서에 순응하는 교육의 필요성을 낳았다. 인위적인 것을 비이성적이고 불합리한 것으로 파악하였던 계몽주의자들은 교육에서도 인위적이고 전통적인 교육을 비판하고, 어린이들의 자연성에 기초한 교육을 강조하였다. 기존 사회의 부도덕과 불합리에서 탈피하여 어린이의 자연적인 소질과 능력을 키워 주고, 자연스러운 방법으로 교육하는 것이 이제 새로운 교육방법으로 제시되었다.

2. 인본주의와의 관련성

계몽주의와 계몽주의 교육은 정신사적으로 볼 때, 인본주의의 직접적인 영향 아래 있다고 볼 수 있다. 인간의 이성에 대한 신뢰, 그것을 기초로 사회를 개선하고자 하는 노력, 교육에 대한 믿음 등에서 인본주의의 직접적인 영향을 확인할 수 있다.

인본주의자들은 중세 신본주의 사회에서 벗어나 인간이 중심이 되는 사회를 열어 간 사상가들이다. 그들은 인간의 이성에 대한 깊은 신뢰를 갖고 있었고, 그것을 기초로 새로운 사회, 문화, 예술, 학문을 건설하고자 하였다. 그러한 생각을 다른 사람들에게 전파하는 것을 사명으로 생각하였고, 그러한 노력을 통하여 인간이 중심이 되는 새로운 정신 세계와 사회를 건설하였다. 한마디로 표현하면, 인본주의 사상가들은 18세기의 계몽주의자들과 크게 다를 바가 없었다. 이렇게 볼 때, 인본주의와 계몽주의는 인간의 이성을 신뢰하고, 그것을 기초로 새로운 사회를 만들어 가는 노력을 기울였다는 점에서 사상적으로 거의 일치한다고 볼 수 있다.

특히, 페트라르카, 모루스 등과 같은 인본주의자들은 대중의 계몽과 교육에 깊은 관심을 표명하였다. 그들은 지식 계급뿐만 아니라 대중이 교육을 통하여 계몽되고, 주체적이고 창의적인 존재로 살아가는 것에 깊은 관심을 갖고 이를 위해 노력하였다. 이러한 인본주의를 '속세적 인본주의'라고 표현한다. 이러한 점은 일반 대중의 계몽에 관심을 기울였던 18세기 계몽주의자들의 생각과 거의 일치한다고 평가할 수 있다.

르네상스 시대의 인본주의자들은 모두 새로운 사회의 건설을 위해서는 교육이 가장 중요한 수단이라고 생각하였다. 때문에 그들은 교육과 도야를 강조하고, 그것의 실현 가능성에 대하여 다양한 처방을 내놓았다. 인본주의와 교육은 뗄 수 없는 관계였다. 한편, 계몽주의자들에게 있어서도 교육은 필수적인 것이었다. 계몽이란 곧 교육을 통하여 가능한 것이었기 때문이다. 따라서 계몽주의자들은 다른 말로 교사라고 칭할 수 있다. 이렇게 볼 때, 교육의 중요성을 알고, 그것의 실현 가능성을 모색하였다는 점에서 인본주의와 계몽주의는 유사성을 지니고 있다.

　18세기 교육의 가장 중요한 특징이라고 할 수 있는 자연주의 교육은, 이미 인본주의자들이 그 착점을 제공하였다는 점에서 인본주의의 영향을 확인할 수 있다. 자연주의 교육은 인간의 본성과 인간의 이성에 대한 신뢰를 기초로 하고 있다. 인간의 본성을 잘 계발시키는 것이 교육의 과제요, 그것을 통하여 인간과 세계의 개선이 가능하다고 보았기 때문이다.

　이러한 자연주의 교육은 인본주의 교육사조에서 시작하여, 리얼리즘 교육사조를 거쳐서 계몽주의자들에 의하여 발전적으로 계승되었다.

3 르네상스 인본주의와 19세기 신인본주의 교육사조

'신인본주의'는 18세기 말부터 19세기 초반까지 독일을 중심으로 전개된 교육사조다. 멜란히톤 이후 고대 사상가와 인본주의에 대한 연구는 독일에서 완전히 사라진 것은 아니었다. 17세기에 자연과학이 급속히 발달하면서 그 자취가 약화된 것은 분명하였지만, 명맥만은 유지되고 있었다. 그러다가 18세기 정신과학이 부흥하면서 인본주의는 다시금 관심사로 부각된다. 페트라르카 시대와 같이 고대 사상가와 문헌에 대한 연구가 다시 활기를 띠기 시작하였다.

그러나 이번에는 바질이나 키케로와 같은 고대 로마 사상가가 아니라 호머, 소포클레스, 헤로도투스, 플라톤과 같은 고대 그리스 사상가들이 관심 대상으로 떠올랐다. 빙켈만(Winckelmann)의 표현대로 '고귀한 소박함과 침묵의 위대성'[1]을 지닌 고대 그리

---

1) Rudolf Pfeiffer, *Die Klassische Philologie von Petrarca bis Mommsen*, München, 1982, 207.

스가 주 관심 대상이 되었다.

용어상 '신인본주의(New Humanism)'는 '인본주의(Humanism)'를 계승한다는 의미를 지니고 있다. 인본주의를 수용하여 그것을 발전시키는 것이 과제였다. 인본주의자들이 강조한 고대에 대한 관심과 고대 언어를 재강조하면서, 그것을 발전적으로 이해하고 의미를 부여하는 것이 주요 관심사였다. 따라서 신인본주의는 인본주의로부터 직접적인 영향을 받았다고 볼 수 있다.

먼저 신인본주의 교육사상가들을 살펴보고, 그 특징을 고찰하도록 한다.

1. 신인본주의 교육사상가

신인본주의 교육사조는 주로 독일을 중심으로 영향력을 행사하였다. 고전 연구를 바탕으로 교육적 의미를 찾으려고 노력한 첫 번째 교육학자는 게스너(Johann Matthias Gesner, 1691~1761)였다. 그는 로트(Roth)에서 태어나 예나(Jena) 대학에서 공부하고, 바이마르(Weimar)와 라이프치히에서 교사와 학교장으로 근무하였다. 그는 17세기 독일 경건주의 풍토에서 쇠퇴하였던 인본주의 학문, 즉 고전 연구를 다시 교육과정으로 회복시켰다. 1734년 그는 괴팅겐 대학 교수로 초빙받았다. 게스너는 『학교교육제도 개선(Vorschläge von Verbesserung des Schulwesens)』 등 여러 편의 글을 통해 교육사상을 펼쳤다. 그는 여기서 16세기 인본주의자들처럼 학자들을 위한 교육과정을 제시하지 않고, 모든 사람이 시민적인 삶을 위해서 필요한 교육과정이 중요하다는 점

을 역설하였고,[2] 단계별 교육과정을 제시하였다. 가장 낮은 단
계에서는 모국어, 읽기, 쓰기, 셈하기, 음악, 미술, 사회, 자연,
종교와 도덕, 두 번째 단계에서는 독일어, 프랑스어, 라틴어, 지
리, 역사, 수학, 자연과학, 예술, 세 번째 단계에서는 그리스어,
역사, 수학, 종교, 철학을 가르칠 것을 주장하였다.[3] 이러한 그
의 생각은 1737년 브란덴부르크 학교법에 영향을 미친다.

여기서 우리는 게스너가 학자 중심의 인본주의 교육과 언어
중심의 인본주의 교육을 비판하고, 모든 사람을 대상으로 하는
교육과 언어 교육과 사물 교육의 조화를 추구하고 있는 점을 확
인할 수 있다.

게스너 다음으로는 에르네스티(Johann August Ernesti, 1707~1781)
를 들 수 있다. 그는 게스너가 라이프치히의 토머스(Thomas) 학교
에서 학교장으로 재직하였을 때, 교사로 함께 근무하였던 인물이
다. 그리고 게스너가 괴팅겐 대학 교수로 초빙받았을 때 토머스
(Thomas) 학교의 학교장으로 임명되었고, 1742년부터 라이프치히
대학 교수로 재직하였다. 에르네스티 역시 게스너와 마찬가지로
학교 교육법에 영향을 미쳤고, 새로운 교육과정안을 제시하였다.
그는 교육과정에서 언어를 매우 중요시하였다. 라틴어와 그리스
어와 히브리어를 3대 고전어로서, 그리고 프랑스어, 이탈리아어,
영어를 현대어로서 교육과정에 담을 것을 제안하였다. 언어 교
육 다음으로는 역사, 지리, 수사학, 철학, 수학을 교육 내용으로

2) Willy Moog, *Geschichte der Pädagogik, 3. Band: Die Pädagogik der
Neuzeit vom 18. Jahrhundert bis zur Gegenwart*, Hrsg. v. Franz-Josef
Holtkemper, Ratingen, 1967, 148.
3) Ibid., 148f.

제안하였다.[4] 에르네스티는 특히 언어 교육의 목적을 분명히 하
였는데, 이를 세 가지로 제시하였다. 즉, 첫째는 글을 이해하고
해석하기 위해서이고, 둘째는 말하고 쓰는 것을 통하여 통찰과
심미성을 얻는 것이고, 셋째는 언어를 배우는 것을 통하여 일상
생활에서 유용한 것을 배우는 것이다.[5] 언어 교육의 목적이 단
순히 언어를 이해하고 활용하는 것에서 더 나아가 사물 세계에
대한 인식과 정신적 도야, 그리고 실생활에서의 유용한 활용에
있음을 강조하였다.

에르네스티의 제자인 하이네(Christian Gottlob Heyne, 1729~1812)
는 1763년 게스너의 후임으로 괴팅겐 대학 교수로 초빙받았다.
그는 1780년 『일펠트 왕립교육기관 설립에 대한 소식(Nachricht
von der gegenwärtigen Einrichtung des Kgl. Pädagogii zu Ilfeld)』이
라는 글에서 언어와 문법을 강조하는 언어학에서 탈피하여 내용
이 강조되는 언어학을 강조하였다. 언어 교육이 그 자체에 목적
이 있는 것이 아니라 실제적 가치를 가져야 하는데, 특히 정신
도야에 기여하여야 한다고 보았다. '언어는 단순히 언어로 머무
는 것이 아니라 사물과 관련을 맺어야 하는데, 우리는 고대 사상
가들의 글에서 수많은 통찰, 판단, 역사적이고 철학적인 자료,
도덕적 원칙, 세속적 지혜, 그리고 경험을 수집할 수 있다.'[6] 이
렇게 하이네는 언어 교육이 인간의 정신을 각성시키고 발전시키
는 데 중요한 수단이라는 점을 강조하였다.

그는 고대 그리스어와 그리스 문화를 강조하여 독일 인본주의

4) Ibid., 150f.
5) Ibid., 150.
6) Ibid., 153.

3. 르네상스 인본주의와 19세기 신인본주의 교육사조 **375**

가 고대 로마보다는 고대 그리스 연구에 몰두하게 하는 데 초석
을 놓았다. '그리스어에 대한 지식 없이는 라틴어를 충실히 이
해하는 것이 매우 어렵고 힘들 뿐만 아니라 그 지식을 완전하게
신뢰하는 것을 불가능하게 만든다.'[7]

신인본주의 교육사조의 초석을 놓은 사람은 빙켈만(Johann
Joachim Winckelmann, 1717~1768)이다. 그는 베를린 근처 슈텐달
(Stendal)에서 태어났다. 할레(Halle), 예나(Jena), 드레스덴(Dresden)
대학에서 수학한 후, 1755년 로마로 가서 그리스 예술을 배웠다.
그의 첫 번째 저술은 『미술과 조형예술에서 그리스 작품을 모방
하는 것에 대하여(Gedanken über die Nachahmung der griechischen
Werke in der Malerei und Bildhauerkunst)』이다. 그는 여기서 "우리
가 위대하고도 탁월하게 되는 유일한 길은 고대를 모방하는 것
이다."라고 말하였다.[8] 이 글에서 그는 서구 정신 세계와 예술
세계의 근원으로서 고대 그리스를 예찬하고, 인간의 정신 세계와
예술 세계를 풍부하게 하는 원천으로서 적극 모방할 것을 강조
하였다. 그는 고대 그리스 문헌과 예술을 접하고 모방함으로써
새로운 학문과 예술이 창조될 수 있다고 생각하였다. 14~15세기
이탈리아 인본주의자들이 고대 로마의 발견을 통하여 인본주의
를 재생하려 하던 시도는, 빙켈만의 눈에 의하면 충분하지 않은
노력이었다. 이제 그는 서구 정신 세계의 근원인 고대 그리스의
전통을 계승함으로써 완전한 인본주의를 실현하는 것이 가능하

---

7) Ibid., 153.
8) Johann Joachim Winckelmann, *Gedanken über die Nachahmung der
   griechischen Werke in der Malerei und Bildhauerkunst*, Baden-Baden,
   1962, 3.

다고 보았다.

후세 사상가들에 의하여 빙켈만은 매우 높게 평가되었다. 헤르더(Herder)는 새로운 인본주의를 발전시키는 데 있어서 빙켈만의 작품을 '아마도 가장 영혼이 풍부한 서적'이라고 극찬하였다.[9] 괴테(Goethe) 역시 1805년 빙켈만의 글을 편집하여 『빙켈만과 그의 세계(Winckelmann und sein Jahrhundert)』라는 제목으로 책을 출간하면서, 18세기 독일 예술과 문화에 크게 기여한 빙켈만을 칭송하고 있다.[10]

빙켈만은 역사가로서도 유명하였다. 그는 1764년 『고대 예술의 역사(Die Geschichte der Kynst des Altertums)』라는 책을 저술하였는데, 이 저술은 전 유럽에서 높은 평가를 받았다. 이 저술에서 그는 이집트, 페르시아, 그리스, 로마 등 고대 예술을 서술하고 있는데, 특히 고대 그리스 예술의 탁월성을 잘 드러내고 있다. 파이퍼(Pfeiffer)는 신인본주의를 평가하면서 빙켈만은 창조자요, 괴테는 완성자요, 훔볼트(Humboldt)는 언어학, 역사학, 교육학 이론가로서 자리매김하였다고 평하였다.[11]

빙켈만이 고대 그리스를 재발견한 점은 많은 추종자들을 낳는 결과를 가져왔다. 그 가운데 또 한 명의 위대한 사상가가 나타났는데, 바로 볼프(Friedrich August Wolf, 1759~1824)였다. 볼프는 하인로데(Hainrode)에서 태어났다. 1777년 괴팅겐 대학에 입학하여 인본주의자 하이네(Heyne)의 강의를 들었다. 그는 여기서 호

---

9) Rudolf Pfeiffer, op. cit., 210.
10) Johann Wolfgang Goethe. Sämtliche Werke(Münchner Ausgabe), Hrsg. v. Karl Richter, Bd. 6.2, München, 1988, 195f.
11) Rudolf Pfeiffer, op. cit., 209.

머와 플라톤을 연구하였고, 1785년에는 괴팅겐 대학 강사로서 일
리아스에 대하여 강의하였는데, 언어학을 역사언어학으로 이해
하였다. 1795년 그는 『호머 입문(Prolegomena ad Homerum)』이라
는 책을 저술하였는데, 이 책으로 인하여 유럽에서 높은 명성을
얻게 된다. 또 이 책으로 인하여 호머 역시 유럽에서 가장 자주
거론되는 시인이 되었다. 1807년에는 『개념, 범위, 목적 및 가치
적 측면에서 본 고대학 서술(Darstellung der Altertumswissenschaft
nach Begriff, Umfang, Zweck und Wert)』이라는 저술을 발표하였
는데, 여기서 고대 그리스에 대한 연구를 총칭하여 '고대학
(Altertumswissenschaft)'이라는 용어를 사용하였고, 고대학 연구를
고귀한 가치가 있는 역사언어학으로 제시하였다. 이렇게 하여
그리스에 대한 연구가 하나의 학문 분야로 인정되는 계기를 마
련하였다.[12]

　볼프의 고대학은 교육에서도 고전의 중요성을 재확인시켜 줌
으로써 큰 영향을 미치게 된다. 볼프는 고대에 대한 역사적 연
구와 고대 언어를 공부하는 것을 통하여, 그리고 고대 문헌을
공부하는 것을 통하여 정신과 감정의 조화로운 도야가 가능하다
는 확신을 갖고 있었다. 그는 인간 교육의 기초를 고대에서 얻
을 수 있다고 보았다. '고대 그리스에서만 참되고 완전한 인격
을 갖춘 국민과 국가의 모습을 발견할 수 있다.'[13] 참된 인간성
과 인격 도야의 가능성을 고대 그리스에서 찾은 것이다. 그리고

---

12) Ibid., 217.
13) August Buck, *Humanismus: Seine europäische Entwicklung in
Dokumenten und Darstellungen*, Freiburg, 1987, 377.

그러한 인간 도야를 위한 통로는 언어, 특히 고대 그리스 언어였다. '인간 정신의 창조물인 언어는 우리 사고의 이념과 형태를 저장하고 있다. 그러한 이념과 형태는 우수한 민족의 문화를 통하여 획득되었다.' [14] 여기서 우리는 고대 그리스 언어와 작품들이 인간의 조화로운 도야와 인간성 완성의 기초가 된다는 신인본주의의 핵심 사상을 확인할 수 있다. 볼프와 함께 계몽주의 시대의 실용주의적인 사고는 힘을 잃게 되고, 신인본주의적 사고가 확산되는 계기를 맞게 된다. 특히, 독일의 김나지움의 교육 목적과 교육 내용을 결정하는 데 크게 영향을 미치게 된다. 1809년 요아킴스탈러(Joachimsthaler) 김나지움의 감독관으로서 볼프는 김나지움 교육과정안을 제시한다. 그는 최상급 3학년의 교육과정을 라틴어 9시간, 그리스어 5시간, 역사(고고학, 신화, 문학사 포함) 4시간으로 하여 고대학과 관련된 시간을 주당 18시간으로 구성하고, 독일어 3시간, 프랑스어 3시간, 지리 2시간, 수학 2시간, 자연과학 1시간, 종교 1시간으로 구성할 것을 제안하였다. [15] 고대학과 언어가 강조되는 인본주의적 교육과정안의 특성을 확인할 수 있다.

헤르더(Johann Gottlieb Herder, 1744~1803)와 함께 인본성 도야(Humanitätsbildung)라는 사고는 정점을 이룬다. 헤르더는 쾨니히스베르크 대학에서 칸트에게서 철학을 배웠다. 1763년부터 교사

---

14) Ibid., 378.
15) Friedrich Paulsen, *Geschichte des gelehrten Unterrichts auf den deutschen Schulen und Universitäten vom Ausgang des Mittelalters bis zur Gegenwart mit besonderer Rücksicht auf den klassischen Unterricht*, Bd. 2, Berlin, ³1921, 223.

로 근무하다가, 1776년 바이마르 시의 교육감이 되어 교육현장
에 영향을 미치게 된다. 헤르더 역시 신인본주의자로서 고대의
정신 세계를 배울 것을 강조하였다. 그에게 그것은 단순히 모방
하는 차원이 아니라, 도야적인 의미가 부여되었다. 그는 고대의
정신 세계에서 인본성의 이념을 도출해 내고, 그것을 독일 교육
의 이상으로 설정하였다. "나는 인본성(Humanität)의 개념이 많은
것을 포함하고 있다고 생각한다. 그것은 인간을 이성과 자유로
이끌고, 섬세한 감각과 열정에로 이끌고, 부드러우면서도 강건한
건강에로 이끌고, 이 세상을 이해하는 것에로 이끄는 고귀한 도
야를 의미한다."[16] 헤르더는 이러한 이념을 바탕으로 학교가 학
문과 언어와 예술을 가르치는 공간이어야 한다고 주장하였다.[17]
학교는 유용한 지식을 가르치는 데 매달리기보다는 학생의 인간
성을 함양하는 학문을 가르쳐야 한다는 것이다. "아름다운 학문
이란 우리를 인간으로 만들고 인간으로 형성하는 학문을 말한
다."[18] 아름다운 학문으로서 고전어는 여기서 "모든 고귀하고, 선
하고, 아름다운 것의 원천이요 모범"으로서 높이 평가되었다.[19]

---

16) Johann Gottfried Herder, "Ideen zur Philosophie der Geschichte der
   Menschheit", Johann Gottfried Herder, *Humanität und Erziehung*,
   besorgt von Clemens Menze, Paderborn, 1961, 105.
17) Johann Gottfried Herder, "Von Notwendigkeit und Nutzen der Schulen",
   Johann Gottfried Herder, *Humanität und Erziehung*, besorgt von
   Clemens Menze, Paderborn, 1961, 147.
18) Johann Gottfried Herder, "Vom Begriff der schönen Wissenschaften",
   *Johann Gottfried Herder. Werke in zehn Bänden, Bd. 9/2: Journal
   meiner Reise im Jahr 1769. Pädagogische Schriften*, Hrsg. v. Rainer
   Wisbert, Frankfurt, 1997, 453.
19) Ibid., 458.

헤르더가 생각한 인간성 교육은 일반 도야를 말한다. 그는 직업 교육에 앞서 인간의 인간성을 도야하는 것이 우선한다고 보았다. "우리는 직업 전문인이기에 앞서 인간이다. ……우리가 인간으로서 알고 배운 것은 국가적 목적을 위한 것이라기보다는 우리 자신을 위한 것이다."[20] 도야된 인간은 인간성을 성취한 인간이요, '인간성(Humanität)이란 참된 인간 이성과 참된 인간 오성과 순수한 인간적 감정'을 소유한 인간의 특성을 의미한다.[21] 그리고 "인간성에로, 인간성을 위하여 우리의 정신과 마음이 도야되어야 하고, 우리를 그렇게 도야되게 하는 것이 인본주의 연구(studium humanitatis)다."[22]라고 말하였다.

신인본주의 교육사조의 대표자는 홈볼트(Wilhelm von Humboldt, 1767~1835)다. 그는 인본주의 이념에 따라 조화롭게 도야된 고대 그리스 열광자였다. 홈볼트는 괴팅겐 대학 재학 시절 신인본주의자 하이네(Heyne)의 언어학을 들었고, 1792년에는 볼프(Wolf)를 알게 되었다. 그는 1792년 저술한 『국가의 영향을 제한하려는 시도에 대한 생각(Ideen zu einem Versuch, die Grenzen der Wirksamkeit des Staates zu bestimmen)』에서 국가의 과제는 '인간의 능력 전체

---

20) Johann Gottfried Herder, "Vom Zweck einer eingeführten Schulverbesserung", *Johann Gottfried Herder. Werke in zehn Bänden, Bd. 9/2: Journal meiner Reise im Jahr, 1769. Pädagogische Schriften,* Hrsg. v. Rainer Wisbert, Frankfurt, 1997, 544.

21) Johann Gottfried Herder, "Vom echten Begriff der schönen Wissenschaft und von ihrem Umfang unter den Schulstudien", *Johann Gottfried Herder. Werke in zehn Bänden, Bd. 9/2: Journal meiner Reise im Jahr, 1769. Pädagogische Schriften,* Hrsg. v. Rainer Wisbert, Frankfurt, 1997, 588.

22) Ibid., 591.

를 최고로 그리고 조화롭게 도야하도록 조건을 만드는 것'이라고
말하였다.[23] 여기서 '인간 능력의 조화로운 도야'라는 신인본주
의 교육 이념이 일목요연하게 제시되고 있다. 또한 『쾨니히스베
르크 학교계획안(Der Königsberger Schulplan)』이란 글에서 그는
'인간의 모든 능력을 완전하게 개발하는 것'을 학교의 과제로 제
시하였다.[24]

홈볼트는 이러한 인간 도야의 모범을 고대 그리스에서 찾을
수 있다고 보았다. 1793년에 쓴 『고대, 특히 그리스를 연구하는
것에 대하여(Über das Studium des Altertums und des Griechischen
besonders)』란 글에서 그는 "그리스적인 성격에서 우리는 인류 최
초의, 그리고 최고의 숭고한 인격을 발견할 수 있다. 그리스 문필
가들이 묘사하는 인간은 최고로 단순하고 위대하면서도 아름다
운 인간의 모습이다. 그러한 인간의 모습을 공부하는 것은 모든
시대, 모든 장소를 막론하고 인간의 도야를 위하여 매우 바람직
한 것이다."라고 말하였다.[25]

여기서 우리는 홈볼트가 고대 그리스를 예찬하는 것과 더불어
언어 교육의 참 의미에 대하여 얘기하고 있는 것을 확인하게 된
다. 그는 언어 교육은 단순히 언어적 지식이나 인식에 목적이 있
는 것이 아니라, 인간의 정신 도야와 인격 도야에 있다는 점을 강
조하였다.

---

23) Wilhelm von Humboldt, *Bildung und Sprache. Eine Auswahl aus seinen Schriften*, besorgt von Clemens Menze, Paderborn, 1959, 142.
24) Ibid., 104.
25) Ibid., 142f.

2. 신인본주의 교육사조의 특징

앞의 신인본주의 교육사상가들을 고찰하면서, 우리는 신인본
주의 교육사상의 특징을 확인할 수 있다. 19세기 신인본주의 시
대 교육적 특징은 조화로운 전인 교육, 언어 교육, 인간 교육 등
크게 세 가지로 정리할 수 있다. 언어 교육과 인간 교육을 강조
함으로써 르네상스 인본주의 교육사상을 발전적으로 계승하고
있음을 확인하게 된다.

첫째, 신인본주의 교육사상가들은 이성의 계발에만 관심을 기
울인 계몽주의 시대의 교육을 비판하고, 인간의 신체적 · 지적 ·
도덕적 · 영적 차원의 여러 면을 조화롭게 계발하는 것이 중요하
다고 보았다. 인간의 이성, 감정, 신체 등 다면적인 도야에 대한
생각은 인간의 자연성에 대한 긍정적인 평가와 인간에 대한 낙
관적이고 이상적인 생각을 뒷받침하고 있다. 당시 사람들은 인
간이 선천적으로 조화롭게 구성되어 있기 때문에, 조화로운 발
달은 인간의 본질과 관련된 것으로 그다지 어렵지 않게 달성될
수 있다고 보았다. 특히 훔볼트는 인간의 여러 능력을 조화롭게
계발하는 것이 전인 교육의 핵심임을 강조하였다.

둘째, 신인본주의 교육사상가들은 언어 교육을 강조하였다.
인간 능력의 조화롭고 완전한 도야에 대한 생각은 고대 그리스
에서 그 모범을 찾을 수 있었다. 때문에 신인본주의자들은 고대
그리스와 그리스 언어에 다시 관심을 기울이고 언어 교육을 강
조하게 되었다. 그러나 그들은 르네상스 인본주의자들처럼 순수
언어적인 관심보다는 교육적인 관심에서 고대 그리스와 그리스

언어를 이해하였다. 즉, 고대 작품, 고대 정신과 접하면서 고대 그리스로부터 배울 수 있는 것이 언어가 아니라, 참된 인간성이고 이것에서 인간 도야의 가능성을 찾는 것이다.

셋째, 신인본주의 교육사상가들은 인간 교육을 강조하였다. 18세기 계몽주의 시대의 교육이 추구하던 이상은 각 직업 분야에서 유능한 시민을 양성하는 것이었다. 신분에 맞는 직업 교육을 통하여 사회가 필요로 하는 유능한 직업인을 양성하는 것이 교육의 관건이었다. 19세기 신인본주의 교육사상가들은 이러한 신분 특수적인 직업 교육 이전에 모든 사람을 인간으로 키우는 인간 교육이 중요하다고 보았다. 시민, 의사, 수공업자, 농민이 아니라, 그것에 앞서 인간으로 교육되어야 한다는 것이다. 인간으로 도야된 사람들이 또한 직업인으로서 사회와 국가에 봉사할 수 있다고 보았다. 여기서 교육의 가치가 외적인 차원에서 내적인 차원으로 전환되었음을 확인할 수 있다. 그리고 인간 교육과 인간 도야가 최우선 가치로 강조되고 있음을 확인하게 된다.

참고문헌

고진호(1999). 인문주의 교육의 지식이론 검토: 지식의 정당화 이론에 대한 비판과 재조명을 중심으로. 동국대학교 학생생활연구, (9), 77-90.

김명신(1996). 에라스무스. 연세대학교 교육철학연구회 (편). 위대한 교육사상가들 I: 고대에서 근대 초기까지. 서울: 교육과학사, 273-305.

김창환(1998). 17세기 서구 리얼리즘 교육사상의 역사적 배경과 특징. 한국교육, 25(2), 1-31.

김창환(1998). 몽테뉴. 오인탁 (편). 위대한 교육사상가들 II. 서울: 교육과학사, 1-19.

나일수(1998). 르네상스 인문학의 성격과 한계. 서울대학교 박사학위 논문.

나일수(1999). 르네상스 인문학이 현대 인문교육에 주는 시사. 교육학연구, 37(1), 19-28.

박봉목(1990). 르네상스 휴머니즘과 교육. 르네상스 휴머니즘의 현대적 의의, 230-293. 영남대학교출판부.

신차균(1987). 르네상스기의 교육이론과 자유교육의 전통. 국민대 교육논총, (6), 69-94.

양금희(1996). 마틴 루터. 연세대학교 교육철학연구회 (편). 위대한 교육사상가들 I: 고대에서 근대 초기까지, 339-389. 서울: 교육과학사.

양금희(1996). 존 칼뱅. 연세대학교 교육철학연구회 (편). 위대한 교육사상가들 I: 고대에서 근대 초기까지, 391-441. 서울: 교육과학사.

윌리암 보이드 저, 이홍우, 박재문, 유한구 공역(1994). 서양교육사. 서울: 교육과학사.

유형진(1981). 인본주의와 교육. 한국교육학회 교육사철학연구회 (편),
현대교육철학의 제 문제, 127-145. 서울: 세영사.
이상오(1996). 필립 멜랑히톤. 연세대학교 교육철학연구회 (편), 위대한
교육사상가들 I: 고대에서 근대 초기까지, 307-337. 서울: 교육과
학사.
정호표(1998). 르네상스와 인문주의 교육. 서울대학교 교육연구소
(편). 교육학대사전, 1111-1120.
정혜영(1996). 로욜라의 이냐시오. 연세대학교 교육철학연구회 (편).
위대한 교육사상가들 I: 고대에서 근대 초기까지, 443-484. 서울:
교육과학사.
한기태(1984). Erasmus의 인문주의 교육사상. 미스바, (9), 68-77.

Agricola, Rudolph (2002). *Letters*. Edited and translated by Adrie van
der Laan & Fokke Akkerman. Tempe.
Alberti, Leon Battista (1971). *Della Famiglia*. Translated by Guido A.
Guarino. Lewisburg.
Artz, Frederick B. (1966). *Renaissance Humanism 1300-1550*. The
Kent State University Press.
Astin, A. E. (1967). *Scipio Aemilianus*. Oxford.
Barth, Paul (1925). *Die Geschichte der Erziehung in soziologi-scher
und geistesgeschichtlicher Beleuchtung*. Leipzig.
Benndorf, Cornelie (1905). *Die Englische Pädagogik im 16.
Jahrhundert, wie sie dargestellt wird im Wirken und in den
Werken von Elyot, Ascham and Mulcaster*. Wien.
Benrath, Gustav Adolf (1970). Die deutsche evangelische Universität
der Reformation. Hellmuth Rössler, Günther Franx (Hrsg.).
Universität und Gelehrtenstand 1400-1800. Limberg, 63-83.
Black, Robert (2001). *Humanism and Education in Medieval and
Renaissance Italy*. Cambridge.
Blankertz, Herwig (1992). *Die Geschichte der Pädagogik*. Wetzlar.

Bloch, Ernst (1972). *Vorlesungen zur Philosophie der Renaiss-ance.* Frankfurt.

Böhme, Günther (1984). *Bildungsgeschichte des frühen Humanismus.* Darmstadt.

Böhme, Günther (1986). *Bildungsgeschichte des europäischen Humanismus.* Darmstadt.

Böhme, Günther (1988). *Wirkungsgeschichte des Humanismus im Zeitalter des Rationalismus.* Darmstadt.

Boehmer, Heinrich (1941). *Ignatius von Loyola.* Hrsg. v. Hans Leube. Stuttgart.

Bohatec, Josef (1950). *Budé und Calvin−Studien zur Gedank−enwelt des französischen Frühhumanismus.* Graz.

Borinski, Ludwig (1969). *Englischer Humanismus und deutsche Reformation.* Göttingen.

Bowen, James (1975). *A History of Western Education, Vol. 2: Civilization of Europe−Sixth to Sixteenth Century.* London.

Boyd, William (1996). *The History of Western Education.* New York.

Brandi, Karl (1909). *Die Renaissance in Florenz und Rom.* Leipzig.

Braun, Noel L. (1988). Humanism in Germany. Albert Rabil (Ed.). *Renaissance Humanism−Foundations, Forms, and Legacy Vol. 2: Humanism beyond Italy.* Philadelphia, 123−155.

Brief des Mediceerkreises-aus Marsilio Ficino's Epistolarium (1926). Aus dem Lateinischen übersetzt und eingeleitet von Karl Markgraf von Montoriola. Berlin.

Buck, August (1968). *Die humanistische Tradition in der Romania.* Berlin.

Buck, August (Hrsg.) (1969). *Zu Begriff und Problem der Renaissance.* Darmstadt.

Buck, August (Hrsg.) (1973). Rabelars und die Renaissance. *Rabelais.* Darmstadt.

Buck, August (1981). *Studia humanitatis. Gesammelte Aufsätze 1973–1980. Festgabe zum 70. Geburtstag,* Hrsg. v. Bodo Guthmüller, Karl Kohut, Oskar Roth. Wiesbaden.

Buck, August (Hrsg.) (1984). *Renaissance–Reformation. Gegensätze und Gemeinsamkeiten.* Wiesbaden.

Buck, August (1987). *Humanismus: Seine europäische Entwicklung in Dokumenten und Darstellungen.* Freiburg.

Buck, August, & Pfister, Max (1973). *Studien zur Prosa des Florentiner Vulgärhumanismus im 15. Jahrhundert.* München.

Bühler, Winfried (Hrsg.) (1960). *Rudolf Pfeiffer. Ausgewählte Schriften.* München.

Burckhardt, Jacob (1989). *Die Kultur der Renaissance in Italien.* Hrsg. v. Horst Günther. Frankfurt.

Bush, Douglas (1939). *The Renaissance and English Humanism.* Toronto.

Camillo, Ottavio Di (1988). Humanism in Spain. Albert Rabil (Ed.). *Renaissance Humanism–Foundations, Forms, and Legacy Vol. 2: Humanism beyond Italy.* Philadelphia, 55–108.

Cassirer, Ernst (1963). *Individuum und Kosmos in der Philosophie der Renaissance.* Darmstadt.

Cassirer, Ernst/Kristeller, Paul Oskar/Randall, John Herman (Ed.) (1948). *The Renaissance Philosophy of Man.* Chicago.

Cicero, Marcus Tullius (1928). *De Officiis, Book I.* English Translation by Walter Miller. London.

Cicero, Marcus Tullius (1931). *De Finibus Bonorum et Malorum, Book II.* English Translation by H. Rackham. London.

Cicero, Marcus Tullius (1959). *De Re Publica, Book I.* English Translation by Clinton Walker Keyes. Cambridge.

Cicero, Marcus Tullius (1959). *De Oratore, Book I–II,* English Translation by E. W. Sutton. Cambridge.

Cicero, Marcus Tullius (1968). *De Oratore, Book III*, English
Translation by H. Rackham. London. ˋ

Cleason, John B. (1989). *John Colet*. Berkeley.

Cleland, James D. (1948). *The Institution of a young noble man*.
Ithaca.

Comenius, Johann Amos (1960). *Grosse Didaktik*. übersetzt u. Hrsg.
v. A. Flitner. Düsseldorf.

Comenius, Johann Amos (1977). *Grosse Didaktik*. übersetzt u. Hrsg.
v. A. Flitner. Düsseldorf.

Compayré, Gabriel (1908). *Montaigne and Education of the
Judgement*, Translated by J. E. Mansion. New York.

Copenhaver, Brian P., & Schmitt, Charles B. (1992). *Renaissance
Philosophy*. Oxford.

Dante, Alighieri (1981). *Literature in the Vernacular*. Translated by S.
Purcell. Manchester.

Denfle, Heinrich (1956). *Die Entstehung der Universitäten des
Mittelalters bis 1400*. Graz.

Dilthey, Wilhelm (1957). *Gesammelte Schriften II: Weltanschauung und
Analyse des Menschen seit Renaissance und Reformation*.
Stuttgart.

Dolch, Josef (1965). *Lehrplan des Abendlandes. Ratingen*.

Drewing, Harald (1946). *Vier Gestalten aus dem Zeitalter des
Humanismus. Entwicklung, Höhe und Krisen einer geistigen
Bewegung*. St. Gallen.

Driesch, J. von den, & Esterhues, J. (1960). *Geschichte der Erziehung
und Bildung. Bd. 2*. Paderborn.

Durkheim, Emile (1977). *Die Entwicklung der Pädagogik. Zur
Geschichte und Soziologie des gelehrten Unterrichts in
Frankreich*. aus dem Französishcen übertragen von Ludwig
Schmidts. Weinheim.

Eckert, Willehad Paul & Imhoff, Christoph von (1971). *Willibald Pirckheimer-Dürers Freund im Spiegel seines Lebens, seiner Werke und seiner Umwelt.* Köln.

Elyot, Thomas (1907). *The Boke Named the Gouvernour.* London.

Erasmus, Desiderius (1936). *The Education of a Christian Prince.* translated by Lester K. Born. New York.

Erasmus, Desiderius (1942). *The Praise of Fully.* New York.

Erasmus von Rotterdam (1961). *Enchiridion-Handbüchlein eines christlichen Streiters.* Hrsg. von Werner Welzig. Graz.

Erasmus von Rotterdam. Ausgewählte Schriften, Bd. III (1967). Hrsg. von Werner Welzig. Darmstadt.

Erasmus, Desiderius (1968). *Enchiridion militis-christiani. Handbüchlein eines christlichen Streiters.* übersetzt u. eingel. von Werner Welzig. Darmstadt.

Erasmus und Fischer. Their Correspondence 1511-1524 (1968). par Jean Rouschausse. Paris.

Eugene F. Rice (1988). "Humanism in France". Albert Rabil (Ed.), *Renaissance Humanism-Foundations, Forms, and Legacy Vol. 2: Humanism beyond Italy*, Philadelphia, 112.

Ficino, Marsilio (2001-2006). *Platonic Theology. Vol. I-VI.* Translated by Michael J. B. Allen, & John Warden. edited by James Hankins and William Bowen. London.

Flasch, Kurt (2001). *Nicolaus Cusanus.* München.

Foster, Kenelm (1984). *Petrarca-Poet and Humanist.* Edinburgh.

Friedenthal, Richard (1969). *Entdecker des Ich-Montaigne, Pascal, Diderot.* München.

Fulton, John F. (1953). *Michael Servetus-Humanist and Martyr.* New York.

Gail, Anton J. (1948). *Erasmus-Auswahl aus seinen Schriften.* Düsseldorf.

Ganss, George E. (1954). *Saint Ignatius' Idea of a Jesuit University.* Milwaukee.

Garin, Eugenio (1947). *Der Italienische Humanismus.* Bern.

Garin, Eugenio (1966). *Geschichte und Dokumente der abendländischen Pädagogik II: Humanismus.* Reinbek.

Garin, Eugenio (1967). *Geschichte und Dokumente der abendländischen* Pädagogik, Bd. 3: von der Refor mation bis John Locke. Feinbek.

Garin, Eugenio (Ed.) (1988). *Renaissance Charakters.* Translated by Lydia G. Cochrane. Chicago.

Garin, Eugenio (Hrsg.) (1988). *Der Mensch der Renaissance.* Frankfurt.

Geiger, Ludwig (1964). *Johann Reuchlin—Sein Leben und seine Werke.* Nieuwkoop.

Gersh, S., & Roest, B. (Ed.) (2003). *Medieval and Renaissance Humanism.* Brill.

Goodman, Anthony, & Mackay, Angus (1990). *The Impact of Humanism on Western Europe.* London.

Gotoff, Harold C. (1979). *Cicero's Elegant Style: An Analysis of the Pro Archia.* Urbana.

Grassi, Ernesto (1946). *Verteidigung des individuellen Lebens: Studia humanitatis as philosophische Überlieferung.* Bern.

Grassi, Ernesto (1988). *Renaissance Humanism: Studies in Philosophy and Poetics.* Binghamton.

Groethuysen, Bernhard (1928). *Philosophische Anthropologie.* München. Berlin.

Gwynn, Aubrez (1964). *Roman Education from Cicero to Quintilian.* New York.

Hägglund, Bengt (1984). Die Frage der Willensfreiheit in der Auseinandersetzung zwischen Erasmus und Luther. *Renaissan*

Reformation. Gegensätze und Gemeinsamke—iten. Hrsg. v.
August Buck. Wiesbaden, 181–195.

Hammerstein, Notker, & Walther, Gerrit (Hrsg.) (2000).
*Späthumanismus—Studien über das Ende einer kulturhisto—
rischen Epoche.* Göttingen.

Hartfelder, Karl (1964). *Philipp Melanchthon als Praeceptor
Germaniae.* Nieuwkoop.

Hay, Denys (1976). *The Italian Renaissance in its Historical
Background.* Cambridge University Press.

Heer, Friedrich (2004). *Europäische Geistesgeschichte.* Hrsg. v.
Sigurd Paul Scheichl. Wien.

Heidegger, Martin (1947). *Über den Humanismus.* Frankfurt.

Hellfried Dahlmann (1970). "Römertum und Humanismus". Hans
Oppermann (Hrsg.), *Humanismus,* Darmstadt, 286.

Henschel, Adolf (1890). *Johannes Laski—der Reformator der Polen.*
Halle.

Herder, Johann Gottfried (1961). *Humanität und Erziehung.* besorgt
von Clemens Menze. Paderborn.

Hexter, J. H. (1965). *More's Utopia—The Biography of an Idea.* New
York.

Hill, Charles Leander (1944). *The Loci Communes of Philipp
Melanchthon.* Boston.

Hodgson, Geraldine (1969). *Studies in French Education from
Rabelais to Rousseau.* New York.

Hoffmann, Ernst (1955). *Pädagogischer Humanismus.* Zürich.

Hogrefe, Pearl (1967). *The Life and Times of Sir Thomas Elyot.*
Ames.

Holeczek, Heinz (1984). Erasmus' Stellung zur Reformation: Studia
humanitatis und Kirchenreform. *Renaissance— Reformation.
Gegensätze und Gemeinsamkeiten.* Hrsg. v. August Buck.

Wiesbaden, 131−153.

Holzberg, Niklas (1981). *Willibald Pirckheimer−Griechischer Humanismus in Deutschland*. München.

Hromádka, Josef L. (1959). *Von der Reformation zum Morgen*. Leipzig.

Hughes, Philip E. (1984). *Lefère−Pioneer of Ecclesiastical Renewal in France*. Grand Rapids.

Hughes, Thomas (1892). *Loyola and The Educational System of The Jesuits*. New York.

Hugo, Friedrich (1949). *Montaigne*. Bern.

Huizinga, Johan (1928). *Herbst des Mittelalters*. München.

Huizinga, Johan (1952). *Das Problem der Renaissance*. Darmstadt.

Huizinga, Johan (1957). *Erasmus and the Age of Reformation*. New York.

Huizinga, Johan (1958). *Europäischer Humanismus: Erasmus*. Basel.

Humanismus in Europa (1998). 《Hrsg》. v. Stiftung 〈Humanismus heute〉 des Landes Baden−Württemberg. Heidelberg.

Humboldt, Wilhelm von (1959). *Bildung und Sprache. Eine Auswahl aus seinen Schriften*. besorgt von Clemens Menze. Paderborn.

Hunt, Ernest William (1956). *Dean Colet and his Theology*. London.

Hyma, Albert (1950). *The Brethren of the Common Life*. Grand Rapids.

IJsewijn, Josef (1988). Humanism in the Low Countries. Albert Rabil (Ed.). *Renaissance Humanism−Foundations, Forms, and Legacy Vol. 2: Humanism beyond Italy*. Philadelphia, 156−215.

Immanuel Kant (1964). *Werke in sechs Bänden*. Hrsg. v. Wilhelm Weischedel. Bd. 6. Frankfurt.

Jakob Wimphelings Adolescentia (1965). Eingeleitet, kommentiert und herausgegeben von Otto Herding. München.

Jayne, Sears (1963). *John Colet and Marsilio Ficino*. Oxford.

Jesse, Horst (1988). *Leben und Wirken des Philipp Melanchthon.* Berlin.

Joël, Karl (1928). *Wandlungen der Weltanschauung: Eine Ph-ilosophiegeschichte als Geschichtsphilosophie. Bd. 1.* Tübingen.

Johann Amos Comenius. Ausgewählte Werke III (1977). Herausgegeben und eingeleitet von Klaus Schaller. Hildesheim.

Johann Gottfried Herder. Werke in zehn Bänden. Bd. 2: Schriften zur Ästhetik und Literatur 1767-1781 (1993). Hrsg. v. Gunther E. Grimm. Frankfurt.

Johann Gottfried Herder. Werke in zehn Bänden, Bd. 9/2: Journal meiner Reise im Jahr 1769. Pädagogische Schriften (1997). Hrsg. v. Rainer Wisbert. Frankfurt.

Johann Wolfgang Goethe. Sämtliche Werke(Münchner Ausgabe) (1988). Hrsg. v. Karl Richter. Bd. 6.2. München.

Johannes Ludovicus Vives' pädagogische Schriften (1896). Hrsg. v. Friedrich Kayser. Freiburg.

Johannes Reuchlins Briefwechsel (1962). gesammelt und herausgegeben von Ludwig Geiger. Hildesheim.

Keller, Donald R. (1991). *Renaissance Humanism.* Boston.

Kessler, Eckhard (1968). *Das Problem des Frühen Humanismus: Seine Philosophische Bedeutung bei Coluccio Salutati.* München.

Kraye, Jill, & Stone, M. W. F. (Ed.) (2000). *Humanism and Early Modern Philosophy.* London.

Kristeller, Paul Oskar (1943). *The Philosophy of Marsilio Ficino.* New York.

Kristeller, Paul Oskar (1961). *Renaissance Thought.* New York.

Kristeller, Paul Oskar (1964). *Eight Philosophers of the Italian Renaissance.* Stanford.

Kristeller, Paul Oskar (1965). *Renaissance Thought II: Papers on*

Humanism and the Arts. New York.

Kristeller, Paul Oskar (1972). *Renaissance Concepts of man.* New York.

Kristeller, Paul Oskar (1976). *Humanismus und Renaissance II: Philosophie, Bildung und Kunst.* Hrsg. v. Eckhard Keßler. München.

Kristeller, Paul Oskar (1979). *Renaissance Thought and Its Sources.* New York.

Kristeller, Paul Oskar (1985). *Studies in Renaissance Thought and Letters II.* Roma.

Landmann, Michael (1962). *De Homine—Der Mensch im Spiegel seines Gedankens.* Freiburg.

Linnhoff, Lieselotte (1934). *Spanische Protestanten und England.* Emsdetten.

Litvinoff, Barnet (1991). *1492—The Decline of Medievalism and the Rise of the Modern Age.* New York.

Locke, John (1962). *Gedanken über die Erziehung.* Bad Heilbrunn.

Loyola, Ignatius de (1930). *The Spritual Exercises.* Translated by W. H. Longridge. London.

Luther, Martin (1937). *Vom unfreien Willen. Eine Kampfschrift gegen den Mythus aller Zeiten aus dem Jahre 1525.* nach dem Urtext neu verdeutscht von Otto Schumacher. Göttingen.

Lyell, James P. R. (1917). *Cardinal Ximenes: Statesman, Ecclesiastic, Soldier and Man of Letters of the Complut—ensian Polyglot Bible.* London.

Mahoney, Edward P. (Ed.) (1976). *Philosophy and Humanism—Renaissance Essays in Honor of Paul Oskar Kristeller.* New York.

Major, John M. (1964). *Sir Thomas Elyot and Renaissance Humanism.* Lincoln.

396 참고문헌

Martin Luther (1982). *Ausgewählte Schriften.* Hrsg. v. Karin
Bornkamm und Gerhard Ebeling. Bd. 6. Frankfurt.

Mayer, J. (1951). *Humanitas bei Cicero.* Dissertation. Freiburg.

McNeil, David O. (1975). *Guillaume Budé and Humanism in the
Reign of Francis I.* Genève.

Melanchthons Werke in Auswahl. Bd. 3: Humanistische Schriften
(1961). Hrsg. v. Richard Nürnberger. Gerd Mohn.

Mirandola, Giovanni Pico della (1968). *De dignitate Hominis.*
lateinisch und deutsch, eingeleitet von Eugenio Garin. Bad
Homburg.

Modras, Ronald E. (2004). *Ignatian Humanism.* Chicago.

Mommsen, Theodor E. (1969). Der Begriff des 'finsteren Zeitalters'
bei Petrarca. August Buck (Hrsg.). *Zu Begriff und Problem
der Renaissance.* Darmstadt, 151−179.

Monroe, Paul (1934), *A Brief Course in the History of Education.*
New York.

Montaigne, Michel de (1953). *Die Essais.* ausgewählt und eingeleitet
von Arthur Franz. Leipzig.

Moog, Willy (1967). *Geschichte der Pädagogik. 3. Band: Die
Pädagogik der Neuzeit vom 18. Jahrhundert bis zur
Gegenwart.* Hrsg. v. Franz−Josef Holtkemper. Ratingen.

Müller, Gregor (1984). *Mensch und Bildung im Italienischen
Renaissance−Humanismus.* Baden−Baden.

Neunheuser, Karlheinz (1964). *Gewaltwerdung der Humanitas: Zur
Wesenslehre der Bildung.* Düsseldorf.

Newald, Richard (1963). *Probleme und Gestalten des deutsch−
en Humanismus.* Hrsg. v. Hans−Gert Roloff. Berlin.

Niethammer, Friedrich Immanuel (1808). *Der Streit des
Philanthropinismus und Humanismus in der Theorie des
Erziehungsunterrichts unserer Zeit.* Jena.

Nilles, Camilla J., & Winter, Ian J. (1991). *Rabelais et Montaigne*. Lewiston.

Nolhac, Pierre de (1907). *Pétrarque et L' humanisme*. Paris.

O' malley, John W., Izbicki, Thomas M., & Christianson Gerald (Ed.) (1993). *Humanity and Divinity in Renaissance and Reformation*. Leiden.

Ong, Walter J. (1958). *Ramus—Method, and the Decay of Dialogue from the Art of Discourse to the Art of Reason*. Cambridge.

Oppermann, Hans (Hrsg.) (1977). *Humanismus*. Darmstadt.

Padberg, Rudolf (1964). *Personaler Humanismus: Das Bildungsverständnis des Erasmus von Rotterdam und seine Bedeutung für die Gegenwart*. Paderborn.

Paulsen, Friedrich (1921). *Geschichte des gelehrten Unterrichts auf den deutschen Schulen und Universitäten vom Ausgang des Mittelalters bis zur Gegenwart mit besonderer Rücksicht auf den klassischen Unterricht. Bd. 2.* Berlin.

Peacham, Henry (1962). *The Complete Gentleman, The Truth of Our Times, and The Art of Living in London*. New York.

Petrarca, Francesco (1975). *Rerum familiarium libri I—VIII*. Translated by Aldo S. Bernardo. New York.

Petrarca, Francesco (1996). *Canzoniere*. Translated by Marb Musa. Bloomington & Indianapolis.

Pfeiffer, Rudolf (1960). *Von den geschichtlichen Begegnungen der kritischen Philologie mit dem Humanismus*. Winfried Bühler (Hrsg.). *Rudolf Pfeiffer. Ausgewählte Schriften*. München, 159—174.

Pfeiffer, Rudolf (1960). *Erasmus und die Einheit der klassischen und der christlichen Renaissance*. Winfried Bühler (Hrsg.). *Rudolf Pfeiffer. Ausgewählte Schriften*. München, 208—221.

Pfeiffer, Rudolf (1982). *Die Klassische Philologie von Petrarca bis*

Mommsen. München.

Plutarch (1927). *Moralia.* Translated by Frank Cole Rabbit. Vol. 1. London.

Rabelais, François (1936). *The Five Books of Gargantua and Pantagruel.* Translated by Jacques Le Clercq. New York.

Rabil, Albert (Ed.) (1988). *Renaissance Humanism— Foundations, Forms, and Legacy. Vol. 2: Humanism beyond Italy.* Philadelphia.

Reble, Albert (1967). *Geschichte der Pädagogik.* Stuttgart.

Renaissance und Humanismus im Mittel—und Osteuropa (1962). besorgt von Johannes Irmscher. Bd. II. Berlin.

Rice, Eugene F. (1988). "Humanism in France", Albert Rabil (Ed.), *Renaissance Humanism—Foundations, Forms, and Legacy Vol. 2: Humanism beyond Italy*, Philadelphia, 1988, 112.

Richter, Joachim (Hrsg.) (1974). *Historisches Wörterbuch der Philosophie. Bd. 3.* Basel.

Rösler, P. Augustin (Hrsg.) (1894). *Kardinal Johannes Dominicis Erziehungslehre und die übrigen pädagogischen Leistungen Italiens im 15. Jahrhundert.* Freiburg.

Rössler, Hellmuth (1956). *Europa im Zeitalter von Renaissance, Reformation und Gegenreformation 1450—1650.* München.

Rössler, Hellmuth, & Franx, Günther (Hrsg.) (1970). *Universität und Gelehrtenstand 1400—1800.* Limberg.

Routh, E. M. G. (1963). *Sir Thomas More and his Friends 1477— 1535.* New York.

Rüegg, Walter (1946). *Cicero und der Humanismus.* Zürich.

Salutati, Coluccio (1947). *De Laboribus Herculis.* B. L. Ullman (Ed.). Turici.

Schaeder, Hildegard (1957). *Moskau—Das dritte Rom.* Darmstadt.

Scheibe, Hans (1997). *Melanchthon.* München.

Scheible, Heinz (1984). Melanchthon zwischen Luther und Erasmus. *Renaissance—Reformation. Gegensätze und Gemeinsamkeiten.* Hrsg. v. August Buck. Wiesbaden, 155—180.

Scheuerl, Hans (1982). *Pädagogische Anthropologie.* Stuttgart.

Schirmer, Walter F. (1931). *Der Englische Frühhumanismus.* Leipzig.

Schmitt, Charles B./Skinner, Quentin/Kessler, Eckhard, & Kraye, Jill (Ed.) (1988). *The Cambridge History of Renaissance Philosophy.* Cambridge.

Schoeck, Richard J. (1988). Humanism in England. Albert Rabil (Ed.), *Renaissance Humanism—Foundations, Forms, and Legacy. Vol. 2: Humanism beyond Italy.* Philadelphia, 5—38.

Schwarze, Michael (Hrsg.) (2000). *Der neue Mensch: Perspek—tiven der Renaissance.* Regensburg.

Schweyen, Renate (1973). *Guarino Veronese—Philosophie und Humanistische Pädagogik.* München.

Sebundus, Raimundus (1966). *Theologia Naturalis seu Liber Creaturarum.* Hrsg. v. Friedrich Stegmüller. Stuttgart.

Seibt, Ferdinand (1972). *Utopica—Modelle totaler Sozialplanung.* Düsseldorf.

Seidlmayer, Michael (1965). *Wege und Wandlungen des Humanismus—Studien zu seinen politischen, ethischen, religiösen Problemen.* Göttingen.

Sellmair, Josef (1948). *Humanitas Christiana. Geschichte des christlichen Humanismus.* München.

Spitz, Lewis W. (1957). *Conrad Celtis—The German Arch—Humanist.* London.

Stackelberg, Jürgen von (Hrsg.) (1956). *Humanistische Geisteswelt von Karl dem Grossen bis Philip Sidney.* Baden Baden.

Studia Humanitatis. Ernesto Grassi zum 70. Geburtstag (1973). Hrsg. v. Eginhard Hora und Eckhard Keßler. München.

Stupperich, Robert (1977). *Erasmus von Rotterdam und seine Welt.* Berlin.

Syncretism in the West: Pico's 900 Theses (1486) (1998). Translated by S. A. Farmer. Temple.

Tilley, Arthur (1968). *Studies in the French Renaissance.* New York.

Toffanin, Giuseppe (1954). *History of Humanism.* Translated by Elio Gianturco. New York.

Trinkaus, Charles (1970). *In Our Image and Likeness—Humanity and Divinity in Italian Humanist Thought.* London.

The Collected Works of Erasmus: The Correspondence of Erasmus, Vol. 1, (1974). translated by R. A. B. Mynors and D. F. S. Thomson, annotated by Wallace K. Ferguson, Toronto, Vol. i.

The Collected Works of Erasmus: The Correspondence of Erasmus, Vol. 3, (1976). translated by R. A. B. Mynors and D. F. S. Thomson, annotated by James K. McConica, Toronto, 59.

The Collected Works of Erasmus, The Correspondence of Erasmus, Vol. 4 (1977). translated by R. A. B. Mynors and D. F. S. Thomson, annotated by James K. McConica. Toronto.

The Collected Works of Erasmus: The Correspondence of Erasmus, Vol. 6, (1982). translated by R. A. B. Mynors and D. F. S. Thomson, annotated by G. Bietenholz, Toronto, 297.

The Collected Works of Erasmus: The Correspondence of Erasmus, Vol. 10, (1992). translated by R. A. B. Mynors and Alexander Dalzell, annotated by James E. Estes, Toronto, 2.

The Collected Works of Erasmus: The Correspondence of Erasmus, Vol. 9, (1989). translated by R. A. B. Mynors, annotated by James M. Estes, Toronto, 185.

The Complete Works of Montaigne; Essays, Travel, Journal, Letters (1957). translated by Donald M. Frame. Stanford.

The Humanism of Leonardo Bruni—Selected Texts (1987).

Translations and Introductions by Gordon Griffiths, James Hankins, David Thompson. Binghamton.

The Utopia of Sir Thomas More (1947). Modernized Texts with Notes and Introduction by Mildred Campbell. Princeton.

Ullman, B. L. (1964). Leonardo Bruni and Humanistic Historiography. Medievalia et Humanistica(4), 45−61.

Ullmann, Walter (1977). Medieval Foundations of Renaissance Humanism. Ithaca.

Ulrich von Hutten mit Selbstzeugnissen und Bilddokumenten (1988). dargestellt von Eckhard Bernstein. Reinbek.

Valla, Lorenzo (1987). Über den freien Willen. Hrsg. und übersetzt von Eckhard Keßler. München.

Vergerius, Petrus Paulus (1963). De ingenuis moribus et liberalibus studiis. William Harrison Woodward. Vittorino da Feltre and other Humanist Educators. Toronto, 96−118.

Vives, Juan Luis (1999). On Assistance to the Poor. Translated by Alice Tobriner. Toronto.

Voigt, Georg (1960). Die Wiederbelebung des classischen Alterthums oder das erste Jahrhundert des Humanismus. Bd. 1. Berlin.

Vorländer, Karl (1955). Geschichte der Philosophie. Bd. II: Die Philosophie der Neuzeit bis Kant. Hamburg.

Watson, Foster (1913). Vives: On Education−A Translation of the De Tradendis Disciplinis of Juan Luis Vives. Cambridge.

White, Frederic R. (1948). Famous Utopias of the Renaissance. New York.

Whitfield, J. H. (1943). Petrarch and the Renaissance. Oxford.

Winckelmann, Johann Joachim (1962). Gedanken über die Nachahmung der griechischen Werke in der Malerei und Bildhauerkunst. Baden−Baden.

Witt, Ronald G. (2001). Italian Humanism and Medieval Rhetoric.

Aldershot.

Woodward, William Harrison (1963). *Vittorino da Feltre and other Humanist Educators.* Toronto.

Woodward, William Harrison (1965). *Studies in Education during the Age of the Renaissance 1400−1600.* New York.

찾아보기

 인명

내용

저자 소개

김창환

약 력
연세대학교 영어영문학과(문학사)
연세대학교 대학원 교육학과(교육학 석사)
독일 튀빙겐 대학교 대학원 교육학과(교육학 박사)
현재 한국교육개발원 선임연구위원(교육통계센터 소장)

논 문
랑에펠트의 어린이 인간학 연구(교육학연구, 1996)
17세기 서구 리얼리즘 교육사상의 역사적 배경과 특징
 (한국교육, 1998)
교육철학의 학문적 정체성(교육철학, 2004)

저 서 및 역 서
헤르바르트: 실천학으로서의 교육학(문음사, 2002)
교육의 철학과 역사(문음사, 2006)
위대한 교육사상가들 I-VI(교육과학사, 1996~2002)

교육의 역사와 철학 시리즈 ①
인본주의 교육사상

2007년 10월 10일 1판   1쇄 발행
2008년 9월 20일 1판   2쇄 발행

지은이 • 김 창 환
펴낸이 • 김 진 환
펴낸곳 • **학지사**

121-837 서울시 마포구 서교동 352-29 마인드월드빌딩 5층
전   화 • 326-1500(대) / 팩스 324-2345
등   록 • 1992년 2월 19일 제2-1329호
http://www.hakjisa.co.kr
ISBN 978-89-7548-897-9 94370
ISBN 978-89-7548-823-8 Set

정가 10,000원

저자와의 협약으로 인지는 생략 합니다.
잘못된 책은 구입처에서 교환하여 드립니다.

인터넷 학술논문원문서비스 **뉴논문** www.newnonmun.com